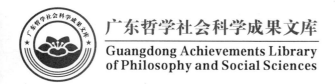

广东哲学社会科学成果文库

社会网络视域下的开放获取机制

SHEHUI WANGLUO SHIYUXIA DE KAIFANG HUOQU JIZHI

盛小平 著

·广州·

版权所有　翻印必究

图书在版编目（CIP）数据

社会网络视域下的开放获取机制/盛小平著. —广州：中山大学出版社，2017.7

（广东哲学社会科学成果文库）

ISBN 978-7-306-06080-8

Ⅰ.①社… Ⅱ.①盛… Ⅲ.①社会网络 Ⅳ.①C912.3

中国版本图书馆 CIP 数据核字（2017）第 143656 号

出版人：徐　劲
策划编辑：金继伟
责任编辑：杨文泉
封面设计：曾　斌
责任校对：王　璞
责任技编：何雅涛
出版发行：中山大学出版社
电　　话：编辑部 020 - 84110771，84113349，84111997，84110779
　　　　　发行部 020 - 84111998，84111981，84111160
地　　址：广州市新港西路 135 号
邮　　编：510275　传　真：020 - 84036565
网　　址：http://www.zsup.com.cn　E-mail：zdcbs@mail.sysu.edu.cn
印 刷 者：佛山市浩文彩色印刷有限公司
规　　格：787mm×1092mm　1/16　19.5 印张　360 千字
版次印次：2017 年 7 月第 1 版　2017 年 7 月第 1 次印刷
定　　价：78.00 元

如发现本书因印装质量影响阅读，请与出版社发行部联系调换

《广东哲学社会科学成果文库》
出版说明

  《广东哲学社会科学成果文库》经广东省哲学社会科学规划领导小组批准设立，旨在集中推出反映当前我省哲学社会科学研究前沿水平的创新成果，鼓励广大学者打造更多的精品力作，推动我省哲学社会科学进一步繁荣发展。它经过学科专家组严格评审，从我省社会科学研究者承担的、结项等级"良好"或以上且尚未公开出版的国家哲学社会科学基金项目研究成果，以及广东省哲学社会科学规划项目研究成果中遴选产生。广东省哲学社会科学规划领导小组办公室按照"统一标识、统一封面、统一形式、统一标准"的总体要求组织出版。

广东省哲学社会科学规划领导小组办公室
2017 年 5 月

内 容 简 介

本书从社会网络视角聚焦开放获取机制，系统地阐述了开放获取运动发展概况，诠释了几种社会网络理论（弱关系理论、强关系理论、结构洞理论、网络交换理论、社会资本理论）的主要观点，着重运用社会资本理论解析了开放获取动力机制，运用网络交换理论解析了开放获取连接机制，运用弱关系理论和强关系理论解析了开放获取共享与合作机制，运用结构洞理论解析了开放获取控制机制，基于社会网络分析指标分别构建了开放获取期刊评价机制和机构知识库评价机制，是国内首部从社会网络视角深入解析开放获取行为的专著，对国内图书情报界、出版界、学术界、政府与行业组织实施开放获取运动具有重要的指导意义和参考价值。

本书既可作为图书馆学、情报学、信息资源管理专业师生的教学参考书，也可作为图书馆界、出版界工作人员和科研工作者的参考资料。

前　言

在 20 世纪 80 年代至 20 世纪末，随着学术期刊价格的不断上涨和学术资源获取的愈加困难，在全世界范围内出现了期刊危机、图书馆危机与学术危机。根据美国研究图书馆协会的统计，从 1986 年到 2009 年的 23 年间，期刊经费支出上涨了 381%，而同一时期内，图书支出增长 77%、图书馆总支出增长 183%、消费者物价指数（CPI）增长 97%。在英国，学术期刊平均价格在 1998—2003 年间上涨了 58%，而在英国零售价格指数同期只增长了 11%。对于期刊出版商而言，由于订购数量减少，期刊发行量减少，而经营期刊的固定成本并没有减少。为弥补成本，出版商不得不提高期刊定价，这样就陷入了一个恶性循环，涌现期刊危机。期刊危机直接导致用户获取信息的成本大幅度上升，甚至无法有效获取十分关键的学术研究成果，造成学术交流、信息资源共享的恶化或断裂。同时，图书馆由于没有足够的经费来应付不断上涨的采购成本，不得不删减图书资料的采购量，缩减其他部门业务，如人事、维护、研发的投入，从而使图书馆陷入资源不足的危机之中。图书馆危机进一步加剧了用户获取学术研究成果、共享信息资源的困难，阻碍了科学知识的有效交流与传播利用。期刊危机与图书馆危机的共同作用，导致学术危机的产生。在 2000 年前后，许多学者已经开始警觉到，期刊涨价已不只是图书馆的问题，而是造成现今学术危机的主要原因。为克服和解决这些危机，在日益发展的信息技术与网络技术的支持下，开放获取（Open Access，OA）应运而生。

自 20 世纪 80 年代末第一批在线免费访问期刊，包括《布林莫尔经典评论》（*Bryn Mawr Classical Review*）、《后现代文化与心理学》（*Postmodern Culture and Psychology*）、《医学互联网研究杂志》（*The Journal of Medical Internet Research*）等出现后，OA 期刊在美国率先得到快速发展。随后，其他国家和国际组织以及科研工作者纷纷响应，积极推动 OA 运动的发展。如今，世界范围内出现了大量 OA 资源，包括无数的 OA 数据、OA 图书、OA 期刊和 OA 知识库。国内学者在 OA 对学术交流的影响、OA 期刊评价与质量控制、OA 资源长期保存、OA 版权与政策、OA 仓储、OA 出版、OA 发展现状与对策、OA对图书馆的影响等方面进行了大量研究，涌现了一批核心研究成果。

尽管OA已经获得了快速发展，然而，国内OA面临社会认知度较低、出版物质量控制、出版费用、知识产权、政策支持、技术标准、数字存档、合作出版、服务模式、重理论研究轻实践应用等问题，受到来自商业出版商、政府机构、学会协会、图书馆界、作者和用户、法律等多方面的障碍。因此，OA需要科研人员和科研机构、学术团体、大学师生、图书馆员、政府机构以及每个公民的积极参与和鼎力支持。

用社会网络理论来分析OA行为是一个崭新的研究领域。笔者于2012年成功申报了国家社科基金项目——"基于社会网络的数字信息资源开放获取与共享机制研究"（项目编号：12BTQ014），先后组织华南师范大学经济与管理学院2011级硕士研究生李聪敏、陈晨、石梅、完颜邓邓和2012级硕士研究生魏春梅、王智博以及2013级硕士研究生张雅琪、李静，分阶段和分主题做了不同的深入研究，共发表15篇学术期刊论文（其中14篇为核心期刊论文），包括2014年在《图书馆》和2015年在《图书馆论坛》上分别发表了专题论文。

本书是在"基于社会网络的数字信息资源开放获取与共享机制研究"结项报告基础上，经过进一步补充与完善而形成的。本书分为八章，第一章为"开放获取概述"，系统论述了OA的定义、背景、起源、途径，OA资源发展概况，OA研究主题与OA面临的问题与挑战；第二章为"社会网络理论简析"，归纳并解析了弱关系理论、强关系理论、结构洞理论、社会资本理论、网络交换理论以及社会网络理论与OA的关系；第三章为"开放获取动力机制——基于社会资本理论的分析"，运用社会资本理论，从OA资源、OA关系资本、OA制度资本三方面解析并论证了开放获取动力机制；第四章为"开放获取连接机制——基于网络交换理论的分析"，运用网络交换理论解析并论证了OA出版、OA文献引用、OA资源整合、OA资源共享、OA资源保存中的连接行为；第五章为"开放获取共享与合作机制——基于社会网络关系的分析"，解析并论证了基于弱关系的OA文献下载、OA文献引用、OA文献超链接、OA媒介互连、OA出版、OA平台共用等资源共享行为，以及基于强关系的OA出版、OA资源组织、OA资源保存、OA平台共用等OA合作行为；第六章为"开放获取控制机制——基于结构洞理论的分析"，运用结构洞理论，解析并论证了OA社会网络中的结构洞对OA行为的影响与控制；第七章为"社会网络视角下的OA期刊评价机制"，运用社会网络分析和引文分析方法与指标，构建并论证了OA期刊评价指标体系；第八章为"社会网络视角下的机构知识库评价机制"，运用社会网络分析、文献计量学与网络计量学方法与指标，构建并论证了机构知识库评价指标体系。本书前六章由盛小平撰写，第七章由王智博、盛小平撰写，第八章由张雅琪、盛小平撰写。

由于社会网络视角下的开放获取是一个崭新的研究主题，尽管笔者对此有一些肤浅认识，但是可能存在研究内容不够周全、观点有争议的问题，恳请各位专家和同行批评指正。

盛小平
2016年7月15日
于华南师范大学

目 录

第一章 开放获取概述 ·· 1
 一、开放获取的定义 ··· 1
  （一）《布达佩斯 OA 倡议》的定义 ·· 1
  （二）《巴斯达 OA 出版声明》的定义 ··· 1
  （三）《柏林宣言》的定义 ··· 2
  （四）国际图书馆协会联合会的定义 ·· 2
  （五）其他学者观点 ·· 3
 二、开放获取的背景、起源与途径 ·· 3
  （一）OA 背景分析 ·· 4
  （二）OA 的起源 ··· 6
  （三）OA 途径 ·· 8
 三、开放获取资源发展概况 ·· 9
  （一）开放数据 ·· 9
  （二）OA 图书 ·· 12
  （三）OA 知识库发展概况 ··· 13
  （四）OA 期刊发展概况 ·· 18
  （五）预印本发展概况 ··· 21
 四、基于共词分析的国内开放获取研究主题 ····································· 27
  （一）数据收集与初步处理 ·· 27
  （二）OA 研究主题的因子分析、聚类分析和战略坐标图
     分析 ·· 29
  （三）OA 研究主题的解析 ··· 33
 五、开放获取面临的问题与挑战 ·· 38
  （一）OA 发展不平衡问题 ··· 38
  （二）认知障碍问题 ·· 39
  （三）政策法规问题 ·· 40
  （四）成本与资金提供问题 ·· 40
  （五）版权与许可问题 ··· 41

　　　　（六）质量控制问题 …………………………………………… 44

第二章　社会网络理论简析 ……………………………………… 46
　　一、弱关系理论的主要观点 ……………………………………… 47
　　二、强关系理论的主要观点 ……………………………………… 49
　　三、结构洞理论的主要观点 ……………………………………… 50
　　四、网络交换理论的主要观点 …………………………………… 53
　　五、社会资本理论及其主要内容 ………………………………… 56
　　　　（一）布尔迪厄社会资本理论的主要观点 …………………… 56
　　　　（二）科尔曼社会资本理论的主要观点 ……………………… 57
　　　　（三）林南社会资本理论的主要观点 ………………………… 58
　　　　（四）社会资本理论的主要观点 ……………………………… 59
　　六、社会网络理论与开放获取的关系 …………………………… 61

第三章　开放获取动力机制
　　　　——基于社会资本理论的分析 ……………………………… 63
　　一、社会资本理论与开放获取的关系 …………………………… 63
　　二、基于社会资本的开放获取动力模型 ………………………… 65
　　三、基于社会资本的开放获取动力问题的理论分析 …………… 66
　　　　（一）OA 动因分析 …………………………………………… 66
　　　　（二）OA 社会网络中的社会资本及其动力分析 …………… 69
　　四、基于社会资本的开放获取动力问题的实证研究 …………… 80
　　　　（一）题项的效度分析 ………………………………………… 81
　　　　（二）题项的信度分析 ………………………………………… 81
　　　　（三）因子分析 ………………………………………………… 83
　　　　（四）因子信度分析 …………………………………………… 88
　　五、社会资本理论视角下提升开放获取动力的对策 …………… 96
　　　　（一）广泛宣传 OA 理念，让 OA 优势和利益深入人心 …… 96
　　　　（二）制定促进 OA 可持续发展的政策体系 ………………… 97
　　　　（三）建立健全 OA 运行规则 ………………………………… 102

第四章　开放获取连接机制
　　　　——基于网络交换理论的分析 ……………………………… 106
　　一、网络交换理论与开放获取的关系 …………………………… 106

二、开放获取社会网络中的交换关系……………………………………… 109
 （一）资源交换关系 ………………………………………………… 109
 （二）权力交换关系 ………………………………………………… 109
 （三）身份交换关系 ………………………………………………… 110
 （四）位置交换关系 ………………………………………………… 110
 （五）成本 – 收益交换关系 ………………………………………… 110
 （六）情感交换关系 ………………………………………………… 111
三、基于网络交换理论的开放获取连接行为的理论分析………………… 112
 （一）OA 出版连接行为解析 ……………………………………… 112
 （二）OA 文献引用连接行为解析 ………………………………… 115
 （三）OA 资源整合连接行为解析 ………………………………… 117
 （四）OA 资源共享连接行为解析 ………………………………… 119
 （五）OA 资源保存连接行为解析 ………………………………… 121
四、基于网络交换理论的 OA 连接行为的实证研究……………………… 122
 （一）效度分析 ……………………………………………………… 122
 （二）信度分析 ……………………………………………………… 123
 （三）因子分析 ……………………………………………………… 124
 （四）因子信度检验 ………………………………………………… 126
 （五）小结 …………………………………………………………… 127
五、网络交换理论视角下提升开放获取连接行为的对策………………… 128

第五章　开放获取共享与合作机制
  ——基于社会网络关系的分析……………………………………… 130
一、社会网络关系与开放获取的关系……………………………………… 130
 （一）弱关系与开放获取的关系 …………………………………… 130
 （二）强关系与开放获取的关系 …………………………………… 131
二、开放获取中的弱关系与强关系现象…………………………………… 132
 （一）开放获取中的弱关系现象 …………………………………… 132
 （二）开放获取中的强关系现象 …………………………………… 134
 （三）国内 OA 研究论文中的作者合作关系
    ——基于社会网络关系的分析………………………………… 135
三、基于弱关系的 OA 资源共享模型与行为解析………………………… 143
 （一）基于弱关系的开放获取资源共享模型 ……………………… 144
 （二）基于弱关系的 OA 资源共享行为的理论分析 ……………… 144

（三）基于弱关系的 OA 资源共享行为的实证研究 ………… 150
　四、基于强关系的开放获取合作概念模型与行为解析 ………… 154
　　（一）基于强关系的开放获取合作概念模型 …………………… 154
　　（二）基于强关系的开放获取合作行为的理论分析 …………… 155
　　（三）基于强关系的开放获取合作行为的实证研究 …………… 161

第六章　开放获取控制机制
——基于结构洞理论的分析 ………… 166
　一、结构洞理论与开放获取的关系 ………………………………… 166
　二、开放获取社会网络结构模式与结构洞 ………………………… 167
　　（一）OA 社会网络结构模式 …………………………………… 167
　　（二）OA 社会网络中的结构洞和"桥"及"中间人" ………… 168
　三、基于结构洞的开放获取控制行为的理论分析 ………………… 170
　　（一）结构洞对 OA 资源共享的影响分析 ……………………… 171
　　（二）结构洞对 OA 文献引用的影响分析 ……………………… 172
　　（三）结构洞对 OA 出版的影响分析 …………………………… 174
　　（四）结构洞对 OA 资源整合和利用的影响分析 ……………… 177
　四、基于结构洞的开放获取控制行为的实证研究 ………………… 179
　　（一）问卷设计与数据收集 ……………………………………… 179
　　（二）数据处理和分析 …………………………………………… 180
　五、结构洞视角下提升开放获取控制行为的对策 ………………… 187
　　（一）不断丰富和壮大 OA 资源，形成更大规模的 OA
　　　　　社会网络 ……………………………………………………… 187
　　（二）优化 OA 资源配置，构建全球高效的 OA 平台 ………… 187
　　（三）实现更多 OA 社会网络中结构洞的桥接 ………………… 188

第七章　社会网络视角下的 OA 期刊评价机制 ………………… 191
　一、OA 期刊评价研究综述 ………………………………………… 191
　　（一）OA 期刊评价指标研究 …………………………………… 191
　　（二）OA 期刊评价指标体系研究 ……………………………… 194
　　（三）OA 期刊评价方法研究 …………………………………… 197
　　（四）OA 期刊评价存在的问题 ………………………………… 199
　二、基于社会网络分析与引文分析相结合的 OA 期刊
　　　评价机制 ………………………………………………………… 201

（一）OA 期刊评价指标初选 ·· 201
　　（二）OA 期刊评价指标优化及权重确定 ·························· 203
　　（三）OA 期刊评价模型的进一步验证与应用 ··················· 211

第八章　社会网络视角下的机构知识库评价机制 ························ 224
　一、机构知识库评价研究综述 ··· 224
　　（一）机构知识库评价内容研究 ······································· 224
　　（二）机构知识库评价指标体系研究 ································ 231
　　（三）机构知识库评价方法研究 ······································· 236
　二、社会网络分析法、文献计量学、网络计量学在机构知识
　　　库评价中的应用 ··· 237
　　（一）社会网络分析法在机构知识库评价中的应用 ··········· 237
　　（二）文献计量学在机构知识库评价中的应用 ·················· 239
　　（三）网络计量学在机构知识库评价中的应用 ·················· 240
　三、机构知识库评价指标体系构建 ······································· 242
　　（一）机构知识库评价潜在指标收集 ································ 242
　　（二）机构知识库评价初始指标构建 ································ 245
　　（三）基于德尔菲法的机构知识库评价指标体系的确立 ···· 252

附录 ··· 267
　附录 A　基于社会资本理论开放获取动力机制的调查问卷 ······ 267
　附录 B　基于网络交换理论的开放获取的连接机制调查问卷 ··· 271
　附录 C　基于社会网络关系的开放获取资源共享与合作行为
　　　　　的调查问卷 ··· 275
　附录 D　基于结构洞理论的开放获取行为的调查问卷 ············· 278
　附录 E　引入社会网络分析的开放存取期刊质量评价指标
　　　　　咨询问卷（第一轮）·· 282
　附录 F　引入社会网络分析的开放存取期刊质量评价指标
　　　　　咨询问卷（第二轮）·· 285
　附录 G　机构知识库评价指标体系调查（第一轮） ················· 288
　附录 H　机构知识库评价指标体系调查（第二轮） ················· 291

致谢 ··· 295

第一章 开放获取概述

数字信息资源的开放获取（Open Access，OA）是近年来数字信息资源建设与服务领域比较前沿的研究主题之一，也是图书情报界、出版界、学术界、政府与国际组织共同关注的焦点问题。本章主要论述 OA 的定义、背景、起源、途径、研究主题、OA 资源发展概况、面临的问题与挑战。

一、开放获取的定义

OA 称谓多样，除"开放获取"外，还有"开放存取""公开获取""公开访问""公开取阅""开放使用""开放近用"等。① 目前，较有权威的 OA 定义主要有：

（一）《布达佩斯 OA 倡议》的定义

《布达佩斯 OA 倡议》（Budapest Open Access Initiative，BOAI）是美国开放社会研究所（Open Society Institute）于 2001 年 12 月提出的一个推进全世界学术研究论文在互联网上免费传播的倡议。该倡议对 OA 的定义是：对文献的开放获取意味着它们在公共互联网上的免费可利用性，允许任何用户阅读、下载、复制、传递、打印、搜索，或者链接其全文，抓取它们以建立索引，作为数据传递至软件系统，或把它们用于其他任何合法目的，而不受经济、法律或技术的限制，除了获得对互联网本身不可缺少的访问外。复制与传递的唯一约束和版权在此领域的唯一作用是给予作者对其作品完整性及其被正确接受和引用权利的控制。②

（二）《巴斯达 OA 出版声明》的定义

《巴斯达 OA 出版声明》（Bethesda Statement on Open Access Publishing，

---

① 参见肖希明《数字信息资源建设与服务研究》，武汉大学出版社 2008 年版，第 211 页。
② Read the Budapest open access initiative[EB/OL].[2015-08-24]. http://www.budapestopenaccessinitiative.org/read.

BSOAP）发表于2003年7月。该声明提出，OA出版必须满足如下2个条件[1]：①作者或版权所有者授权世界上所有用户免费，彻底地公开永久访问，许可复制、使用、传播、传递和显示作品，并为任何遵循著作权的合理目的而以任何数字媒体方式创作和传播衍生作品的权利，以及为个人使用打印少量副本的权利；②一份完整的作品和所有附件包括上述许可副本，必须在首次出版时以一种合适的标准电子格式立即存储在至少一个网络数据库中，这个数据库得到那些力图促进OA、自由传播、互用性和长期保存的学术机构、学术团体、政府部门或其他知名组织的支持。

（三）《柏林宣言》的定义

《柏林宣言》即《对科学与人文知识开放获取的柏林宣言》（Berlin Declaration on Open Access to Knowledge in the Sciences and Humanities）是2003年10月由德国、法国、意大利等国的科研机构发布的一个OA联合宣言。该宣言对OA做出了与BSOAP类似的定义，指出OA必须满足如下2个条件[2]：①作者或版权所有者授权世界上所有用户免费，彻底地公开访问，许可复制、使用、传播、传递和显示作品，并为任何遵循著作权的合理目的而以任何数字媒体方式创作和传播衍生作品的权利，以及为个人使用打印少量副本的权利；②一份完整的作品和所有附件包括上述许可副本，必须使用合适的技术标准（如开放存储定义），以一种适当的标准电子格式存储在至少一个网络数据库中，这个数据库得到那些力图促进OA、自由传播、互用性和长期保存的学术机构、学术团体、政府部门或其他知名组织的支持和维护。该定义对BSOAP第二个条件作了一点补充。

上述3个定义被业界简称为OA的"3B"（Budapest，Bethesda，Berlin）定义。

（四）国际图书馆协会联合会的定义

国际图书馆协会联合会（IFLA）也采用了与BSOAP几乎一样的定义，指出OA出版必须满足如下两个条件[3]：①作者或版权所有者授权世界上所

---

[1] Bethesda statement on open access publishing[EB/OL].[2015-08-24]. http://legacy.earlham.edu/~peters/fos/bethesda.htm.

[2] Berlin declaration on open access to knowledge in the sciences and humanities[EB/OL].[2015-08-24]. http://www.zim.mpg.de/openaccess-berlin/berlin_declaration.pdf.

[3] IFLA statement on open access to scholarly literature and research documentation[EB/OL].[2015-08-24]. http://www.ifla.org/publications/ifla-statement-on-open-access-to-scholarly-literature-and-research-documentation.

有用户免费，彻底地公开访问，许可复制、使用、传播、行使和显示作品，并为任何遵循著作权的合理目的而以任何数字媒体方式创作和传播衍生作品的永久（应用版权有效期）权利，以及为个人使用打印少量副本的权利；②一份完整的作品和所有附件包括上述许可副本，必须在首次出版时以一种合适的标准电子格式立即存储在至少一个网络数据库中，这个数据库得到那些力图促进 OA、自由传播、互用性和长期保存的学术机构、学术团体、政府部门或其他知名组织的支持。这个定义仅仅在 BSOAP 给出的第一个条件中增加了"行使"一词。

（五）其他学者观点

许多国内外学者对 OA 进行了不同的定义，这主要包括：

（1）奈尔（Nair）的观点。OA 是任何用户在任何地方和任何时间通过万维网可以免费、及时、永久、全文地在线访问数字化科学与学术资料，主要是发表在同行评议期刊上的研究论文。OA 意味着不管在何处，任何可以访问互联网的某个用户，都可链接、阅读、下载、存储、打印、使用和挖掘该论文的数字内容。为了学术目的，OA 论文是免于复制和传播限制的。[1]

（2）克劳福德（Crawford）的观点。OA 要求所指期刊论文在正式出版日或之前全部和免费地可在开放互联网上利用，允许为任何合法目的（包括文本处理、数据挖掘和其他相关目的）而被阅读、下载、传播、印刷和使用，无须许可或其他障碍。[2]

二、开放获取的背景、起源与途径

早在 1968 年，拉特克利夫（Ratcliffe）发表了《大型学术图书馆的开放获取问题》[3] 一文。该文指出，传统的 OA 实质上强调的是实施图书对用户的开架实践活动。这种理念显然与当今的 OA 实践完全是两回事。现代 OA 运动的产生与发展有其特定的背景与历程。

---

[1] Nair R R. "Open access initiatives and E-LIS archive in library and information science Vols I". In: Amudhavalli, Singh J. *Challenges and changes in librarianship*. New Delhi: B. R. Publishing Corporation, 2010: 30.

[2] Crawford W. Open access: what you need to know now. Chicago: ALA, 2011: 11.

[3] Ratcliffe F W. "Problems of open access in large academic libraries". *Libri*, 1968, 18（2）: 95–111.

(一) OA 背景分析

OA 的产生有深厚的社会背景,除了因为有了信息技术的快速发展及其在信息资源的应用这个先决条件外,还体现在期刊危机、图书馆危机与学术危机 3 个方面。

1. 期刊危机

不断上升的期刊订阅成本是 OA 运动产生的主要动力。① 目前,学术期刊价格上涨已经到了惊人的程度。根据美国研究图书馆协会的统计,从 1986 年到 2009 年的 23 年间,期刊经费支出上涨了 381%,而同一时期内图书支出增长 77%、图书馆总支出增长 183%、消费者物价指数(CPI)增长 97%。② 在英国,学术期刊平均价格在 1998—2003 年间上涨了 58%,而同期英国零售价格指数只增长 11%;虽然大学图书馆期刊支出比例增加了,但是它仍不能维持期刊购买力。③ 对于期刊出版商而言,由于订购数量减少,期刊发行量减少,而经营期刊的固定成本并没有减少,为弥补成本,出版商不得不提高期刊定价。这样就陷入了一个恶性循环,期刊价格越高,用户订得越少,而用户订得越少,期刊定价就越高,这就是所谓的期刊危机。④ 期刊危机直接导致用户获取信息的成本大幅度上升,甚至无法有效获取十分关键的学术研究成果,造成学术交流、信息资源共享的恶化或断裂。

2. 图书馆危机

在图书馆没有足够经费来应付不断上涨的采购成本的同时,图书馆尝试利用馆际互借、文献传递、集团采购等合作形式来减少期刊订购的压力,增加文献获取途径。但是,由于学术期刊出版商掌握了学术期刊在出版、销售环节上的主动权,出版商可以利用著作权及数字版权管理技术,通过比以往纯粹纸本出版时代对期刊内容控制力的强化,采取最有利于自身、表面上图书馆似乎也可以占到便宜的方式,任意搭配、组合、配置期刊的销售方式,例如,将用户所需要及不需要的大量电子期刊整合在一起整批贩卖,以收取更高额的授权费用。即使出版商给用户提供折扣,但实质上进一步加强了出

---

① Swan A. *Policy guidelines for the development and promotion of open access*. Paris:UNESCO,2012:6.

② Kyrillidou M,MORRIS S. *ARL Statistics* 2008-2009. Washington,DC:Association of Research Libraries,2011:15.

③ Möller A M. *The Case for open access publishing*,*with special reference to open access journals and their prospects in South Africa*. Bellville:University of the Western Cape,2006:45.

④ Tonta Y,Ünal Y,Al U. The research impact of open access journal articles[EB/OL].[2015-08-26]. http://eprints.rclis.org/9424/1/tonta-unal-al-elpub2007.pdf.

版商对学术期刊的垄断地位,造成用户获取期刊内容的成本日益上升,许多小型图书馆和研究机构都无法负担高额的整批出售费用。① 于是,图书馆在经费的排挤效应下,不得不删减包括图书在内的其他资料的采购,缩减其他部门业务,如人事、维护、研发的投入,使图书馆陷入资源不足的危机之中。② 图书馆危机进一步加深了用户获取学术研究成果、共享信息资源的难度,阻碍了科学知识的有效交流与传播利用。

3. 学术危机

在 2000 年前后,许多学者已经开始警觉到,期刊涨价已不只是图书馆的问题,而是造成现今学术危机即学术交流系统失控的主要原因。出版商掌握了期刊出版电子化的契机,造成整体期刊价格不降反升,超出了图书馆能力范围,引起更严重的学术危机,这体现在:①作者的不满意。作者需要把其作品交予同行和社会,但不能指望任何直接的财务报酬,如版税收入。事实上,他们经常不得不以版面费、图表复制费、转载费等方式补偿出版商的出版成本,同时放弃其文字版权,从而限制作者作品的进一步使用。因此,当前学术交流系统在作者作品与其潜在读者之间设置了壁垒,结果阻碍了作品传播,引起了作者的不满意。②读者的不满意。由于学术文献是最有用的研究工具,它可以教育、激发和启迪研究者。当前,学术交流系统拒绝访问全部的文献资源,因此不仅未能充分发挥这个工具的功能,降低了研究者的效益,同时也阻碍了读者利用他们所需的所有研究成果,结果导致其不满意。③图书馆员的不满意。由于图书馆员不能满足其用户的信息需求,他们也会对当前学术交流系统不满意。即使最有钱的机构也不能购买其研究者所需的所有信息资源。2003 年的研究报告发现,提供英国研究者所需的所有信息已经超出任何一个图书馆的能力范围,而且事实上,所有英国研究型图书馆的共同努力也未能获得一种可以满足研究者当前和今后信息需求的国家收藏。③ 如今,世界上每年有 2.5 万种期刊出版 250 万篇论文,但大多数大学和研究机构只能订阅这些期刊的一小部分。这意味着学术研究成果目前只获得了一小部分的潜在应用,只产生了一小部分的潜在生产力和贡献。若百分之百的研究论文能够通过 OA 被免费利用,那么这些研究成果的使用、影

---

① Hess C, Ostrom E. "Ideas, artifacts, and facilities: information as a common-pool resource". *Law and Contemporary Problems*, 2003, 66 (1-2): 136.

② 参见吴绍群、吴明德《开放资讯取用期刊对学术传播系统之影响》,载《图书信息学研究》2007 年第 1 期。

③ Prosser D C. "The next information revolution—how open access will transform scholarly communications". In: Gorman G E, Rowland F. *Scholarly publishing in an electronic era: international yearbook of library and information management* 2004-2005. London: Facet Publishing, 2005: 99-117.

响、生产力和贡献就会最大化①，从而避免学术危机的恶化。

4. 网络信息技术的发展

20世纪90年代互联网和电子出版技术的出现极大地改变了科学交流的方式。② 现代OA运动来自于电子媒介——万维网释放的潜能。③ 现在发表一篇学术论文并立即上传至互联网，使任何地区用户得以访问，是完全可行的。④ 一些科学家积极利用万维网发表其学术论文，供世界各地网络用户及时利用，成为OA运动最初的倡导者与实践者。

（二）OA的起源

促使OA成为现实的一个主要原因是传统印刷型学术期刊危机。在20世纪80年代末，在各种期刊上发表的论文数量以爆炸式的速度增长，期刊平均成本也连续上涨了10多年。然而，一些高校图书馆的预算却保持原样，即使有些增长，却远远跟不上期刊的上涨速度，结果造成"图书馆危机""学术危机"，文献利用率大幅度降低。于是，一些科学家自发组织起来，倡导OA运动。

第一批在线免费访问期刊，即后来被称之为OA期刊出现在20世纪80年代末，它们包括《布林莫尔经典评论》（*Bryn Mawr Classical Review*）、《后现代文化与心理学》（*Postmodern Culture and Psychology*）。1988年，美国科学家OA论坛（American Scientist OA Forum）创立了《医学互联网研究杂志》（*The Journal of Medical Internet Research*），成为医学领域的第一份OA期刊。

在1991年，高能物理预印本服务器——arXiv建立起来后，开始把该群体生产的科学论文存储在OA文档中，进行科学论文的自存储。10年后，计算机科学文献的引文链接索引——Citeseer被开发出来，以捕捉计算机科学群体自存储在网站和资源库中的论文。这两个快速发展的拥有可开放利用资料的资源库显示出对这些文献使用的需求是极其巨大的，也为其他科学领

---

① Canessa E, ZENNARO M. *Science dissemination using open access*. Trieste：The Abdus Salam International Centre for Theoretical Physics，2008：5.

② Tonta Y, ÜNAL Y, AL U. The research impact of open access journal articles[EB/OL]. [2015–08–26]. http://eprints.rclis.org/9424/1/tonta-unal-al-elpub2007.pdf.

③ Nair R R. "Open access initiatives and E-LIS archive in library and information science Vols I". In：Amudhavalli A, Singh J. *Challenges and changes in librarianship*. New Delhi：B. R. Publishing Corporation，2010：30.

④ 同上书，pp. 29–51.

域树立了榜样。①

1997年，美国医学国家图书馆（National Library of Medicine，NLM）利用"公共医学中心"（PubMed Central）和"经济学研究论文"（RePEC）分别在生物医学领域、经济学领域建立了OA知识库。同年，英国南安普敦大学电子与计算机科学学院开发了CogPrints自存储知识库。

国家学术出版社（National Academics Press）在1994年开始对图书出版进行最早的OA实验，在销售纸质副本的同时，使这些图书可在线免费利用。1998年6月，美国研究图书馆协会（ARL）开始创建"学术出版与学术资源联盟"（SPARC），旨在创建更多开放的学术交流系统，其优先考虑的重点是促进学术研究成果OA的政策与实践的理解与实施，以学术与科学研究论文的OA、开放数据和开放教育资源作为中心议题。②

1999年，美国开放社会研究所（Open Society Institute，OSI）通过其资助的eIFLDirect项目，把5000余种人文社科和科学、技术与医学（STM）全文期刊向非洲和拉丁美洲地区的39个国家2000多家图书馆和研究机构提供在线学术期刊的访问，绝大部分是免费获取。

2000年，当前科学组（Current Science Group）创建了营利性的OA出版商——生物医学中心（BioMed Central），如今能出版170多种期刊。

2001年，来自世界各地的34000名学者联合签发了对科学出版商的公开信，呼吁建立可以免费访问、检索和提供已出版研究论文、医学和生命科学学术讲稿的在线公共图书馆。签署公开信的科学家承诺不出版非OA期刊评审中或同行评议中的成果。这导致公共科学图书馆（the Public Library of Science，PLOS）的建立。PLOS决定成为一个OA出版商，旨在通过出版科学领域的高质量成果与商业出版商和其他OA期刊进行竞争。

2001年12月，OSI启动了*BOAI*，它是第一个关于OA的重要国际声明，对OA作了经典定义。2003年，*BSOAP*和《柏林宣言》相继公布。

2003年后，一些研究基金、政府、研究资助机构和大学开展授权的自存储活动。2004年1月，美国众议院拨款委员会通过了一份支持美国国立卫生研究院（US National Institutes for Health，NIH）OA要求的报告，随后于7月宣布使用NIH经费的研究人员被要求将研究成果存缴在该公共医学中心。

如今，OA在研究者、学术界、图书馆员、大学管理者、研究资助机

---

① Swan A. *Policy guidelines for the development and promotion of open access*. Paris：UNESCO，2012：14.

② About us[EB/OL].[2015-08-26]. http://www.sparc.arl.org/about.

构、政府官员、商业出版商、社会出版者之间，是一个重要的议题。虽然所有人都同意 OA 概念，但是对 OA 出版中的经济问题、自存储的可靠性和经济效益问题有不同意见。①

（三） OA 途径

OA 途径可归纳为如下四种。

1. 绿色 OA

绿色 OA（Green OA）即 OA 的自存储（Self-archiving）策略，是指作者将自己论文的预印本或后印本存储在某个可免费访问的数字知识库中。这些知识库可以是学科知识库、机构知识库或其他知识库，大多数采用元数据采集开放存储倡议协议（Open Archives Initiative Protocol for Metadata Harvesting，OAI-PMH）。不过，目前也有许多绿色 OA 期刊论文并不存储在知识库中，而是存储在作者个人网站。绿色 OA 的优点是无须出版商的同意或按照出版商政策改变现有论文模式，比实施金色 OA 更便宜，若存在搜索引擎，也可能获得更简单和更全面的检索结果。然而，绿色 OA 也有一些主要缺点，比如，没有从根本上改变现有资料预订模式；不能为图书馆提供短期成本节约；因无须提供最终版本的期刊论文，致使 OA 版本论文有用性降低，且不能完整地替代正式出版论文。②

2. 金色 OA

金色 OA（Gold OA）即 OA 期刊策略，是指作者利用 OA 期刊及时向读者提供其论文的免费利用，或者是出版商通过开发 OA 期刊及时把其刊载的学术论文免费提供给读者使用。金色 OA 有时也被称为"作者付费出版"（author-pays publishing）模式，但它并非要求作者自付出版费用，往往是由资金资助机构或所在机构负责出版费用。因此，用"笔者身边机构付费"（author-side fees）替代"作者付费出版"，也许更好。金色 OA 的优点是能确保及时访问最终论文，在某种程度上降低图书馆成本，因为 OA 期刊可以替代传统期刊或把传统期刊转化为 OA 期刊；其主要缺点是，它直接挑战当今期刊出版商和现有出版机制。③

3. 免费 OA

免费 OA（Gratis OA）是任何人可以免费阅读在线数字文献。它不存在

---

① Nair R R. "Open access initiatives and E-LIS archive in library and information science, Vols I" In：Amudhavalli A, Singh J. *Challenges and changes in librarianship*. New Delhi：B. R. Publishing, 2010：33.

② Crawford W. *Open access：what you need to know now*. Chicago：ALA, 2011：16 – 17.

③ 同上书，p. 20。

阅读这些文献的价格障碍。在2008年中期前的一些文献中，免费OA也被称为弱OA（Weak OA）。免费OA排除了期刊文献使用的价格障碍。

4. 自由OA

自由OA（Libre OA）是指用户可以不受非必要版权和许可约束免费使用在线数字文献。在2008年中期前的一些文献中自由OA也被称为强OA（Strong OA）。自由OA至少为那些希望除阅读和复制论文以外的其他利用免除了许可障碍。它与免费OA的差异主要是出版物的再次利用，包括数据挖掘。例如，若你正在准备一本教科书或任何商品，你可以使用自由OA论文，但是，你也许需要获得许可才能使用免费OA论文；若你想做数据挖掘，某些免费OA论文是不可利用的，或是因为它们对再利用有限制，或是因为它们是以不支持数据挖掘的方式而存在。①

三、开放获取资源发展概况

OA资源主要包括开放数据、OA图书、OA知识库（OA Repositories）、OA期刊、预印本5类。

（一）开放数据

在开放获取运动的影响下，近年来，开放数据运动在全球迅速兴起。开放数据是可以面向任何人自由使用、再利用和重新发布的数据，在其限制上，顶多是满足属性和共享协议的要求。② 当数据满足"技术开放"和"法律开放"时，数据才是开放的。"技术开放"是指数据可以机器可读标准格式被利用，即被计算机检索与有目的的处理；"法律开放"是指数据以一种没有任何限制、允许商业和非商业利用和再利用的方式得到明确许可。

通过开放政府数据，促进社会创新，带动大数据产业的发展，已成为各国的普遍共识。从目前全球参与开放数据运动的国家来看，既包括美国、英国、法国、奥地利、西班牙等发达国家，也包括印度、巴西、阿根廷、加纳、肯尼亚等发展中国家。英国、美国、法国、智利、意大利、澳大利亚、新加坡、摩尔多瓦、肯尼亚等国都建立了开放数据门户。一些城市，如旧金山、芝加哥、伦敦、南特（Nantes）、雷恩（Rennes）、维也纳、温哥华也建立了开放数据门户。此外，包括预算与公共财政、教育、健康、营养、农

---

① Crawford W. *Open access: what you need to know now*. Chicago: ALA, 2011: 22.
② What is open data? [EB/OL]. [2017-01-07]. http://opendatahandbook.org/guide/en/what-is-open-data/.

业、交通、环境、水、采掘业、能源、地理空间、信息与通信技术在内的许多部门,各自建立了开放数据门户。国际组织如欧盟、经合组织、联合国、世界银行也加入到开放数据运动中,建立了数据开放门户网站。

2009年5月,美国政府率先正式启用了官方的政府开放数据网站Data.gov网站,为公众提供获取联邦政府的数据集,其中包括美国国家航空航天局的数十亿千兆字节的行星、月球、地面、地球轨道的数据。2013年5月9日,美国签署行政命令,要求所有政府数据以计算机可读形式向公众和企业开放,为创新和经济增长提供动力。该指令要求政府数据的默认状态应该是开放的和计算机可读的,在确保隐私和安全的情况下,要增强数据的可获取性和可用性,并通过政府数据生命周期的管理促进数据开放和互操作。2013年12月7日,奥巴马政府发布了《开放政府合作伙伴——美国第二次开放政府国家行动方案》,进一步承诺要让公众能够更方便地获取有用的政府数据,包括分享国家安全法律机构使用的数据、完善隐私政策和联盟报告的可获取性、更新并完善关于联邦机构数据政策和实践的报告。① 同时,政府还承诺按照战略资产来管理政府数据,改进Data.gov门户网站,将原来的金融、企业和安全等6大类数据集拓展至农业、消费、教育、能源等20大类。至2014年10月8日,网站上共开放了156081个数据集。

2011年,法国政府就开放数据政策发表了官方声明,并于同年2月成立了开放数据办公室"Etalab",在数据门户网站(data.gouv.fr)上对开放数据的几个关键问题,如开放数据的类型、所有公布的数据集内容、数据集再利用的界定、数据开放共享的原因、开放数据的法律环境、数据的举报与修改等都做出了解答。② 2013年11月6日,法国政府发布《八国集团开放数据宪章法国行动计划》,作出4项承诺:①朝着默认公开发布数据的目标前进,支持高价值数据集的发布;②建立一个开放平台以鼓励创新和提高透明度;③通过征求公众和社会意见完善开放数据政策;④支持法国和全球的开放式创新。③

2010年1月,英国政府数据网站(Data.gov.uk)正式对外开放。英国首相卡梅伦于2010年5月要求政府应采取特别行动来开放数据,以推动英

---

① The open government partnership: second open government national action plan for the United States of America[EB/OL]. [2017-01-11]. http://www.whitehouse.gov/sites/default/files/docs/us_national_action_plan_6p.pdf.

② 参见张靖《法国政府开放数据关键问题解读》,见《中国电子报》2014年5月6日,第005版。

③ 参见李苑《全球政府开放数据运动方兴未艾》,见《中国电子报》2014年2月25日,第004版。

国联邦政府部门和地方政府开放数据的进程。2011年11月，卡梅伦发布了《秋季报告中关于开放数据的更多细节》，进一步强调政府要开放交通、铁路、航空服务、医疗保健等方面数据，并指出政府将在未来5年提供总计1000万英镑的资金，在英国建立世界上第一个开放数据研究院（ODI）。2011年12月，英国政府发布了第一份《英国公共部门信息原则》（*Information Principles for the UK Public Sector*），要求所有政府部门在2012年5月之前依照这个原则制定相应的开放数据战略。随后，英国卫生部、财政部、司法部等数十个机构都发布了开放数据战略。2012年6月，英国政府发布了《开放数据白皮书：释放潜能》，要求公共部门尽可能地将公共部门信息转化为机器可读的开放数据。2013年4月，英国发布了第一版国家开放数据行动方案工作进展的自我评估报告，对第一版行动方案进行了修改。在新的行动方案中，英国政府在开放数据"改善公共服务、政府诚信""提高政府透明度、财政透明度""帮助公民跟踪开支去向、向公民授权""转换公民与政府之间的关系、自然资源透明度""确保收益用于公共利益"5个方面做出21项有关开放数据的承诺。① 从整体上看，英国在推进公共部门信息开放获取的行动上处于欧盟成员国的前列，其开放数据政策执行策略主要包括：①构建政策执行的监督机制，如修订《自由保护法》、跟进欧盟《公共部门信息再利用指令》。②培育开放数据政策的多元执行主体，使"公共数据集团"（Public Data Group）成为开放数据的核心参考数据源，"开放数据用户小组"（Open Data User Group）将数据需求方和供给方连接起来，"数据战略委员会"（Data Strategy Board）扮演开放数据市场的中间者角色，"开放数据研究院"（Open Data Institute，ODI）推动开放数据商业化。③发布政府许可框架（The UK Government Licensing Framework），提出3种许可方式——开放政府许可协议（Open Government License，OGL）、非商业性使用政府许可协议（Non-Commercial Government License）、收费许可协议（Charged License），其中OGL被广泛应用于英国开放数据领域。④通过公共咨询、开放数据对话、YouGov机构调查加强开放数据政策的认同。⑤提高政策执行人员的技能，ODI开展开放数据技术专家、企业家、研究生的培养，在开放数据技术领域为学员提供世界级认证资格。②

2011年9月，在联合国大会上，巴西、印度尼西亚、墨西哥、挪威、

---

① 参见罗莹珊、李苑《英国开放数据新方案作出21项承诺》，见《中国电子报》2014年3月25日，第3版。

② 参见陈美《英国开放数据政策执行研究》，载《图书馆建设》2014年第3期，第23-26页。

菲律宾、南非、英国、美国等8个国家联合签署《开放数据声明》，成立开放政府合作伙伴（Open Government Partnership），如今已由最初的8个成员国发展为65个成员国。① 2013年6月，美、英、法、德、意、加、日、俄在北爱尔兰召开G8峰会，八国领导人签署了《G8开放数据宪章》，其宗旨就是推动政府更好地向公众开放数据，并且挖掘政府拥有的公共数据的潜力和对经济增长的创新，同时提高政府的透明度和责任。法国、美国、英国、德国、日本、意大利、加拿大和俄罗斯承诺，在2013年年底前，制订开放数据行动方案，最迟在2015年末按照宪章和技术附件要求进一步向公众开放可机读的政府数据。

目前，数据开放许可使用条款范例有英国政府开放许可（UK Open Government License）、世界银行使用条款（The World Bank Terms of Use）、创作共用属性许可（Creative Commons Attribution License）、创作共用无版权保留许可（Creative Commons No Rights Reserved License）、法国政府开放许可（French Government License Ouverte）、许可开放数据：实践指南（Licensing Open Data: A Practical Guide）。②

从各国开放数据门户情况来看，围绕民生需求的数据在开放数据中占比最大，也颇受用户欢迎。建设开放数据门户网站，围绕民生需求逐步向公众开放免费的可机读数据集，鼓励开发人员基于数据集开发应用程序，带动全社会创新，已成为大势所趋。

（二）OA图书

OA图书出版是OA运动中相对较新的领域。虽然早在1996年美国国家科学院出版社（The National Academics Press）就开始尝试通过网站提供免费电子图书，只收取相应印本费，随后，不断有新的出版社或发行商开始尝试OA专著出版业务。③ 目前，已有一些机构或组织提供OA图书，这主要包括开放获取图书目录（Directory of Open Access Books，DOAB）、SpringerOpen图书、开放获取学术出版联盟（Open Access Scholarly Publishers Association，OASPA）、开放内容联盟（Open Content Alliance，OCA）、各种机构知识库存储的学术著作等。由于SpringerOpen图书已经被DOAB收录，所

---

① Participating countries [EB/OL]. [2015-08-26]. http://www.opengovpartnership.org/countries.

② Open data essentials [EB/OL]. [2015-08-26]. http://data.worldbank.org/about/open-government-data-toolkit/knowledge-repository.

③ 参见魏蕊、初景利《国外开放获取》，载《图书出版模式研究》2013年第11期。

以这里仅对 DOAB 的 OA 图书作进一步说明。

2012 年 4 月，欧洲 OA 出版网络（Open Access Publishing in European Networks，OAPEN）发布 DOAB。截至 2015 年 8 月 20 日，DOAB 共收录了来自 110 个出版商的 3275 种 OA 图书。① 这些图书涉及农业与食品科学、艺术与建筑、生物与生命科学、商业与经济、化学、地球与环境科学、非专业作品（General Works）、保健科学、历史与考古学、语音与文学、法律与政治科学、数学与统计学、哲学与宗教、物理学与天文学、科学总论、社会科学、技术与工程 17 类。见表 1.1。

表 1.1 DOAB 收录的图书分布

学科领域	数量	学科领域	数量	学科领域	数量
农业与食品科学	36	非专业作品	3	哲学与宗教	207
艺术与建筑	275	保健科学	130	物理学与天文学	6
生物与生命科学	18	历史与考古学	633	科学总论	129
商业与经济	165	语音与文学	404	社会科学	839
化学	1	法律与政治科学	570	技术与工程	86
地球与环境科学	76	数学与统计学	32		

（三）OA 知识库发展概况

OA 知识库是存储学术研究成果并为用户提供全文免费阅读和使用的数字文档库，主要通过自存储的方法来实现。它们基于网络平台实现文字、数字、图表、脚注、尾注、标记等内容之间的相互链接，有利于揭示文献之间、文献要素之间的关联，打破文献传递的时空限制，挖掘文献的潜在价值，提高文献利用率。大多数 OA 知识库运行开源软件，并遵循可互操作的基本原则，能被 Google、Google Scholar 和其他搜索引擎索引，只要利用这些搜索引擎的关键词检索，就可轻易地发现这些分布式 OA 知识库中的内容。OA 知识库可分为机构知识库与学科知识库。

1. 机构知识库

机构知识库（Institutional Repositories，IR）又称为机构库、机构仓储、机构典藏库，是指搜集、存储学术机构成员的知识资源，并提供检索的数字

---

① DOAB：Directory of Open Access Books［EB/OL］．［2015－08－20］．http://www.doabooks.org/.

知识库。第一个机构知识库由南安普敦大学电子与计算机学院于 2000 年建立，其运行的是开源软件 EPrints，从此为其他机构建立他们自己的知识库铺平了道路。

全球 OA 知识库集中反映在开放存取知识库名录（Direct of Open Access Repositories，OpenDOAR）[①] 中。OpenDOAR 是在开放社会研究所（Open Society Institute）、英国联合信息系统委员会（Joint Information Systems Committee）、英国大学研究图书馆联盟（Consortium of University Research Libraries）、欧洲学术出版和学术资源联盟（Scholarly Publishing and Academic Resources Coalition Europe）的资助下，由英国诺丁汉大学和瑞典兰德大学于 2005 年共同创办，目前由英国诺丁汉大学进行维护。截至 2016 年 2 月，OpenDOAR 已收录了世界上 2573 个机构知识库，覆盖 113 个国家和地区。以下从机构知识库的国家/地区、系统软件、资源类型、学科领域、语言分布等方面进行分析。

（1）机构知识库的国家/地区分布。目前，全世界 113 个国家和地区已建立机构知识库，但彼此的建成数量差异较大，美国、英国和日本的建成数量位居前三，其拥有的机构知识库占全球总量的 28.3%，而我国大陆地区建有机构知识库 34 个，香港建有 8 个，澳门建有 1 个，台湾建有 58 个。表 1.2 选列了拥有机构知识库数量排名前 10 位的国家。

表 1.2 机构知识库的国家/地区分布

国家	美国	英国	日本	德国	法国
知识库数量（个）	356	189	186	163	83
比例（%）	13.8	7.3	7.2	6.3	3.2
国家	西班牙	波兰	巴西	意大利	土耳其
知识库数量（个）	82	72	71	67	65
比例（%）	3.2	2.8	2.8	2.6	2.5

（2）机构知识库系统软件分布。机构知识库系统软件是机构知识库建设和运行的基础平台，包括免费且拥有开放源代码的软件和商业软件等，其中以前者的使用最为广泛，机构可以根据自身的建设特征和发展方向修改并扩展系统功能，以构建适合的机构知识库。机构知识库所应用的系统软件种类达 140 余种，其中应用次数较多的为 DSpace、Eprints、Digital Commons、

---

① OpenDOAR[EB/OL].[2016-02-27]. http://www.opendoar.org/index.html.

OPUS、dlibra、WEKO、HAL 等软件，分别居于机构知识库软件使用量的前 7 位。机构知识库主要系统软件的分布情况见表 1.3。

表 1.3　机构知识库系统软件分布

机构知识库软件	DSpace	Eprints	Digital Commons	OPUS	dlibra	WEKO	HAL	其他软件	未知软件
数量（个）	1226	363	136	71	49	45	43	154	486
比例（%）	48	14	5	3	2	2	2	6	19

（3）机构知识库资源类型。机构知识库中不仅存缴期刊论文、学位论文、图书等正式出版物，同时也存储包括工作论文、多媒体资料、数据集、专利和软件在内的有价值的灰色文献。在 OpenDOAR 收录的 2573 个机构知识库中，各类型资源所占比例见图 1.1。

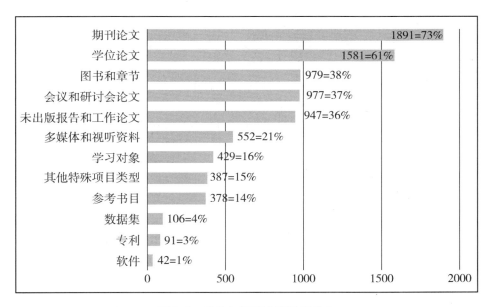

图 1.1　机构知识库内容类型分布

（4）机构知识库学科领域。基于大部分的机构知识库建设单位为综合性学科研究机构，因此，在 2573 个机构知识库中有超过一半的知识库覆盖了多学科的学术资源；此外，也存在专业性较强的研究机构，这类机构只缴存少数几类学科资源，以缴存数量为位次，依据分别是卫生和医学、商业和经济学、通用技术、通用自然科学、法学和政治学、历史和考古学等学科领域。由于机构知识库可同时收录多种学科类别,因此知识库在按照学科类别划分时存在交叉。图1.2表示拥有不同类型学科领域的机构知识库数目比例。

图1.2 机构知识库学科领域

（5）机构知识库语言分布。目前，机构知识库收录了涵盖65种语言类型的资源，其中，英语是使用数量最多的语言种类，其次分别是西班牙语、德语、日语，分别约占总量的11%、7%、7%。缴存汉语资源的机构知识库有107个，占所有机构知识库的4%，位居第七位。图1.3选列了机构知识库语言使用量占比为1以上的分布情况。

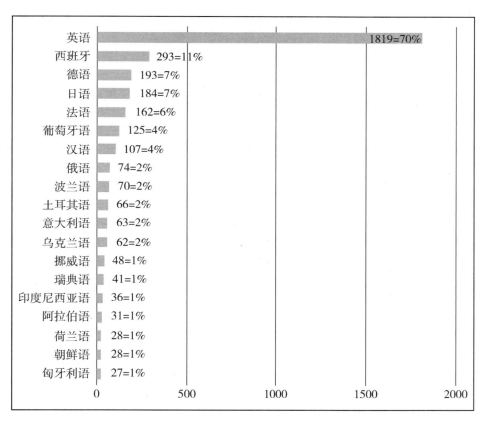

图1.3　机构知识库语言分布

2. 学科知识库

学科知识库也被称为学科仓储、主题知识库，它是专门收集某一特定学科领域各种研究资源的电子文档而形成的知识库。最普遍的是电子印本文库（E-print archive），包含两类文献，即未经审核的预印本（Preprint）和已经审核过的后印本（Postprint）。学科知识库比机构知识库更早出现。arXiv是早期有名的学科知识库。学科知识库可以由作者直接将其作品存储在知识库或者通过收集其他馆藏资料形成一种集中服务的方式创建起来，如经济学知识库 RePEc。

公共医学中心（PMC）是另一种成功的学科知识库的代表，从最初仅仅拥有两种期刊的知识库发展到如今拥有 600 种期刊和大量作者手稿，并能提供 200 万篇左右期刊全文的知识库。在此基础上，通过与其他研究基金的联盟，于 2007 年在英国建立了第一个国际公共医学中心（International PMC，PMCi），加拿大站点也随之建立，紧接着在欧洲生物信息学研究所（European Bioinformatics Institute）、曼彻斯特大学和英国图书馆（the British Library）的共同努力下，创建了欧洲公共医学中心（Europe PMC）。[1]

（四）OA 期刊发展概况

OA 期刊是指那些无须本人或所属机构支付使用费用，允许读者进行阅读、下载、复制、分发、打印、检索或链接到全文的在线期刊。OA 期刊具有如下特点：①它们是学术的；②它们如同传统期刊一样利用质量控制机制；③它们是数字的；④它们是免费可利用的；⑤它们允许作者保留其版权；⑥它们使用知识共享协议（Creative Commons）或类似协议。[2] 然而，OA 期刊是否必须使用同行评议作为一种质量控制机制，仍存争议。尽管多数 OA 期刊已采用这种方式，但也有一些高品质期刊没有使用同行评议，如《数字图书馆杂志》（D-Lib Magazine）。类似地，OA 期刊是否必须使用知识共享协议或类似协议，也是另外一个争议性的问题。

根据访问方式和访问权限的不同，OA 期刊可分为完全型 OA 期刊、部分型 OA 期刊、延时型 OA 期刊 3 类。完全型 OA 期刊是对期刊所有内容都实行"开放获取"的一种期刊运营模式，其运行资金来自作者支付的发表费或专门机构（如政府、基金会、个人等）的资助；部分型 OA 期刊是只对期刊上部分内容实行"开放获取"的一种期刊运营模式，其运行资金主要来自作者的发表费和用户的使用费；延时型 OA 期刊是期刊在出版后的预定时期内实施商业运营且在预定时期后实行"开放获取"的一种期刊运营模式，如 PMC 收录的 400 多种 OA 期刊，大多数都属于此类期刊。

1. OA 期刊出版模式

根据 OA 期刊经费来源和实施方式，OA 期刊出版模式有如下几种[3]：

---

[1] Swan A. *Policy guidelines for the development and promotion of open access.* Paris：UNESCO，2012：21.

[2] Bailey C W. What is open access? [M] //JACOBS N. Open access：key strategic，technical and economic aspects. Oxford：Chandos Publishing，2006：23.

[3] Swan A. *Policy guidelines for the development and promotion of open access.* Paris：UNESCO，2012：30-33.

（1）文章加工费出版模式。许多 OA 期刊在出版流程的前端，通过对作者及其机构或其研究基金会征收文章加工费来维持 OA 期刊的运营。这些费用常常由作者的科研补助金或机构专业建立的出版基金支付。某些研究基金会明确承诺专门为支付论文加工费提供资金。有些情况下，基金会声明在补助金持有者的自行决定下，可将补助金用作出版费用。许多机构也建立了某种基金以便支付论文加工费。每个机构制定了各自有关作者如何使用这些基金的政策。不过，这些计划的长期持续性仍不清楚。

（2）机构会员付费出版模式。某些 OA 出版商引入了机构会员付费出版模式，如生物医学中心（BioMed Central，BMC）和 PLOS 从 2004 年开始采用该模式，即允许大学或科研机构为其科研人员支付出版费用，推出"一揽子协议"（umbrella agreements）。只要大学或科研机构与 OA 出版商签订"一揽子协议"，每年缴纳一定数量的费用（一般为数万美元），该机构的科研人员就可以在该 OA 出版商的 OA 期刊上发表论文而无须再交付发表费。机构会员付费出版模式能够减轻作者本人的经济负担，但是还不足以维持 OA 期刊长期发展所需要的资金。

（3）社区出版模式。社区出版模式（community publishing）完全是学术界研究者自愿进行的期刊出版，这些人要进行期刊的编辑、同行评议与制作。这些期刊在线免费出版，且有时可销售预订印刷本期刊。目前出现了大量此类 OA 出版公司，其中许多是在社区电子出版平台或开源、易用技术的刺激下来出版 OA 期刊、会议论文和图书的。

（4）广告或赞助出版模式。通过广告销售或获得赞助来进行 OA 出版也是常见的一种模式。虽然绝大多数期刊不能寄望获得充足的广告收入来支持其巨大的运营成本，但是广告收入仍是部分解决方案，确实可支持 OA 期刊出版。比如，有名的《英国医学杂志》（*British Medical Journal*）在广告收入来源的帮助下，使其研究内容实现在线开放获取。

（5）机构补贴出版模式。机构补贴出版模式是机构通过给予补助费用，正式地资助其支持的 OA 期刊出版。某些大学常常通过提供场地、热、光和电信服务来非正式地支持社区出版公司。虽然这种模式的可持续性目前仍不清楚，但是随着学术交流的转变和研究者对交流过程的更大控制，这种模式可能越来越重要。研究机构和基金会日益认识到研究交流应被认为是研究过程的一部分，由此意识到费用将需要直接由研究生产者而非消费者承担。

（6）硬拷贝销售出版模式。硬拷贝销售（hard copy sales）出版模式，是指某些期刊通过销售印本期刊全部或部分支持其 OA 出版的一种模式。若期刊订阅收入能补偿成本，期刊就无须在出版过程前端征收论文加工费。作为一个位于孟买的医学出版商，Medknow 非常成功地采用了这种模式，其期刊内容都可在线免费利用，把硬拷贝印本销售给世界各地的图书馆。自采用该 OA 模式，Medknow 在销售、订阅和影响力方面都有所提升。

（7）协同采购出版模式。协同采购出版模式是某个专业领域的相关机构，如研究所、研究实验室、基金会、学术协会等，共同出资给某个出版商，以换取该出版商提供其期刊论文的开放获取。这种模式的典型代表是粒子物理学 OA 出版资助联盟（Sponsoring Consortium for Open Access Publishing in Particle Physics，SCOAP3）计划，该计划汇集了研究所、研究实验室、学术协会、国家研究基金会，先支付一定的资金给高能物理期刊出版商，然后，该出版商向这些联合采购机构提供其期刊内容的开放获取。

（8）混合 OA 出版模式。混合 OA 出版模式是出版商收取论文加工费，并将个别论文向订阅印本期刊者提供 OA。出版商提供期刊列表，供那些希望从事 OA 的作者进行选择。在某些情况下，当来自 OA 的收益上升时，出版商降低其预订价格，但是在大多数情况下，出版商可从作为额外收入的 OA 论文加工费获利。这时，基金会和研究所往往认为出版商在进行"双重收费"。

2. DOAJ 中的 OA 期刊

开放获取期刊目录（Directory of Open Access Journal，DOAJ）是由瑞典隆德大学（Lund University）图书馆于 2003 年 5 月设立的，可以反映出国内和国际 OA 期刊整体概况。作为专门的 OA 期刊文献检索系统，其收录的均为学术性、研究性期刊，具有免费、全文、高质量的特点，对学术研究有很高的参考价值。最初，DOAJ 仅收录 350 种期刊，到 2014 年 3 月 30 日，DOAJ 收录来自于 133 个国家和地区的 9709 种 OA 期刊（其中 5621 种期刊可检索论文）、1595532 篇论文。① 2015 年 8 月 27 日检索得到的最新数据显示，DOAJ 已收录来自于 134 个国家和地区的 10524 种 OA 期刊（其中 6425 种期刊可检索论文）、1975009 篇论文。② 由此看来，DOAJ 中的 OA 期刊获得了巨大发展，且仍在不断扩展之中。

3. 中国科技期刊开放获取平台中的 OA 期刊

中国科技期刊开放获取平台（China Open Access Journals，COAJ）是由中国科学院主管与主办、中国科技出版传媒股份有限公司承办的 OA 运营平台，其前身是中国科学院科技期刊开放获取平台（CAS-OAJ）。自 2010 年 10 月上线运行以来，截至 2015 年 8 月 27 日，COAJ 已经收录 650 种期刊，

---

① DOAJ[EB/OL].[2014-03-30].http://doaj.org/.
② DOAJ[EB/OL].[2015-08-27].http://doaj.org/.

其中可检索论文的期刊337种、1419694篇论文。① 这些期刊主要覆盖工业技术、医药卫生、数理科学和化学、生物科学等领域。见表1.4。

表1.4 COAJ期刊学科分布②

学科类型	自然科学总论	数理科学和化学	天文学、地球科学	生物科学	医药卫生	农业科学	工业技术	交通运输
数量	80	73	97	47	150	65	169	10
学科类型	环境科学、劳动保护	航空航天	社会科学总论	经济	文化、科学、教育、体育	历史、地理	综合	
数量	20	13	29	4	18	1	14	

（五）预印本发展概况

预印本（Preprint）是指人们的科研成果在正式出版物上发表之前，为与同行交流而自愿先在学术会议上或通过互联网发布的科研论文、科技报告等文章。与刊物发表的文章以及网页发布的文章相比，预印本具有交流速度快、利于学术争鸣、可靠性高的特点。目前，国内外已经出现了多个预印本服务系统，如中国预印本服务系统、中国科技论文在线、arXiv、e-Prints Soton、E-print Network、CogPrints、E-LIS等。

1. 中国预印本服务系统

中国预印本服务系统是由中国科技信息研究所与国家科技图书文献中心联合建设的、以提供预印本文献资源服务为主要目的的实时学术交流平台，最初由国内预印本服务子系统和国外预印本门户（SINDAP）子系统构成，于2004年3月15日正式开通服务，如今仅能提供国内预印本服务。国内预印本服务子系统主要收藏的是国内科技工作者自由提交的预印本文章，可以实现二次文献检索、浏览全文、发表评论等功能③，学科资源覆盖自然科学、医药科学、人文与社会科学、工程与技术科学、农业科学五大领域。截至2015年8月27日，国内预印本服务子系统共收录8445篇预印本文献，其学科分布见表1.5。

---

① 中国科技期刊开放获取平台[EB/OL].[2015-08-27]. http://www.oaj.cas.cn/.
② 中国科技期刊开放获取平台[EB/OL].[2015-08-27]. http://www.oaj.cas.cn/.
③ 中国预印本服务系统[EB/OL].[2015-08-27]. http://prep.istic.ac.cn/main.html?action=intro.

表1.5　国内预印本服务子系统学科分布

学科群与学科名		数量（篇）	学科群与学科名		数量（篇）
自然科学	数学	1687	工程与技术科学	水利工程	247
	天文学	321		能源科学技术	10
	信息科学与系统科学	125		动力与电气工程	13
	地球科学	519		工程与技术科学基础学科	12
	物理学	4001		交通运输工程	6
	生物学	268		航空、航天科学技术	4
	化学	22		材料科学	7
	力学	199		测绘科学与技术	1
医药科学	基础医学	55		核科学技术	4
	临床医学	11		环境科学技术	4
	药学	5		电子、通信与自动控制技术	14
	中医学与中药学	55		管理学	20
	预防医学与卫生学	14		计算机科学技术	89
	军事科学与特种医学	1		机械工程	3
人文与社会科学	图书馆、情报与文献学	457	农业科学	农学	4
	经济学	81		林学	5
	统计学	17		畜牧、兽医科学	2
	体育学	60			
	其他	102			

2. 中国科技论文在线

中国科技论文在线是经教育部批准，由教育部科技发展中心主办，针对科研人员普遍反映的论文发表困难，学术交流渠道窄，不利于科研成果快速、高效地转化为现实生产力而创建的科技论文网站。中国科技论文在线利用现代信息技术手段，打破传统出版物的概念，免去传统的评审、修改、编辑、印刷等程序，给科研人员提供一个方便、快捷的交流平台，提供及时发表成果和新观点的有效渠道，从而使新成果得到及时推广，科研创新思想得到及时交流。中国科技论文在线允许作者同时向其他专业学术刊物投稿，以使科研人员新颖的学术观点、创新思想和技术成果能够尽快对外发布,并保护原创作者的知识产权。[①] 从 OA 资源共享角度,中国科技论文在线主要设有以下栏目[②]:

(1) 首发论文栏目。采用"先发布、后评审"的方式,作者自愿投稿的文章,经基本学术、规范格式初审,并确认无政治错误问题、涉密问题、署名问题,并未在任何媒介发表,达到本站发布要求后,一般在 7 个工作日内发布出来。发布后,作者可自愿选择请同行专家对论文学术水平进行评审,进一步完善课题研究,与同行学者展开讨论,为广大科学工作者提供一个快速发表和共享最新科技成果的平台。截至 2015 年 8 月 27 日(后同),首发论文已收录 82284 篇。

(2) 优秀学者及主要论著栏目。从 15 个大的学科领域内遴选出优秀学者,并对其成果进行集中展示,为年轻科研人员提供示范和指导。目前已收录优秀学者论文共 91892 篇。

(3) 名家推荐精品论文栏目。收录了由知名学者推荐的国内外精品论文信息,为用户提供一个快速了解本专业最具代表性学术成果的渠道。

(4) 自荐学者及主要论著栏目。凡具有博士以上学历的年轻科研人员或讲师以上职称的教师均可自荐或他荐成为自荐学者,所有学者用户可自行管理专栏,并与读者在线交流,同时还可享有栏目定制等特色服务,以提高年轻学者在学术界的影响力,促进学术交流与发展。目前已收录自荐学者论文 31135 篇。

(5) 科技期刊栏目。收录了近几年各大学学报发表的所有论文,并分别按照期刊名称及学科分类进行编排,方便科研人员查阅,并提高论文的引用率和期刊的影响因子,扩大学报的影响。目前已收录科技期刊论文 1219409 篇。

(6) 热度视界栏目。每日更新的科技新闻为用户报道国内外最新科技资讯和重大科研成果;不定期推出的热度专题,深度分析当前科学研究的热门领域或热度科技事件,就某一前沿科学热点问题进行集束式大信息量的综合展示。用户可以浏览最新科技资讯,添加个性化标签,参与评论和调查。

(7) 博士论坛栏目。自 2006 年起对全国博士生学术论坛进行报道,按年度、分学科展示了全国博士生学术论坛上进行交流的论文,为博士生交流论文提供了网上发布的平台。

(8) 专题论文栏目。报道各个学科高水平学术会议的会议预告、会议

---

① 在线简介[EB/OL].[2015 - 08 - 27]. http://www.paper.edu.cn/about/aboutme.html.
② 栏目简介[EB/OL].[2015 - 08 - 27]. http://www.paper.edu.cn/about/intro.html.

详情，记录会议的整个流程，并收录会议论文，为学术会议论文集的发布提供了一种新的形式，并促进学术会议论文的免费交流共享，便于查阅各个学科最新的前沿信息与成果。

（9）科技论文概要。围绕科技论文的获取、研读、撰写、影响要素、信息资源五大方向，以文章展示的形式为读者提供理论和应用指导，建设半开放式的交流平台，供用户在线创建、发表文章。

（10）学术圈子栏目。为了方便用户交流学术问题，利用 Web2.0 技术搭建了虚拟学术社区，由相关领域知名学者坐镇，在线用户可自由加入各学术圈子，并在圈子内与圈主及所有成员积极互动，畅谈科学思想、讨论学术问题、交流科研进展，同时可对其他成员的学术观点发表评论。

（11）电子杂志栏目。集成中国科技论文在线网站所有栏目的最新动态，精选并推送最新发表的论文、科技新闻以及最新会议、基金项目、科技奖励以及招聘信息等，方便用户及时了解研究领域的最新进展和信息。目前共出版 77 期《中国科技论文在线电子杂志》。

（12）多维论文创作平台。开发的新型论文撰写平台（在线版、单机版）可为论文写作提供一个崭新的思路和模式，以更多维的观感和更真实的体验再现实验情况，实现论文阅读和分享模式的突破。

3. arXiv

arXiv 是受美国国家科学基金会和美国能源部资助，由美国洛斯阿拉莫斯（Los Alamos）国家实验室于 1991 年 8 月建立的电子预印本文献库。其建设目的在于促进科研成果的交流与共享，帮助科研人员追踪本学科最新研究进展，避免研究工作重复，覆盖物理学、数学、计算机科学、定量生物学、定量金融学和统计学等学科领域。截至 2015 年 8 月 27 日，arXiv 共收藏 1067397 篇电子预印本文献。[①]

4. e-Prints Soton

e-Prints Soton 是英国南安普顿大学（University of Southampton）的研究知识库，收录 20 世纪 70 年代以来该校的研究成果，包括期刊论文、图书章节、会议论文、学位论文和其他类型的研究出版物，其中包含未出版的手稿和论文，大部分文献可提供全文免费利用，并且内容不断更新。截至 2015 年 8 月 27 日，e-Prints Soton 共收录 93725 篇文献，其学科分布见表 1.6。[②]

---

① arXiv.org[EB/OL].[2015-08-27].http://arxiv.org/.
② Browse by subject[EB/OL].[2015-08-27].http://eprints.soton.ac.uk/view/subjects/.

表 1.6　e-Prints Soton 学科分布

学科类型	一般作品	哲学、心理学、宗教	辅助科学史	通史和旧世界	美洲史	美国/加拿大/拉丁美洲史	地理学、人类学、娱乐	社会科学	政治学	法律	教育
数量（篇）	55	5243	1578	1782	54	66	11002	15644	2010	1473	3603
学科类型	美术	音乐和音乐书籍	科学	技术	农业	书目、图书馆学、信息科学	军事科学	医学	海军科学	语言和文学	
数量（篇）	58	791	38851	23625	493	579	194	21805	151	1743	

5. E-Print Network

E-Print Network 是由美国能源部科学办公室建立起来的、可检索存放在学术机构、政府研究实验室、私人研究组织、科学家和科研人员个人网站的电子科技信息的综合网络。这些电子科技信息包括来自 35300 多个网站和数据库的 550 万余篇基础和应用科学领域的电子预印本、重印本、技术报告、会议出版物或其他电子通信资料，主要是物理学、化学、生物与生命科学、材料学、核科学与核工程学、能源研究、计算机与信息技术以及美国能源部感兴趣的其他学科文献。①

6. CogPrints

CogPrints 是一个由英国南安普敦大学电子与计算机科学学院开发的自存储知识库，覆盖心理学、神经科学、语言学、计算机科学的许多领域（如人工智能、机器人、学习、语言和神经网络）、哲学（如智力、语言、知识、科学、逻辑）、生物学（如个体生态学、行为生态学、生物社会学、行为遗传学、进化论）、医学（如精神病学、神经病学、人类遗传学、成像术）、人类学（如灵长类动物学、认知人类学、考古学、古生物学）以及其他与认知研究有关的物理、社会和数理科学。② 截至 2015 年 8 月 27 日，CogPrints 共收录了 4197 篇电子印本文献，其学科分布见表 1.7。

---

① E-print Network[EB/OL].[2015-08-27]. http://www.osti.gov/eprints/.
② Welcome to CogPrints[EB/OL].[2015-08-27]. http://cogprints.org/.

表 1.7　CogPrints 学科分布

学科类型	生物学	计算机科学	神经科学	语言学	心理学	哲学	杂志	电子出版
数量（篇）	573	1233	817	384	1714	977	862	117

7. E-LIS

E-LIS（The E-prints Project in Librarianship and Information Science）是由来自世界多个国家图书馆学与信息科学领域的专家于 2003 年联合建立起来的图书馆学与信息科学电子印本知识库，也是图书情报学领域首个国际性 OA 学科库，由西班牙文化部（Spanish Ministry of Culture）创立，意大利 CILEA（Consorzio Interuniversitario Lombardo per l'Elaborazione Automatica）项目组主办，主要目的是①：①宣传、提升和促进 LIS 学科文献的存储；②使 LIS 成果（不管是出版的或未出版的）被国际科学界了解；③促进专业人员之间知识与经验的交流；④为那些未拥有机构知识库的人们以及那些不能执行 OAI 协议的图书馆学与信息科学期刊提供一个总的知识库；⑤为那些由于某些原因被排除在科学出版圈之外的各国作者提供最大的文献可见度；⑥成为图书馆员更快了解知识库及其利用的一个平台。其文献类型达 20 种以上，包括会议论文、会议海报、简报、图书、图书章节、技术报告、工作文件、期刊论文、报纸等，而不仅仅局限于同行评审前（即预印本）或同行评审后（即后印本）的学术论文。截至 2015 年 8 月 27 日，E-LIS 收录了 17713 篇左右的图书馆学与信息科学以及相关学科的论文。这些论文的研究主题分布见表 1.8。②

表 1.8　E-LIS 主题分布

主题	图书馆与信息的理论和一般问题	信息使用与信息社会学	用户、文献与阅读	拥有实体馆藏的图书馆	出版和法律问题	管理
数量（篇）	2093	4905	1938	3050	1715	1572
主题	图书馆、档案馆与博物馆的技术服务	信息源、支持与渠道	信息服务处理	行业、专业与教育	信息技术与图书馆技术	住宅技术
数量（篇）	1561	4834	3000	1724	3450	201

---

① SANTILLAN-ALDANA J. "The open access movement and the library world seen from the experience of the E-LIS project". *OCLC Systems & Services*, 2009, 25（2）: 140.

② Browse by subject[EB/OL]. [2015-08-27]. http://eprints.rclis.org/view/subjects/.

四、基于共词分析的国内开放获取研究主题

运用共词分析法，可以对国内 OA 研究主题做一简要分析。①

（一）数据收集与初步处理

以"开放获取""开放存取""Open Access""OA"为篇名，在 CNKI（中国知网）"中国学术期刊网络出版总库"中的"图书情报与数字图书馆"和"出版"库中进行检索，检索时间范围为 2003 年至 2012 年 9 月 2 日，共得到文献 915 篇，经过不相关处理后，最终得到文献 867 篇，下载这些论文的题录，然后把题录数据载入 Bicomb 中，提取出关键词，生成高频关键词共词矩阵。统计关键词时，合并含义相同的词，比如把"开放获取""开放存取""Open Access""OA"合并为"OA"，去掉范围过大、不相关和无实际意义的词，比如"网络环境""互联网"等，最终确定了 48 个频次不小于 5 的关键词（见表 1.9）。

表 1.9　国内 OA 研究论文高频关键词（频次 ≥ 5）

关键词	词频	关键词	词频	关键词	词频
OA	745	发展现状	25	OA 模式	8
OA 期刊	239	信息服务	21	科学信息	8
图书馆	134	信息交流	18	定量分析	8
高校图书馆	108	信息共享	17	数字资源	8
OA 资源	74	文献计量	17	知识服务	7
馆藏建设	62	质量控制	15	引文分析	7
学术交流	58	影响因子	14	信息服务机构	7
对策	48	学术成果	14	长期保存	6
OA 知识库	47	政策	13	问题	6
信息资源	45	影响力	12	学术传播	6
出版	45	DOAJ	11	信息共享空间	5

---

① 参见完颜邓邓、盛小平《基于共词分析的国内开放存取研究主题探析》，载《图书情报工作》2013 年第 5 期，第 94 – 100 页。

续表1.9

关键词	词频	关键词	词频	关键词	词频
版权	44	许可协议	10	网络出版	5
学术信息	39	数字图书馆	10	OA 期刊论文	5
OA 仓储	35	同行评议	10	OA 期刊评价	5
出版模式	30	图书情报学	9	学术质量	5
学术出版	29	OA 运动	9	预印本	5

将48个关键词两两组合，统计它们共同在867篇文献中出现的次数，形成48×48的共词矩阵（见表1.10）。

表1.10　国内 OA 研究论文高频关键词共词矩阵（前10）

	OA	OA 期刊	图书馆	高校图书馆	OA 资源	馆藏建设	学术交流	对策	OA 知识库	出版
OA	745	134	123	86	41	47	53	42	38	26
OA 期刊	134	239	20	12	9	12	13	9	11	15
图书馆	123	20	134	0	8	14	7	11	5	6
高校图书馆	86	12	0	108	19	19	5	7	3	1
OA 资源	41	9	8	19	74	6	1	3	2	2
馆藏建设	47	12	14	19	6	62	0	0	0	0
学术交流	53	13	7	5	1	0	58	1	3	5
对策	42	9	11	7	3	0	1	48	0	1
OA 知识库	38	11	5	3	2	0	3	0	47	1
出版	26	15	6	1	2	0	5	1	1	45

为了消除共词频次差异造成的影响，利用斯皮尔曼系数将共词矩阵转换成相关矩阵。由于相关矩阵容易造成分析结果的误差过大，为了进一步减少误差，更好地进行因子分析、聚类分析和战略坐标图分析，用1减去相关矩阵中的所有数值，得到相异矩阵（见表1.11），后面的因子分析、聚类分析和战略坐标图分析都以此相异矩阵为基础。

表1.11　国内OA研究论文高频关键词相异矩阵（前10）

	OA	OA期刊	图书馆	高校图书馆	OA资源	馆藏建设	学术交流	对策	OA知识库	出版
OA	0.000	0.447	0.299	0.343	0.376	0.469	0.324	0.494	0.389	0.509
OA期刊	0.447	0.000	0.522	0.679	0.598	0.632	0.472	0.511	0.542	0.444
图书馆	0.229	0.522	0.000	0.396	0.442	0.596	0.366	0.525	0.542	0.679
高校图书馆	0.343	0.679	0.396	0.000	0.301	0.390	0.537	0.457	0.650	0.885
OA资源	0.376	0.598	0.442	0.301	0.000	0.392	0.445	0.441	0.584	0.804
馆藏建设	0.469	0.632	0.596	0.390	0.392	0.000	0.702	0.543	0.759	0.893
学术交流	0.389	0.472	0.366	0.537	0.445	0.702	0.000	0.453	0.411	0.422
对策	0.509	0.511	0.525	0.457	0.441	0.543	0.453	0.000	0.644	0.677
OA知识库	0.359	0.542	0.542	0.650	0.584	0.759	0.411	0.644	0.000	0.649
出版	0.543	0.444	0.679	0.885	0.804	0.893	0.422	0.677	0.649	0.000

（二）OA研究主题的因子分析、聚类分析和战略坐标图分析

由于因子分析、聚类分析和战略坐标图分析可用来进行研究主题（关键词）的分类与聚类，所以，可以利用这三种方法来揭示OA研究主题的整体状况。

1. 因子分析

本文利用SPSS 19.0，以高频关键词相异矩阵为基础，选择主成分方法、协方差矩阵、最大方差法进行因子分析。结果显示，有8个公共因子被提取出来，累计方差贡献率为88.111%。根据"因子载荷值大于0.5才被接受，大于0.7对因子命名有帮助"的原则，本文以0.5作为临界值，把最前面的8个因子分别命名为OA对学术交流的影响、OA对图书馆的影响、OA发展现状与对策、OA期刊评价与质量控制、OA资源长期保存、OA仓储、OA出版、OA版权与政策，各因子包含的关键词及其载荷值见表1.12。

表 1.12　因子分析确定的 OA 研究主题

因子名称	关键词	载荷值	因子名称	关键词	载荷值
OA 对学术交流的影响	出版	0.925	OA 发展现状与对策	OA 资源	0.557
	出版模式	0.918		高校图书馆	0.556
	学术成果	0.907		图书馆	0.505
	学术传播	0.901	OA 期刊评价与质量控制	同行评议	0.754
	OA 期刊论文	0.850		OA 期刊评价	0.748
	信息共享	0.772		质量控制	0.745
	信息交流	0.689		学术质量	0.731
	学术交流	0.632		影响因子	0.591
	科学信息	0.596		OA 期刊	0.575
OA 对图书馆的影响	信息资源	0.830		影响力	0.570
	OA	0.715	OA 资源长期保存	数字资源	0.830
	图书馆	0.625		长期保存	0.618
	馆藏建设	0.624		知识服务	0.531
	OA 资源	0.619	OA 仓储	图书情报学	0.852
	高校图书馆	0.566		OA 知识库	0.793
	学术交流	0.523		OA 仓储	0.633
	信息服务	0.721	OA 出版	OA 模式	0.873
	知识服务	0.587		学术出版	0.563
OA 发展现状与对策	对策	0.923	OA 版权与政策	数字图书馆	0.814
	问题	0.905		许可协议	0.786
	OA 运动	0.886		版权	0.695
	学术信息	0.844		政策	0.670
	发展现状	0.807			

关键词"图书馆""高校图书馆""OA 资源"同时出现在因子 2 和 3 中,"学术交流"同时出现在因子 1 和 2 中,"知识服务"同时出现在因子 2 和 5 中,说明因子 2 和 3、因子 1 和 2、因子 2 和 5 有密切相关性,因子 2 和因子 3、1、5 都有紧密联系。

2. 聚类分析

本文采用系统聚类法对共词的相异矩阵进行聚类分析,即在聚类方法中选择 Ward 法、在计数中选择 Phi 方度量、在标准化中选择 Z 得分。聚类分析的结果如图 1.4 所示。图 1.4 将国内 OA 研究领域分为 8 个类团,并定义各个类团的名称分别为 OA 对学术交流的影响、OA 期刊评价与质量控制、OA 资源长期保存、OA 版权与政策、OA 仓储、OA 出版、OA 发展现状与对策、OA 对图书馆的影响。

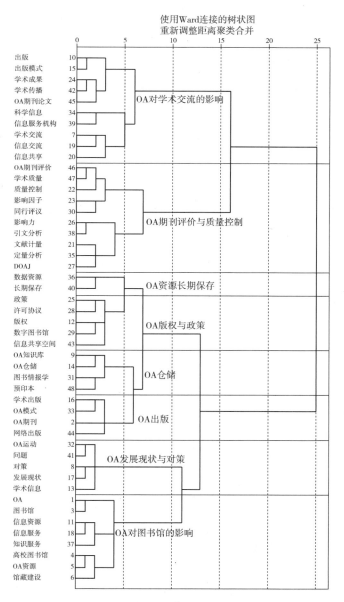

图 1.4 聚类结果树状

比较因子分析和聚类分析的结果,可以看出因子分析中的第1、2、3、4、5、6、7、8类与聚类分析中的第1、8、7、2、3、5、6、4类基本吻合,大多数关键词在两种分析结果的分布中很稳定,这表明国内OA研究主题已形成独立的结构体系。

总之,通过因子分析和聚类分析,可以把国内OA研究主题界定为OA对学术交流的影响、OA期刊评价与质量控制、OA资源长期保存、OA版权与政策、OA仓储、OA出版、OA发展现状与对策、OA对图书馆的影响8个方面。

3. 战略坐标图分析

战略坐标图可以展现出不同研究主题的内部联系和相互影响情况,更好地反映各研究主题的发展动态。根据聚类分析的结果,将聚为一类的关键词作为一个类团,共得到8个类团(见表1.13)。

表1.13 国内OA研究类团划分

序号	类团名称	向心度	密度	关键词
1	OA对学术交流的影响	29.78	9.33	出版、出版模式、学术成果、学术传播、OA期刊论文、科学信息、信息服务机构、学术交流、信息交流、信息共享
2	OA期刊评价与质量控制	15.90	3.80	OA期刊评价、学术质量、质量控制、影响因子、同行评议、影响力、引文分析、文献计量、定量分析、DOAJ
3	OA资源长期保存	11.50	4.00	数字资源、长期保存
4	OA版权与政策	25.80	6.00	政策、许可协议、版权、数字图书馆、信息共享空间
5	OA仓储	49.50	6.00	OA知识库、OA仓储、图书情报学、预印本
6	OA出版	36.00	1.00	学术出版、OA模式、OA期刊、网络出版
7	OA发展现状与对策	41.00	9.50	OA运动、问题、对策、发展现状、学术信息
8	OA对图书馆的影响	113.63	121.00	OA、图书馆、信息资源、信息服务、知识服务、高校图书馆、OA资源、馆藏建设

通过共词矩阵计算得出每个类团的向心度和密度的值,绘制战略坐标图(如图1.5所示)。本文密度的计算方法是先计算类团内每个关键词和其他

关键词的和，取平均值；向心度计算的方法是计算出每个类团所包含关键词的所有外部链接，取其平均值。

战略坐标图展示了各类团的位置。可以看出，第 8 个类团位于第一象限，向心度与密度均居首位，远大于其他类团，说明第 8 个类团内部研究联系紧密，研究趋向成熟，外部与其他词团有着广泛的联系，处于研究网络的中心，属于主要研究内容；类团 1、2、3、4、6 均位于第三象限，向心度与密度都较低，说明它们的内部研究结构松散，研究尚不成熟，处于整个研究网络的边缘；类团 5 和 7 位于第四象限，有一定的向心度，与其他类团有一定的联系，但密度较低，说明研究尚不成熟，是未来的研究热点。

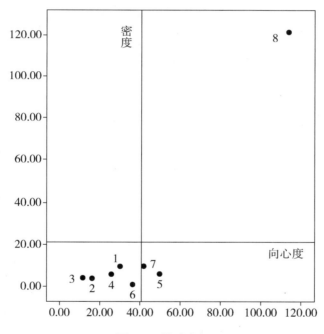

图 1.5　战略坐标

（三）OA 研究主题的解析

通过上述分析，可以发现国内学者对 OA 的研究主要集中在 OA 对学术交流的影响、OA 期刊评价与质量控制、OA 资源长期保存、OA 版权与政策、OA 仓储、OA 出版、OA 发展现状与对策、OA 对图书馆的影响 8 个主题上。下面将对这 8 个主题作进一步分析。

1. OA 对学术交流的影响

OA 迎合了网络时代信息交流的特点，开创了一种全新的、高效的学术交流模式。OA 对学术交流的影响主要体现在如下 5 个方面：①从 OA 对学术交流的作用来看，OA 可以为人们提供一个及时获取学术成果的平台，降低人们获取学术信息的成本，丰富学术交流的内容，提高学术交流的开放性、交互性与效率。②从 OA 对学术交流参与者（如科研人员、出版商、图书情报机构、科研机构）的影响来看，OA 既能使广大科研人员免费、快速地获取、掌握世界范围内的最新相关研究成果及学术动态，加速科研人员的研究进程和成果转化，在更大范围内传播最新研究成果；也可以扩大出版商影响力，但一定程度上会降低其利润；还可以在一定程度上减轻或缓解图书情报机构信息资源建设的资金压力，丰富图书情报机构的馆藏资源，增强图书情报机构文献保障能力；并有可能促使科研机构调整相应的管理政策，如直接为在 OA 期刊上发表论文的作者提供出版费用。③从 OA 对学术交流方式的影响来看，OA 打破了传统学术交流模式中"作者—出版商—图书馆—用户"的流通链，解决了传统学术信息交流过程中的价格、权限、滞后性等问题，具备传统正式交流与非正式交流两种模式的优势，开创了新的学术交流模式，即基于 OA 期刊的学术交流模式和基于机构知识库的学术交流模式。④从 OA 对学术出版的影响来看，OA 在一定程度上颠覆了传统学术科研成果的出版或发表方式。OA 使学术出版市场主体多元化，打破传统商业出版商的垄断地位，遏制学术出版物价格的上涨势头，改变学术成果的版权制度，使作者可以成为版权所有者。OA 与传统出版模式相比，OA 信息发布过程简便、时效性强，利于编辑、作者和审稿人之间的互动，迎合了科研人员对于信息即时性、复合性和多元性的需求。⑤从 OA 对学术成果影响力的影响来看，虽然总体上目前 OA 期刊的学术影响力还普遍低于传统学术期刊的整体水平，但是，部分 OA 论文与非 OA 论文相比却有更高的浏览量、下载量及被引频率，从而昭示 OA 可以提升科研人员及其成果的学术影响力。这种影响力可用主体因素、管理因素和服务因素三类一级指标来评估，其中主体因素包括三个关键二级指标，即学术水平提升、沟通渠道拓宽和成果吸收、转化、创新加速；管理因素包括科研管理思维转化和科研管理政策导向调整两个指标；服务因素包括服务意识增强和服务水平升级两个指标。

2. OA 期刊评价与质量控制

此研究主题集中于 OA 期刊评价与质量控制两方面。OA 期刊评价研究主要涉及以下两方面内容：①评价方法。目前，OA 期刊的评价方法主要包括传统评价方法和创新评价方法。传统评价方法主要是引文分析法、层次分析法、主成分分析法等，创新评价方法包括数据库评价、纳入信息系统检索界面进行评价、纳入网络影响指标评价以及从经济学角度建立评价模型等。②评价指标与模型。目前，OA 期刊评价指标可分为三类：一类是生产能力指标，如载文量/年、发稿时滞、篇均引文数、著录规范；二类是学术影响力指标，如总被引频次、影响因子、即年指数、影响广度、被引半衰期、期刊 h 指数；三类是网络传播能力指标，如出版周期、检索入口数目、访问量/年、开放的程度、被重要数据库收录、网络影响因子。利用这些指标可构建 OA 期刊评价模型。

期刊质量控制直接关系到 OA 期刊的发展前景。可以从稿件提交、出版前期审稿、出版中期格式规范和出版后期的质量评价 4 个环节建立 OA 期刊质量控制机制。特别是针对组稿、审稿和编辑加工 3 个主要环节，可以通过加强主动约稿与提高稿源质量、创新审稿方式与严把质量关、强化编辑加工和提升形式与技术规范等措施来增强 OA 期刊学术质量控制。此外，还可以从加强 OA 期刊全面质量控制（包括期刊获取的稳定性、期刊定位的专业性、期刊格式的规范性及期刊价值的学术性）和完善同行评议法（如采用积分回馈法，同时使用专刊自荐法和同行评议法）两个方面来提高 OA 期刊质量控制。

3. OA 资源长期保存

OA 资源长期保存研究主要集中在以下 6 个方面：①保存政策。目前，OA 资源的长期保存政策还很不完善，可以借鉴数字资源长期保存的原则、规范和标准、具体行动计划中有利的部分，并结合自身特点加以调整完善。②保存模式。开放数字资源长期保存通常可分为独立保存模式、分布式合作保存模式、集中合作保存模式、分散合作保存模式。这 4 种保存模式根据各权益方协作关系的不同，又可以分为两大类：集中式保存模式、分布式保存模式，而采取合作保存的方式几乎已经成为国内外的共识。③保存责任。OA 资源长期保存应该是一个责任共担的合作机制，OA 期刊、OA 文库、国家图书馆、期刊出版社和第三方的数据存档机构等都应负有一定的资源保存责任，很有必要建立一个国家级的保存和保护中心。④技术规范。OA 资源长期保存在技术上要遵循国际标准，解决元数据的标准化、长期保存元数据、永久标识符等问题，建立 OA 资源长期保存系统。⑤资金支持。OA 资源长期保存需要足够的资金支持。做好经费预算并努力争取政府机构、社会团体等的资助是解决资金问题的主要途径。⑥法律保障。OA 资源长期保存涉及版权法、合同法、缴送制度等法律问题，需要通过国家立法，建立缴送制度，建立积极和可靠的合作机制，本着区别对待原则、利益平衡原则、版权激励原则、开放共享原则等解决知识产权问题。

4. OA 版权与政策

OA 版权分为 OA 期刊版权和 OA 仓储版权。OA 期刊版权模式主要有 4 种：①出版社拥有版权，作者除授权协议明确规定之外，不能自由使用其作品；②作者保留版权，可以自由使用其作品；③转让商业利用权（如应用"创作共用"协议保留部分权利），作者只要不涉及商业目的就可以自由使用其作品，无须经过出版商的许可；④保留部分权利，作者可以最大范围地传播其作品，读者也可自由使用。为解决 OA 期刊版权问题，应该加强 OA 国家政策的制定与引导；倡导版权开放观念；编制版权政策指引工具；构建合理的 OA 期刊版权模式；实施灵活的版权许可协议，并赋予其相应的法律地位；建立国家许可证制度；完善授权制度；等等。OA 仓储版权包括内容资源版权和软件版权。在内容资源版权保护方面，可以应用"创作共用"许可协议；与资源的提供者和使用者分别签署协议；提高授权协议的规范性；根据资源版权归属情况（作者拥有版权、机构拥有版权、其他权利人拥有版权），采取不同的版权保护措施。在所用软件版权的保护方面，利用开源软件时，只要在网站的显著位置添加软件所有权标识，无须承担任何费用，一般不会引起知识产权纠纷。

OA 的发展需要政策的支持和引导，我国构建 OA 政策体系的时机已日趋成熟。从结构层次上看，科学合理的国家宏观 OA 政策体系应该是由国家、科研资助机构、科研机构、高校、出版机构分别制定的 OA 政策共同组成；从内容上看，OA 政策体系的内容至少应涵盖资金支持政策、版权保护政策、技术支持政策。在制定 OA 政策过程中，需要协调好科研机构、科研资助机构、作者、出版机构等的利益。

5. OA 仓储

OA 仓储是 OA 出版的实现方式之一，包括基于学科的 OA 仓储和基于机构的 OA 仓储，前者即学科知识库，后者即机构知识库。有关机构知识库的内容建设、版权（如前述）、资金、管理维护等方面内容引起了学者的高度关注，其中，机构知识库的内容建设涉及资源类型、资源数量、全文获取率、资源收集策略、资源质量控制等问题。在资源的类型上，不同国家和地区的机构知识库收录的类型有所区别，大致包括论文、报告、教学资料等；在资源数量和全文获取率方面，要尽可能收集更多的资源，提高全文获取率，以丰富机构知识库和保证服务；在资源收集策略上，既要加强宣传和推广，倡导科研人员积极参与，对其学术成果进行自存储，也要制定强制性存储政策和建立协助提交机制，还可以采用作者自行提交、学科馆员或辅助研究人员提交、批量提交等多种提交形式；在资源质量控制方面，目前，机构知识库还是实行"文责自负"的原则，很难确保质量，需要根据不同类型的资源采取与之相应的质量控制与评价方法，对质量控制方法进行创新。目前，机构知识库所需的经费来源单一，大部分来自国家和机构的投资，经常存在资金不足的问题。为做好机构知识库的管理维护，需要加强新增内容管理、原有内容更新和内容有效期管理等质量控制工作，同时也需要注意知识库中数据的备份。此外，机构知识库的其他问题，如联盟构建、技术、政策、服务模式等方面也正在引起学者们的关注。

6. OA 出版

OA 出版是基于 OA 理念，借助互联网技术的发展而兴起的一种新型网络出版模式。目前，OA 出版的主要实现方式是 OA 期刊和 OA 仓储。OA 出版对传统出版机构的影响主要表现在以下 3 个方面：① OA 出版打破了传统商业出版机构垄断学术出版市场的局面，削弱了出版机构主导学术出版的地位；②导致各大传统出版机构的期刊发行量下降，在一定程度上抑制了多年以来学术期刊定价大幅度增长的势头，使传统出版商的利润下降；③促使传统出版机构参与 OA 出版并修正相应的版权政策。广大商业出版商，应该顺应 OA 运动的大趋势，积极探索新的 OA 出版方式，重新定位其在新的学术交流体系的功能与角色。目前，大多数出版商均已察觉到 OA 期刊的威胁，并积极采取新的出版策略，有些出版商开始采取传统期刊出版与 OA 出版的融合模式。例如，使印刷版期刊向纯电子版过渡以减少出版成本，出版后半年或一年即免费开放，允许作者将其论文开放存档供同行使用，允许作者持有版权，等等；还有部分出版商开始尝试 OA 出版模式，并取得了一定的成功经验。

7. OA 发展现状与对策

目前，OA 在国内外都得到了迅速发展。OA 期刊开始得到传统的文摘索引服务商（如 CA、SCI）的认可并成为它们收录的对象，并且收录量迅速增加，OA 期刊的被引用率和影响因子也在不断提高，已经覆盖包括自然科学、人文社会科学的众多学科领域。全球的 OA 仓储数量已有一定规模，进入一个发展的相对平缓阶段。超过一半的 OA 仓储收录多学科的内容。OA 仓储类型以机构仓储居多，软件系统大多采用开源软件，其中使用最多的是 Dspace、Eprints。OA 仓储收录的文献类型多样，既有常见的论文、图书等正式出版物，也有其他类型的文献资源，且以英文文献居多，还有一些小语种文献。OA 仓储在朝着标准化和合作化的趋势发展。为促进 OA 的进一步发展，可以采取如下对策：①加强宣传，增强公众对 OA 的了解和认同。②根据我国国情，逐步发展 OA 期刊，大力发展自存档。③加强 OA 论文的质量控制，加强 OA 相关技术的研究，建立良好的经济运行机制，解决知识产权问题。④改革科研管理制度，建立科学的科研评价体系。⑤加大政策扶持力度，努力营造有利于发展 OA 的良好社会环境。

8. OA 对图书馆的影响

OA 给图书馆的资源建设、经费使用、读者服务、角色定位、馆员素质等多方面都带来了影响。OA 期刊及 OA 仓储是图书馆的另一部分宝贵资源，既弥补了图书馆外文期刊资源的长期短缺，又使图书馆资源更加多样化。但由于图书馆需要对 OA 资源进行加工与处理，如 OA 资源的选择、收集、分类、整合、保存等，这样加大了图书馆资源建设的工作量与工作难度。OA 由于能够提供免费的信息资源，在一定程度上减轻了图书馆文献采购经费的压力，但同时图书馆因需要承担一部分 OA 资源的长期保存责任而相应地增加资金投入。OA 扩大了图书馆信息获取的数量与范围，保障了图书馆为读者提供信息服务的能力，且使服务方式更加多样化、服务内容更为丰富、服务范围更加广泛。由于各种出版商、学术机构、企事业单位或政府部门都可提供 OA 资源，读者也可不依靠图书馆，直接通过互联网使用 OA 资源。因此，图书馆与其他机构形成一种激烈的竞争关系，图书馆的中介作用逐渐被弱化，图书馆必须重新定位自己的功能与角色，巩固信息中心的地位。OA 给图书馆员的知识结构、素质与能力提出了新的要求，需要图书馆员创新观念、提高素质，掌握 OA 环境下图书馆服务技能，既要求图书馆员兼具图书情报学专业知识与学科专业知识，又要求图书馆员具备较强的计算机能力，能够将大量 OA 资源加以整合、组织与揭示，为用户提供指导与方便。面对 OA 运动的挑战，图书馆可以通过宣传与引导读者认识 OA 并积极利用 OA 资源，加强对 OA 资源的组织与揭示，创建 OA 知识库或 OA 资源保存系统，实现 OA 资源与原有馆藏的整合等措施来促进 OA 的发展。

五、开放获取面临的问题与挑战

尽管开放获取在近几年获得了快速发展，然而，它仍然面临认知障碍、政策法规、成本与资金、版权与许可、质量控制、OA 发展不平衡等方面的问题。

（一）OA 发展不平衡问题

目前，OA 运动虽然取得了很大进展，相关机构、项目和开放存取计划不断涌现，OA 资源数量不断壮大，OA 期刊的影响因子也不断提高，但是，OA 发展在国家与地区、机构、学科之间存在严重不平衡问题。从 2015 年 9 月 2 日公布的数据来看，OpenDOAR 收录了来自全球的 2961 个知识库，分布在 117 个国家和地区，但各国知识库的发展很不平衡，前 5 个国家是美国、英国、日本、德国、西班牙，共计 1180 个知识库，占世界知识库总量的 39.9%。而我国大陆被收录的机构知识库只有 40 个，台湾被收录的有 58 个，香港有 2 个。① 这样看来，OA 知识库在国家之间分布很不均衡，出现了在"富国越富、贫国越贫"的现象。

OA 知识库本身发展也不平衡。在 OpenDOAR 收录的 2729 个知识库中，综合性知识库（aggregating repositories）占 101 个，学科知识库（disciplinary repositories）占 289 个，政府知识库占 78 个，机构知识库（institutional repositories）占 2493 个②，由此可见，除了机构知识库，其他类型的知识库只占很少的一部分。

另外，尽管 OA 知识库几乎涵盖所有学科领域，但学科发展也不平衡。OpenDOAR 收录的 2961 个知识库暂时被划分为 29 个学科，其中最多的是多学科知识库，共计 1760（占 59.44%），其次是健康和医学知识库，共计 292（占 9.86%），而最少的是心理学，仅为 73 个，占 2.47%。③

（二）认知障碍问题

作为 OA 行动者，包括 OA 作者、用户、出版商、图书馆和其他相关机构，在如何看待 OA 上，还存在许多认知障碍，比如：①作者认知障碍。尽管 OA 期刊可以比传统期刊能够在更大范围内更快速高效地传播学术成果，但是有些作者怀疑 OA 期刊的质量与权威性，他们往往认为传统期刊比 OA 期刊在社会认可度、权威性方面要高得多，因此，更倾向于在传统权威期刊上发表高质量的学术成果。此外，某些作者寄望其所在领域的 OA 期刊都可免费发表论文，然而，现实中却需要作者或论文资助机构支付一定的出版费用，而这些费用往往并不比在传统期刊上发表论文要少，甚至更多，这样使许多作者宁愿选择传统期刊来发表其研究成果，从而有可能造成 OA 得不到作者的大力支持而逐步从"时髦"走向"衰落"。②用户认知障碍。有些 OA 用户认为，OA 成果很可能没有按照正规的出版流程，不能严格控制成果的出版质量，从而导致 OA 成果在学术价值上往往比不上传统期刊或图

---

① OpenDOAR[EB/OL]. [2015-09-02]. http://www.opendoar.org/find.php.
② 同上。
③ 同上。

书,因此,某些用户更青睐传统出版物,对 OA 资源持一种不信任和排斥的态度。③出版商障碍。由于 OA 从根本上打破了出版商对学术资源出版的垄断地位,直接导致其商业利益的损失,因此,许多商业出版商仅仅从维护自身经济利益角度出发,并不赞成 OA,甚至极力反对 OA 的开展。然而,事实上,OA 给出版商提供了新的发展机遇。通过采用合适的 OA 途径,出版商不仅可以维持其商业出版利益,而且可以扩大其传播范围和社会影响力,反而有可能提升其经济利润。④图书馆障碍。图书馆作为社会的中介机构,要履行收集、组织、保存与提供文献资源和科学知识的社会职责。面对不断上涨的文献资源订购价格,图书馆采购经费就会捉襟见肘,很难满足用户的需求。OA 为补充馆藏资源建设提供了新的途径。但是目前,图书馆在如何利用 OA 资源来满足日益增多的用户需求时,有点畏首畏尾或不知所措,既担心因利用 OA 资源而触发侵犯知识产权的"地雷",也害怕 OA 资源随时消失得无影无踪。有人认为,OA 与图书馆关系不大,仅是出版问题或机构科研成果长期保存问题;也有人认为,OA 给图书馆带来的只是威胁,甚至"削弱"了图书馆的权力和地位。① 现有这些认知问题,若不能得到有效解决,必将影响 OA 的发展与推广。

(三) 政策法规问题

OA 属于新生事物,除极少数国家制定统一的宏观 OA 政策,很多国家及机构对其仍持观望态度。例如,2004 年 7 月,英国下议院科技委员会建议所有由英国政府部门资助的研究都采取 OA 模式,但在同年 10 月,政府就拒绝了该项提议;2004 年 7 月,美国众议院提议美国国立卫生研究院(NIH)正式采用 OA 模式,但是直到 9 月,该机构仍对此置之不理。此外,虽然国外一些较为成熟的 OA 资源建设机构已经制定了相关政策,但大多缺乏公开明确的表述,难以形成政策体系。如何遵守知识产权法规,如何平衡权利人(作者)的权益和公众(用户)的利益,做到既能维护作者合法权益,又能保证公众信息获取权,这是开放存取可持续发展必须解决的一大难题。

(四) 成本与资金提供问题

虽然 OA 模式可以为读者提供文献的免费利用,但是这种模式也存在成本问题,如管理同行评议过程和编辑出版。国外 5 个出版商 OA 期刊出版费

---

① 参见张晓林《开放获取:研究型图书馆的下坡路,还是登高梯?》,载《图书情报工作》2013 年第 1 期。

用见表 1.14。①

表 1.14　OA 期刊出版费用

出版商	实例名称	每篇论文费用
生物医学中心（BioMed Central）	关节炎研究与治疗	750（英镑）
布莱克维尔：在线开放（Blackwell：Online Open）	生理学杂志	1250（英镑）
牛津大学出版社：牛津开放	风湿病学	1500（英镑）
公共科学图书馆（public library of science）	PlOS Medicine	1500（美元）
施普林格（Springer）	人类遗传学杂志	3000（美元）

机构知识库运营需要更多资金。比如，麻省理工学院数字空间（MIT Dspace）在建立之初就获得了 180 万美元的补助，每年还需 22.5 万美元的人员费用，3.5 万美元的系统设备费用和 2.5 万美元的运营成本费用；加拿大皇后大学的皇后空间（机构知识库）立项资金为 5 万加元，但每年还需 5 万加元的人员费用。②

因此，不管是 OA 期刊还是 OA 知识库，都必须依赖持续的资金提供。建立某个 OA 期刊，或把传统期刊转化为 OA 期刊，或为 OA 补助提供机构融资方式等问题，远比仅仅在机构知识库中存储论文要复杂得多。然而，"作者付费"（author pays）条款被严重误解。事实上，"作者付费"方式并不要求作者本人支付费用，而是通过各种各样的融资机制，如科研补助金资助、基金或机构支持，或利用广告或相关服务的收入来支付论文出版成本。

OA 期刊出版成本应该被视为机构访问学术信息的费用。这种情形已经有一些先例，某些机构，如哥伦比亚大学图书馆替该校作者支付 OA 费用，也有些机构在图书馆采购费用中设专项资金来支持 OA 论文的出版。然而，在康奈尔大学，这些措施并没有节省成本，每篇论文仍需 1500 美元左右的费用。对于机构来说，更可行的初步途径是游说研究资助机构，以获得长期资金的资助。

（五）版权与许可问题

版权是 OA 的中心议题，因为某篇文献的可获取性完全依赖于版权所有

---

① Terry R，Kiley R. "Open access to the research literature: a funder's perspective". In: Jacobs N. *Open access: Key strategic, technical and economic aspects.* Oxford: Chandos Publishing, 2006: 107.

② Steele C. "Open all hours? Institutional models for open access". In: Jacobs N. *Open access: Key strategic, technical and economic aspects.* Oxford: Chandos Publishing, 2006: 134.

者。若版权所有者同意，OA才可发生；若版权所有者不同意，某作品就不可能实施OA。"实施OA"并不等同于"放弃版权"。OA不可能按照版权法的例外——"合理使用"或"公平交易"来提供，因此，若把OA作为目标，那么就必须采取正确的步骤来确保版权不阻碍其实施。

一篇期刊论文或一部著作的知识产权通常属于作者，除非作者的雇主声称根据员工雇佣条件拥有其作品的所有权，例如，政府研究机构雇佣的研究者。然而，传统上，向某家杂志社递交论文的作者已经通过签署出版商版权转让协议（CTA）把版权（实际上是一组权利）转让给出版商。这一组权利包含出版作品的权利，而出版正是作者试图实现的目的。然而，许多出版协议对作品的使用实行严格的限制。在某些情况下，这些限制甚至可以影响作者在教学和研究中对其自身作品的利用。相反，作者完全有可能出版其作品而无须签字移交所有权利。某些权利可以由作者保留，且允许他们以自己想要的传播途径和他们选择的期刊来出版作品。实现这一目标最常见的方式是出版商获得出版许可，且作者保留其余权利。出版商可以使用某些手段来获取他们出版作品所需的权利而无须得到该作品的其他权利。这似乎成为OA的一般趋势。2008的一项调查表明，需要从作者获得版权转让的出版商数量有明显的下降，即从2003年的83%下降到2005年的61%，再到2008年的53%；在2005年，3%的出版商不需要与作者签订任何形式的书面协议，到2008年，这一比例增至大约7%。[①]

1. OA版权协调

确保作品开放获取而不产生任何问题的最简单的途径是保留作者的权利。这种权利可由作者本人或由作者授权的代理人来保留，但这两种情形是不同的。

第一种情形是作者通过与出版商就作品出版进行协商，保留作者所需的其作品被公开利用的权利。这种"协商"并不是"讨价还价"，是可用来帮助作者修补CTA（商品交易顾问策略），以便保留必要权利的工具，也是"作者附约"，即作者附加到出版商CTA的具体法律条文，它们规定了作者在向出版商递交论文后将保留的权利。这些"附约"有很大的不同，所以在每个特定情况下必须谨慎选择一项适合作者（或机构）的附约，因为许多附约限制作者为非商业目的使用其作品。

某些大学，如加州大学伯克利分校，积极鼓励教师保留知识产权或者有时仅仅使用那些保持合理商业惯例的出版商，机构可以为作者制定其协议，

---

① Cox J, Cox L. "*Scholarly publishing practice: Academic journal publishers' policies and practices in online publishing, third survey 2008*". Brighton: ALPSP, 2008: 75.

并提供给出版商。这种机构制定的协议通常规定机构本身拥有使用作品的某些权利。麻省理工学院于 2006 年为其研究者制定了"作者附约";2007 年,12 个研究型大学联盟制定了"机构合作委员会附约";同年,加利福尼亚大学制定了自己的出版协议附约。当 OA 成为主要倾向,同时大学试图保护未来的研究成果以免落入出版商所有权时,机构版权政策数量越来越多。例如,得克萨斯大学在其版权管理指南中声明,该校研究者为了"作者、得克萨斯市民、州政府、分支机构和得州大学系统"的利益,必须管理其论文版权。①

当然,出版商不必都要接受作者附约,虽然许多出版商,包括大型出版商都接受了作者附约。例如,当 NIH(美国国立卫生研究院)政策规定,要求作者必须保留非专有权以便使论文今后进行 OA 时,最初一些出版商宣布他们不愿遵循此规定,放弃 NIH 资助作品的出版;后来,这些出版商撤销了原来的声明,都愿意出版 NIH 资助的研究成果,即使有 NIH 附加的某些条件。②

第二种情形是在某些研究机构,雇员产生的成果权利通常由雇主所有。它常常按照雇佣协议的相关条款作如此规定。由于雇佣协议往往早于作者与出版商的任何后续协议,所以出版协议要受其约束。例如,澳大利亚昆士兰科技大学(Queensland University of Technology,QUT)对其知识产权政策作了如下规定③:①遵循一般法律原则。作为雇主,QUT 是职员工作过程中所创造的知识产权的所有者。这适用于学术和专业人员。但是,QUT 不拥有职员工作以外所创造的知识产权。②按照上述第一条,QUT 拥有 QUT 教材的知识产权,授予创作者永久、到处、非排他性、免版税的许可使用 QUT 教材以履行其教学、研究和培训职责。这些由雇主制定的与作者的协议先于后来与出版商的任何协议,对于任何出版商而言都是有效的,从而有效确立了 OA 出版中的相关方权利。当然,出版商也可以自由地拒绝按照这些条件出版作品。

2. OA 版权许可

OA 涉及作品版权的合适许可问题,这对于那些试图了解如何使用资料的个人和如何使用文本挖掘与数据挖掘方法两者来说,都很重要。许可某篇

---

① Swan A. *Policy guidelines for the development and promotion of open access*. Paris:UNESCO,2012:37.

② Publisher policies on NIH-funded authors[EB/OL].[2015-08-27]. http://oad.simmons.edu/oadwiki/Publisher_policies_on_NIH-funded_authors.

③ D/3.1 Intellectual property policy[EB/OL].[2015-08-27]. http://www.mopp.qut.edu.au/D/D_03_01.jsp.

论文或某部著作，也就是需要说明用户是否可以使用和如何使用该作品。BOAI、《柏林宣言》和 BSOAP 规定了 OA 的条件（见上文）。一般来说，OA 条件包括①：①同行评议文献是可利用的，没有订阅或价格障碍；②文献是立即可用的；③无须许可，已出版资料可用不同方式重复使用。按照 BOAI 声明，OA 论文和著作，包括数据、图表和附件，完全可免费地被搜索引擎链接和捕捉，或被文本挖掘技术摘录和提取，或剪辑成其他论文、博客等。

那些希望促进 OA 的作者和出版商必须签订许可协议。最常见的许可协议是知识共享许可协议（Creative Commons Licensing，CCL），它是由知识共享组织（Creative Commons，CC）制定并组织实施的。CC 是一个利用免费合法工具促进创造力与知识共享和利用的非营利组织，其使命是开发、支持、管理那些实现数字创造力、共享和创新最大化的法律和技术基础。② CC 已经建立了 6 种 CCL，即署名许可协议、署名－相同方式共享许可协议、署名－禁止演绎许可协议、署名－非商业性使用许可协议、署名－非商业性使用－相同方式共享许可协议、署名－非商业使用－禁止演绎许可协议。某些 OA 出版商使用 CCL 来确保其期刊发表的论文内容能在最广的范围内是可重复使用的，也就是说，它们可以被复制、摘要、与其他资料混合来产生新的信息，也可被文本挖掘和数据挖掘工具攫取。

（六）质量控制问题

从 OA 的定义来看，并没有对 OA 资源质量有何明确规定。与传统的信息交流模式相比，OA 还未形成一个比较系统的、普遍适用的质量控制机制。虽然一部分 OA 期刊沿用了传统学术期刊的同行评议制度，能在一定程度上保证其质量，但是，并非所有 OA 期刊都采用了同行评议制度。特别是对于自存储文档，极少进行同行评议，尤其是尚未发表的科研论文及其元数据，只须接受学术机构库系统的简单审核，便可迅速被用户浏览和检索利用，这就导致了自存储资源学术质量的参差不齐，成为当前 OA 发展的一大瓶颈。③

对 OA 出版质量控制的解决重点应落在期刊质量评价上。OA 需要从期刊获取的稳定性、定位的专业性、格式的规范性及学术价值性等多方面全面

---

① Swan A. Policy guidelines for the development and promotion of open access. Paris：UNESCO，2012：38.
② About Creative Commons[EB/OL].[2015-08-27]. http://creativecommons.org/about.
③ 参见万文娟《学术资源开放存取的现状、障碍及策略研究》，载《图书馆》2011 年第 5 期。

提高期刊质量。① 为此，DOAJ 于 2013 年 6 月发布了新的开放获取期刊选择标准，重点是在编辑过程的质量和透明度上对 OA 期刊进行规范。2013 年 12 月 19 日，出版道德委员会（COPE）、DOAJ、开放获取学术出版联盟（OASPA）和世界医学编辑协会（WAME）等学术组织也通过合作，形成了一套开放出版的透明原则和最佳实践，以此鉴别期刊与出版商是否正规；同时，这些原则也成为其成员入会评估标准的一部分，明确要求任何期刊内容都要经过同行评议并提供相应的编辑信息。②

---

① 参见夏立新、宋敏霞、金晶等《开放存取期刊的质量控制方法探析》，载《情报科学》2010 年第 7 期。

② Principles of transparency and best practice in scholarly publishing[EB/OL].[2015-08-27]. http://oaspa.org/principles-of-transparency-and-best-practice-in-scholarly-publishing/.

第二章　社会网络理论简析

社会网络（social network）是由社会行动者及他们之间的关系组成的集合。换句话说，一个社会网络是由多个节点（即社会行动者）和节点之间的连线（即社会行动者之间的关系）组成的集合。[①] 社会网络的研究可以追溯到20世纪二三十年代，当时英国人类学家发现，划定社区的界限往往只是一种主观的猜测，并不能真正反映现实。因为现实生活中的社区与其他社区会发生种种联系，社区之间的界限并不像主观判定的那样清楚。在这种背景下，社会网络分析应运而生。英国人类学家拉德克利夫·布朗首次使用了"社会网络"的概念，但首次把社会网络的隐喻转化为系统的研究却是巴恩斯通过对一个挪威渔村阶级体系的分析。1957年，英国学者伊丽莎白·鲍特出版了《家庭与社会网络：城市百姓人家中的角色、规范、外界联系》[②]一书，至今被美国社会学界视为英国社会网络分析的范例。

从20世纪60年代至今，美国的社会网络研究一直沿着两个不同的方向平行发展，因而被划分为两个研究群体。第一个研究群体遵循着社会计量学的传统，他们研究整体网络，即一个社会体系中角色关系的综合结构。他们以社会心理学的小群体内部结构和人际关系为研究对象，从调查群体内所有成员的特征和他们之间的关系入手，研究整体网络（社会体系）中角色关系的综合结构，包括分析社会系统内部结构及其分解模式、系统成员中的角色关系、网络结构随时间的变迁和系统成员直接或间接联系的方式等，形成了整体网络的研究方法。在分析人际互动交往和交换模式、决策、社会支持、意见及社会认知等议题时，该领域产生了一系列网络分析概念，如网络规模（network size）、网络中心性（network centrality）、网络密度（network density）等。这一领域的代表人物是林顿·弗里曼（Linton Freeman）。

第二个研究群体的学者集中于个体间的自我中心网络，他们从个体的角

[①] 参见刘军《社会网络分析导论》，社会科学文献出版社2004年版，第4页。
[②] Bott E. *Family and social network*：*roles*，*norms and external relationships in ordinary urban families*. London：Tavistock Publications，1957.

度来界定社会网络,属于结构主义社会学的范畴。① 该群体沿着英国人类学家的传统发展,把人与人、组织与组织之间的纽带关系看成客观存在的社会结构,分析这些纽带关系对人、组织的影响,形成了个体中心网络的研究方法。例如,利用社会网络分析方法来研究职业领域的问题,包括职业地位获得、职业流动等。这个领域的著名代表人物是马克·格拉诺维特(Mark Granovetter)、哈里森·怀特(Harrison Whitte)、林南(Nan Lin)和罗纳德·博特(Ronald Burt)等。

20世纪80年代末以来,社会网络理论研究得到快速发展,出现了多种社会网络理论,如弱关系理论、强关系理论、结构洞理论、社会资本理论、网络交换理论等。

一、弱关系理论的主要观点

弱关系(weak ties)理论即"弱关系力量"理论,是由马克·格拉诺维特提出,经安德烈娅·L.卡瓦诺(Andrea L. Kavanaugh)、大卫·伊斯利(David Easley)和乔恩·克莱因伯格(Jon Kleinberg)的发展而形成的一种社会网络理论。格拉诺维特于1973年在《美国社会学杂志》上发表《弱关系的力量》一文,首次提出弱关系力量假设,又于1983年在《社会学理论论丛》上发表《弱关系的力量:一种重写的网络理论》一文,对弱关系理论进行了系统论述。格拉诺维特认为:

(1)关系是指人与人、组织与组织之间由于交流和接触而实际存在的一种纽带联系,它可分为强关系与弱关系两种类型。弱关系是两个行动者之间短暂的社会接触,比如其他公司的业务伙伴、熟人或者那些不太熟知的人。② 弱关系在群体、组织之间建立了纽带联系。

(2)关系力量是一种表现某种关系特征的时间数量、情感强度、亲密关系(相互信任)、互惠服务的组合。③ 基于此定义,可以从4个维度来测量关系的强弱:①互动的频率。互动的次数多为强关系,反之则为弱关系。②感情力量。感情较强、较深为强关系,反之则为弱关系。③亲密程度。关系密切为强关系,反之则为弱关系。④互惠交换。互惠交换多而广为强关

---

① 参见刘宁《企业管理人员职业生涯成功的影响因素研究:社会网络观点》,北京大学出版社2011年版,第17-19页。

② CALVÓ-ARMENGOL A, Verdier T, Zenou Y. "Strong and weak ties in employment and crime". *Journal of Public Economics*, 2007, 91 (1/2): 203-233.

③ Granovetter M S. "The strength of weak ties". *American Journal of Sociology*, 1973, 78 (6): 1361.

系，反之则为弱关系。①

（3）"桥"（bridge）是提供网络图形中两节点之间唯一路径的一条边（或线）。② 换句话说，如果删除连接网络图形中节点 A 和节点 B 的边（线），将使 A 和 B 分隔成两个不同部分，那么该边（线）就是"桥"。当某边（线）不能构成网络图形中任何三角关系的一边时，该边（线）就是本地桥（local bridge）。③ 虽然所有的弱关系不一定都是本地桥，但能够充当本地桥的必定是弱关系。④ 强关系鼓励三元闭合，消除了本地桥。⑤

（4）两人之间的关系越强，那么在他们朋友关系圈子里，重叠的程度就越大；那些与第三方有强关系的人们比那些与第三方只有弱关系的人们更有可能被第三方认识，这些人若没有共同的朋友，更容易依次相互认识。

（5）强关系网络具有显著的转移性（transitivity），而弱关系网络缺少这种倾向，甚至在某些情况下是不可迁移的。弱关系是较少结构化的，可以履行桥接不同群体或子群并向网络不同部分传递信息的角色。

（6）弱关系除了为人们提供自身社交圈子内可利用的信息与资源外，还可提供其他信息与资源的访问。在获取高档工作时弱关系比强关系更重要，这是因为弱关系使人们接触不同的社会圈子和新信息，包括多种多样的有关工作的信息。

（7）在微观层次上，弱关系透过本地桥可以创造更多、更短的路径，可以跨越更大的社会距离而触及更多的人⑥，对于社会系统中的信息传播具有相当程度的重要性；对于个人而言，弱关系是造成社会流动的重要资源；更多的新信息通过弱关系而非强关系流向个体。⑦

（8）在宏观层次上，弱关系也是一个检视组织（或社会）是否得以凝聚/整合或分崩离析的强大分析工具。⑧ 缺少弱关系的社会系统将是破碎的

---

① 参见肖鸿《试析当代社会网研究的若干进展》，载《社会学研究》1999 年第 3 期。
② Granovetter M S. "The strength of weak ties". *American Journal of Sociology*, 1973, 78（6）：1364.
③ Easley D, Kleinberg J. *Networks, crowds, and markets: reasoning about a highly connected world*. Cambridge：Cambridge University Press, 2010：46 – 47.
④ Granovetter M S. "The strength of weak ties: a network theory revisited". *Sociological Theory*, 1983, 1：217.
⑤ 同④, p. 218.
⑥ 同②, p. 1366.
⑦ 同②, p. 1373.
⑧ 同②, p. 1373.

和不相干的。①

二、强关系理论的主要观点

强关系理论也就是"强关系力量假设"理论，主要代表人物是边燕杰、罗斯玛丽·伦纳德（Rosemary Leonard）、巴里·韦尔曼（Barry Wellman）等。该理论挑战了马克·格拉诺维特提出的"弱关系力量假设"，其主要观点是：

（1）强关系是两个行动者通过长期的合作建立起来的社会关系，比如亲密的同事关系、朋友关系和家庭关系。它能在多种社会背景下长期合作，了解与支持伙伴的需求，提供某种意义的情感支持、归属感和个人特性，并在相互关系上自愿投资。②

（2）强关系而非弱关系可以充当没有联系的个人之间的网络桥梁。③"网络桥梁"是指网络中的一种网络连接，它提供了两点间的唯一通路。桥梁的重要意义在于不仅作为不同群体成员 A 和 B 之间的直接联系，而且更广泛地通过 A 和 B 之间的桥梁作用，成为使没有联系的其他人连接起来的网络链节点。

（3）求职渠道是通过个人网，更多的是通过强关系而非弱关系建立的，特别是当有关工作机会的信息被高度重视和不易得到时，强关系常常比弱关系更重要。④

（4）强关系可作为社会融合的一种重要动力；在各种各样的市场融合中，强关系与弱关系的结合是最有效的，而且强关系与弱关系之间的最有效平衡依赖于个人（或公司）是否具备有利的市场准入。特别是那些拥有市场准入最大优势的人们可以通过强关系获益，而弱关系最适合于那些处于不利市场准入地位的人们。⑤

（5）正是强关系而非弱关系提供某种意义的情感支持、归属感和个人

---

① Granovetter M S. "The strength of weak ties: a network theory revisited". *Sociological Theory*, 1983, 1: 202.

② Leonard R, Onyx J. "Networking through loose and strong ties: an Australian qualitative study". *Voluntas: International Journal of Voluntary and Nonprofit Organizations*, 2003, 14 (2): 196.

③ Bian Y. "Bringing strong ties back in: indirect ties, network bridges, and job searches in China". *American Sociological Review*, 1997, 62 (3): 369.

④ Bian Y, ANG S. "Guanxi networks and job mobility in China and Singapore". *Social Forces*, 1997, 75 (3): 991.

⑤ Pfeffer M J, Parra P A. "Strong ties, weak ties, and human capital: Latino immigrant employment outside the enclave". *Rural Sociology*, 2009, 74 (2): 247.

特性。强关系显示很明显的信任，其表达方式包括：自我披露，听从要求，参观各自家庭，保持信任、同感、很好的判断，讨论问题，出租财产，照顾各自小孩。强关系是多元的。①

（6）强关系的效力在较高社会经济地位群体中更大，也就是说，高社会经济地位群体中的强关系比低社会经济地位的强关系更有效，因为后者缺少资源，低社会经济地位群体要面临把动机转化为行动的严峻障碍，而这对于高社会经济地位群体来说不成问题。②

（7）强关系和弱关系对于创新都很重要，履行不同且互补的作用。弱关系可以促进简单的编码化知识的交流，但是不太适合于交流复杂且更隐性的知识；强关系可促进隐性的、复杂知识的交流，强关系具有高水平相互作用、交流、情感投入和信任的特征，因而可以减少机会风险并促进复杂知识转移。③

（8）拥有强关系与弱网络结构（结构洞和次要的网络位置）的个体可提出最具创新的解决方案，拥有强关系与强网络结构的个体可比那些拥有弱关系和弱网络结构的个体提出更有创新性的解决方案。那些投资强关系并嵌入弱网络结构的参与者可提出最具创新的解决方案，因为他们能够认识与实现所获取知识的价值。④

三、结构洞理论的主要观点

结构洞理论是一种源于结构主义传统的社会网络理论，遵循结构分析的研究范式，把人与人、组织与组织之间的纽带关系看成一种客观存在的社会结构，分析这些纽带关系对人或组织的影响，集中关注社会网络的结构及其对社会行为的影响，主要代表人物是罗纳德·伯特（Ronald S. Burt），他在《结构洞：竞争的社会结构》以及一系列论文中对此理论进行了充分的论述。该理论认为：

---

① Leonard R, Onyx J. "Networking through loose and strong ties: an Australian qualitative study". *Voluntas*: *International Journal of Voluntary and Nonprofit Organizations*, 2003, 14 (2): 196.

② Somma N M. "How strong are strong ties? The conditional effectiveness of strong ties in protest recruitment attempts". *Sociological Perspectives*, 2009, 52 (3): 303.

③ Lowik S, van Rossum D, Kraaijenbrink J. "Strong ties as sources of new knowledge: how small firms innovate through bridging capabilities". *Journal of Small Business Management*, 2012, 50 (2): 240–241.

④ Rost K. "The strength of strong ties in the creation of innovation". *Research Policy*, 2011, 40 (4): 588–604.

（1）结构洞是指社会网络中某个或某些个体和有些个体发生直接联系，但与有些个体不发生直接联系，从而在整个网络结构上产生某些关系间断的现象。换句话说，结构洞是指两个关系人之间的非重复关系。① 在整个社会网络中，由于各个节点不可能两两都发生联系，所以结构洞一定存在。两个群体之间的结构洞并不意味着这些群体中的人相互不认识，仅仅意味着这些人专注于自己的活动以至于他们不参加其他群体人员的活动。②

（2）结构洞受凝聚力和结构等位的影响，其中凝聚力是指两个关系人之间存在强关系，通过结识他们中的任何一个都可以获取相同的信息和网络利益；结构等位是指网络中的两个行动者同时拥有相同的联系人。在判断是否存在结构洞时，凝聚力是一个比结构等位更确凿的指标；可以利用凝聚力缺失和结构等位缺失这两个条件来定义结构洞。③

（3）两个行动者之间结构洞的深度随凝聚力和结构等位的不同组合往往不同：①在存在结构等位且凝聚力强的情形下不存在结构洞；②在存在结构等位但无凝聚力的情形下有深结构洞；③在无结构等位但凝聚力强的情形下存在浅结构洞；④在无结构等位且无凝聚力的情形下存在结构洞。④

（4）结构洞可用如下5个指标来进行测评：

1）有效规模（effective size）。一个行动者 i 的有效规模等于该行动者的个体网络规模减去网络的冗余度，即有效规模等于网络中的非冗余因素，其计算公式是：

$$i\text{的网络的有效规模} = \sum_q \left[1 - \sum_q p_{iq} m_{iq} \right], q \neq i, j。$$

其中，p_{iq} 是 i 花费在与 q 的关系上的时间和精力占其网络投资的比例，即与 q 的交互项除以 i 的关系总和；m_{iq} 是关系人 i 与关系人 q 的关系的边际强度。⑤

2）效率（efficiency）。一个节点的效率等于该节点的有效规模与实际规模之比。

3）约束性（constraint）。一个行动者受到的"约束性"是指该行动者

---

① Burt R S. "The social structure of competition". In: Nohira N, Eccles R G. *Networks and organizations: structure, form, and action*. Boston: Harvard Business School Press, 1992: 65.

② Burt R S. "The network structure of social capital". *Research in Organizational Behaviour*, 2000, 22: 353.

③ 同①, pp. 65 – 67.

④ 参见伯特《结构洞：竞争的社会结构》，任敏、李璐、林虹译，格致出版社、上海人民出版社2008年版，第43页。

⑤ 同④，第53 – 54页。

在其网络中拥有的运用结构洞的能力,这时行动者 i 受到 j 的约束性(即 C_{ij})可表示为:

$$C_{ij} = \left[p_{ij} + \sum_q p_{iq} p_{qj}\right]^2$$

其中,p_{ij} 是行动者 i 的全部关系中,投入到行动者 j 的关系占总关系的比例,行动者 q 为除行动者 i 和 j 以外的其他行动者。①

4)等级度(hieracky)。等级度是一个行动者所受到的总约束集中在某个行动者身上的程度,其计算公式是:

$$H = \frac{\sum_j \left(\frac{C_{ij}}{C/N}\right)\ln\left(\frac{C_{ij}}{C/N}\right)}{N\ln N}$$

其中,N 是行动者 i 的个体网络规模,C/N 是各节点的约束性的均值。②

5)中介中心度(betweeness centrality)。由于占据结构洞位置的"中间人"通常在网络中居于重要地位,因此可采用社会网络中的中介中心度作为一个结构洞的测评指标,以测量行动者对资源的控制程度。③

(5)结构洞对于行动者或网络都有好处。结构洞既可为那些关系跨越这些洞的个体创建竞争优势④,也可以为那些网络规模一样但本身存在更多非重复关系人的网络提供更多的利益。⑤ 这些利益包括信息利益和控制利益。信息利益以三种形式存在⑥:①获取(access),是指关系人接收到有价值的信息,并且知道谁可以使用它们;②时机(timing),是指处在结构洞位置的关系人可以比其他人更快地获得不能通过公开渠道传播的信息,而且他所接收的信息是经过加工、过滤的,可以省却信息筛选的成本;③推荐(referrals),关系人可以充当不同社会圈子的"中间人"或"桥",从而可以在合适的时间和地点推荐与其有关系的行动者,帮助行动者把握最好的机会。控制利益是指"中间人"(broker)由于所处位置的特殊性所具有的协调双边行动者关系的优势,这包括⑦:①获取可选择资源和应用的能力;

---

① 参见伯特《结构洞:竞争的社会结构》,任敏、李璐、林虹译,格致出版社、上海人民出版社 2008 年版,第 56 页。
② 同①,第 71–72 页。
③ 参见姜鑫《基于"结构洞"视角的组织社会网络内隐性知识共享研究》,载《情报资料工作》2012 年第 1 期。
④ Burt R S. "The network structure of social capital". *Research in Organizational Behaviour*, 2000, 22: 353.
⑤ Burt R S. "The social structure of competition". In: Nohira N, Eccles R G. *Networks and organizations: structure, form, and action*. Boston: Harvard Business School Press, 1992: 67.
⑥ 同⑤, pp. 62–63.
⑦ Burt R S. *Brokerage & closure*. New York: Oxford University Press, 2005: 23.

②更早接近社会系统中的新观念和思想；③如果有某种将要获得的优势，就会向群体转移信息。结构洞的控制利益有时候比它带来的信息利益更重要。①

（6）维持整个网络并非需要与所有的联系人维持关系，而在于确立初级关系人，并集中资源发展与初级关系人的关系。初级关系人是网络中最容易与之维系关系，也是最有可能愿意发展关系的人；次级关系人是指那些通过非直接关系发生联系的人。②

（7）只要网络中的关系人和其他人存在许多初级结构洞（处于初级关系人之间的结构洞），且在关系人和网络之外的可替代关系人之间存在许多次级结构洞，那么结构洞可以产生回报率。那些拥有能够提供高度结构自主性（即关系中的行动者自己这一端没有结构洞，而在另一端有丰富的结构洞）网络的行动者，享有更高的投资回报率，因为他们知道、参与并控制更多的回报机会。③

（8）连接结构洞两端个体的"中间人"（或第三方）可以从他们网络的独特部分获取资源，比不在此位置的其他个体更加快速获悉即将发生的威胁和机会，或者知晓那些没有连接结构洞的个体不可能知道的威胁与机会，也可以发现潜在交易伙伴和盟友的特征。④ 该"中间人"可以发挥协调者、中介者、守门人、发言人（即代理人）、联络者五种角色作用。⑤

四、网络交换理论的主要观点

网络交换理论（Network Exchange Theory，NET）是 20 世纪 70 年代在交换论基础上发展起来的一种新的社会网络理论。1972 年，理查德·爱默森（Richard M. Emerson）、卡伦·库克（Karen S. Cook）等人接过交换理论研究的大旗，用交换论或行为主义视角来研究交换网络中的各种交换现象，把交换从二方（diad）交换扩展到网络交换，创建了社会交换理论中一个新的流派——交换网络理论（Theory of Exchange Network）。同样，对交换理论感兴趣的大卫·威勒（David Willer）、亨利·沃克（Henry A. Walker）和巴

---

① Burt R S. "The social structure of competition". In: Nohira N, Eccles R G. *Networks and organizations: structure, form, and action*. Boston: Harvard Business School Press, 1992: 73.

② 同①, pp. 68 – 69.

③ Burt R S. "The social structure of competition". In: Nohira N, Eccles R G. *Networks and organizations: structure, form, and action*. Boston: Harvard Business School Press, 1992: 83.

④ Zaheer A, Bell G G. "Benefiting from network position: firm capabilities, structural holes, and performance". *Strategic Management Journal*, 2005, 26（9）: 814 – 815.

⑤ 参见罗家德《社会网分析讲义》，社会科学文献出版社 2005 年版，第 160 – 161 页。

里·马尔科夫斯基（Barry Markovsky）等人，从社会结构和行为者条件视角来研究社会交换行为，即通过开发网络连接的系统分类、探索网络连接与权力结构条件之间的关系、发现网络连接与权力条件之间的新组合而形成社会交换理论中的另一个流派——网络交换理论。由于两者关注的都是网络交换行为，仅仅是研究视角不同，所以这里把两个流派的思想综合起来，统称为网络交换理论（NET）。这种网络交换理论认为：

（1）一个交换网络是由连接起来的两个或更多行动者之间的交换关系所形成的一种特殊社会结构。换句话说，一个交换网络是通过交换关系而直接或间接联系在一起的一组行动者。它包含以下五个方面的内容[①]：①一组行动者（或者是自然人，或者是企业）；②各种有价值的资源分布在不同的行动者之间；③对于每一个行动者而言，在网络中都存在与其他行动者进行交换的机会；④存在一组应用交换机会而长期发展的交换关系；⑤一组网络连接将交换关系联结成为一个网络结构。

（2）网络中的连接可分为正连接、负连接与混合连接三种类型。在 A – B – C 三元网络中，正连接是指 A – B 的交换对 B – C 的交换产生了积极的影响，即 A – B 间交换的增加导致 B – C 间交换的增加；负连接是指 A – B 的交换对 B – C 的交换产生了消极的影响，即 A – B 间交换的增加导致 B – C 间交换的减少或中断；混合连接是指在一个网络中既有正连接，也有负连接。[②]

（3）权力本质上是一种能力，可从两个角度来理解：①从获取个人利益的角度来看，行动者 A 对行动者 B 的权力就是 A 迫使 B 付出的潜在的代价水平，它等于和基于 B 对 A 的依赖。因此，权力是某个行动者对另一个行动者的一个依赖函数，B 对 A 的依赖越大，那么 A 对 B 的权力就越大。[③] ②从影响他人的角度来看，权力是控制某人或更多人的能力。[④]

（4）在交换网络中，处于高度中心性位置的行动者不一定拥有最大的权力，相反，那些拥有更多可替代资源来源的行动者具备更大的权力，权力

---

① Cook K S, Emerson R M, Gillmore M R, et al. "The distribution of power in exchange networks: theory and experimental results". *American Journal of Sociology*, 1983, 89（2）: 277.

② Cook K S, Emerson R M, Gillmore M R, et al. "The distribution of power in exchange networks: theory and experimental results". *American Journal of Sociology*, 1983, 89（2）: 277 – 278.

③ Emerson R M. "Power-dependence relations". *American Sociological Review*, 1962, 27（1）: 32 – 33.

④ Homans G C. *Social behavior: its elementary forms*. New York: Harcourt Brace Jovanovich, 1974: 70.

会向易于掌握资源的行动者手中转移。① 例如，在图 2.1 中，A_1 处于整个交换网络的中心，$A_5 \sim A_{13}$ 处于网络边缘，A_2、A_3、A_4 处于中间位置。A_1 的交换对象有 A_2、A_3、A_4，但没有其他可替代资源来源；A_2、A_3、A_4 处于单方垄断的交换位置，各有 4 个交换对象和较多的可替代资源来源。在交换关系中，不具备可替代资源来源的行动者会更依赖于拥有更多可替代资源来源的行动者。所以，在该交换网络中，A_2、A_3、A_4 都比 A_1 的权力要大。

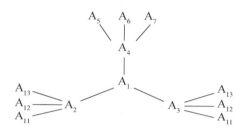

图 2.1　交换网络中的权力与中心性

（5）如果一个行动者相对于其他行动者拥有较多的权力，那么他会运用权力去从其他行动者那里获取更多资源或降低资源获取成本。权力的不平衡与权力运用会激活"平衡运作"机制，使权力的不平衡趋于平衡，稳定交换关系。假设行动者 A 比行动者 B 具有权力优势，那么行动者 B 有以下 4 种可以用于平衡两者关系的选择：①行动者 B 降低行动者 A 所提供资源的价值；②行动者 B 通过找寻 A 所提供资源的替代物；③行动者 B 增加其提供给 A 的资源的价值；④行动者 B 减少其提供给 A 的资源或替代资源的数量。②

（6）位置、资源和网络连接的配置决定交换网络中权力的分配。③ 在单独由负连接组成的网络中，当其资源除在直接交换伙伴之外不能流动时，来自可选择交换关系资源的可利用性决定了权力的分配；在单独由正连接组成的网络中，资源的局部短缺决定了权力的分配；在包含正连接与负连接的混合网络中，权力分配是网络位置与资源控制的一种复合函数。④

---

① Turner J H. *The structure of sociological theory*. Beijing：Peking University Press，2004：317.
② Emerson R M. "Power-dependence relations". *American Sociological Review*，1962，27（1）：35.
③ Walker H A, Thye, S R, Simpson B, et al. "Network exchange theory：recent developments and new directions". *Social Psychology Quarterly*，2000，63（4）：325.
④ Yamagishi T, Gillmore M R, Cook K S. "Network connections and the distribution of power in exchange networks". *American Journal of Sociology*，1988，93（4）：849–850.

（7）情感因素如承诺、公平、公正等能够影响交换关系。承诺既能使拥有较大权力的行动者较不可能寻找替代资源，也能降低行动者寻找最优交换对象机会的可能性，行动者会因承诺而不去寻找其他可替代的交换对象。① 权力影响行动者对公平与公正的判断，对公平与公正的判断也会影响权力运作。如果权力运作产生公正感，那么权力运作会使后续的交换更平衡；如果权力的不平衡导致优势行动者侵犯公平准则的活动，或产生不公正感，那么权力运作会使不平等永存，弱势行动者有可能采取措施平衡交换关系。②

五、社会资本理论及其主要内容

社会资本理论是 20 世纪 80 年代后期逐步发展起来的一种新型资本理论，代表人物主要是皮埃尔·布尔迪厄（Pierre Bourdieu）、詹姆斯·S. 科尔曼（James S. Coleman）、乔纳森·H. 特纳（Jonathan H. Turner）、伊斯梅尔·撒拉格尔丁（Ismail Serageldin）、罗伯特·帕特南（Robert Putnam）、罗纳德·伯特（Ronald S. Burt）、美籍华裔社会学家林南等。这里主要介绍布尔迪厄、科尔曼、林南的社会资本理论，然后归纳出社会资本理论的主要观点。

（一）布尔迪厄社会资本理论的主要观点

法国社会学家皮埃尔·布迪厄是当代对于社会资本概念进行系统表述的首要人物之一，他认为：

（1）社会资本是现实或潜在的资源的集合体，这些资源与拥有或多或少制度化的共同熟识和认可的关系网络有关，即与一个群体中的成员身份有关，可为每个成员提供集体拥有资本的支持。③

（2）投资于社会关系的目的在于把自我的、私有的特殊利益转化为超额的、集体的、公共的、合法的利益④；通过社会资本，行动者能够获取经济资源，提高自己的文化资本，与制度化的机构建立密切的联系。

---

① Emerson R M, Cook K S. "Power, equity and commitment in exchange networks". *American sociological review*, 1978, 43 (5): 734-735.
② Turner J H. *The structure of sociological theory*. Beijing: Peking University Press, 2004: 320.
③ Bourdieu P. "The forms of capital". In: Halsey A H, Brown P, Lauder H, et al. *Education, culture, economy, and society*. New York: Oxford University Press, 1997: 51.
④ Bourdieu P. *The logic of practice*. Cambridge: Polity Press, 1990: 109.

（3）社会资本是长期投资的结果。① 社会资本的积累和投资依赖于行动者可有效动员的关系网络的规模，依赖于与他有关系的个人拥有的经济、文化和符号资本的数量和质量。②

（4）个体和集体的社会资本具有马太效应，越是拥有社会资本则越是值得别人的交往，也就拥有更多的社会网络资源。③

（5）由于社会资本的交换具有更少的透明性和不确定性，如义务不明确、时间不确定和互惠期望的破坏，因此，社会资本与经济资本、文化资本之间的转换极具复杂性。④

（二）科尔曼社会资本理论的主要观点

美国社会学家詹姆斯·科尔曼对社会资本理论有重大的贡献，他认为⑤⑥：

（1）社会资本是指表现为社会结构资源的个人拥有的资本财产。它们由构成社会结构的要素组成，主要存在于社会团体和社会关系网之中，只有通过成员身份和网络联系才能获得回报。

（2）社会资本基本上是无形的，它表现为人与人的关系，其主要表现形式是义务与期望、信息网络、规范和有效惩罚、权威关系、多功能社会组织、有意创建的组织。若某人在社会结构中承担的义务和期望较多，无论这种义务涉及的资源是什么，此人就拥有较多的可以利用的社会资本；利用业已存在的社会关系获取信息对于个人行动十分重要，特别是在获取某些不易通过公开渠道接触的内部信息方面，社会资本会发挥更大的作用；在集体内部，约定俗成的规范是一种极其重要的社会资本，它要求人们放弃自我利益，依集体利益行事；有效规范不仅为某些行动提供便利，同时限制其他行动，从而总是得到社会的支持；权威有助于使控制权集中在少数人手中，便于利用相应的社会资本解决人们面临的共同问题；为某一目的建立的组织，可以服务于其他目的，因而形成了可以使用的社会资本。

---

① 参见张文宏《中国城市的阶层结构与社会网络》，上海人民出版社2006年版，第48页。

② Bourdieu P. "The forms of capital". In: Halsey A H, Brown P, Lauder H, et al. *Education, culture, economy, and society*. New York: Oxford University Press, 1997: 51.

③④ 参见周小虎《企业社会资本与战略管理——基于网络结构观点的研究》，人民出版社2006年版，第39-40页。

⑤ COLEMAN J S. "Social capital in the creation of human capital". *American Journal of Sociology*, 1988, 94（Supplement）: 95-120.

⑥ 参见詹姆斯·科尔曼《社会理论的基础（上）》（第2版），邓方译，社会科学文献出版社1999年版，第277-297页。

（3）社会资本具有不可转让性。尽管它是一种具有使用价值的资源，但它难以被轻易地交换。不同于物质资本、人力资本，社会资本具有公共物品的性质。社会资本是影响个人行动能力以及生活质量的重要资源。

（4）社会资本的形成，依赖人与人之间的关系按照有利于行动的方式而改变。社会资本的价值随时间的推移而逐渐降低。社会资本与人力资本、物质资本一样，需要不断更新，否则将丧失价值。社会资本为生产活动提供了便利。

（三）林南社会资本理论的主要观点

林南是当今华裔学者中最杰出的社会学家之一，也是当今探索社会资本问题的几个早期学者之一。他在发展和修正格兰诺维特的"弱关系力量假设"理论时提出了社会资源理论，并在此基础上进一步提出了社会资本理论，其观点主要由如下假设与命题组成[①]：

（1）社会资本是期望在市场中获得回报的社会关系投资，或者说是在目的性行动中被获取的和/或被动员的、嵌入在社会结构中的资源。社会资源是指有直接或间接联系的人们的财富、地位、权力和社会关系。它包含社会关系和这些关系可达到位置嵌入的资源两个部分。[②] 那些嵌入个人社会网络中的社会资源——权力、财富和声望，并不为个人所直接占有，而是通过个人直接或间接的社会关系来获取。社会资本可产生包括经济回报、政治回报、社会回报、身体健康、心理健康和生活满意等在内的多种回报。

（2）结构假设。有价值的资源嵌入在社会结构中，这些结构性的嵌入性资源就是网络中行动者的社会资本。在社会结构中，位置、权威、规则和占据者（代理人）通常在有价值资源的分布、位置的数量、权威的层级和占据者的数量方面形成金字塔形等级。在等级制中的层级越高，占据者的数量越少。

（3）互动命题。社会互动可分为同质互动（参与者共享相似的资源）与异质互动（参与者共享不相似的资源）两类；互动通常发生在具有相似或相近的资源与生活方式特征的行动者之间，遵循同质原则。资源特征越相似，在互动中需要付出的努力越小。

（4）网络假设。在社会网络中，直接和间接互动的行动者拥有不同类

[①] 参见林南《社会资本——关于社会结构与行动的理论》，张磊译，上海人民出版社2004年版。

[②] Lin N, Ensel W M, Vaughn J C. "Social resources and strength of ties: structural factors in occupational status attainment". *American Sociological Review*, 1981, 46 (4): 393–405.

型的资源。其中一些资源为他们个人所拥有，但是大多数资源嵌入在每一个行动者都联系的他人中，或者嵌入在每一个行动者都占据或联系的结构位置中。

（5）行动假设。维持和获取有价值资源是行动者在社会行动中的两个主要动机。社会行动可分为工具性行动和表达性行动，前者就是获取不被行动者拥有的资源的行动，后者就是维持已被行动者拥有的资源的行动。

（6）社会资本命题。行动的成功与社会资本正相关。

（7）地位强度命题。人们的社会地位越高，获取社会资源的机会越多；初始位置越好，行动者越有可能获取和使用好的社会资本。

（8）强关系强度命题。关系越强，获取的社会资本越可能正向地影响表达性行动（寻找情感和支持的行动）的成功。

（9）弱关系强度命题。关系越弱，自我在工具性行动（获得不为行动者拥有的资源的行动）中越可能获取好的社会资本；具有弱连接的社会关系在帮助人们获得他们不知道的信息时是至关重要的；弱关系比强关系更重要，因为个人越接近网络中的桥梁，就越可为行动获得更多的社会资本。①

（10）位置强度命题。个体越靠近网络中的桥梁，他们在工具性行动中获取的社会资本越好。

（11）位置与地位交叉命题。对于工具性行动，网络位置（靠近桥梁）强度视桥梁所连接的不同资源而定。

（12）结构相依命题。对位于等级制顶部及附近、底部及附近的行动者而言，网络运作（关系与网络位置）效应受到等级制结构的约束。

（四）社会资本理论的主要观点

归纳并整理上述社会资本理论思想，可得出社会资本理论的主要观点如下：

（1）社会资本是那些在一个社会中通过创造和维持社会关系和社会组织模式来增强经济发展潜力的因素。这些因素可在宏观层次（如社会制度）、中观层次（如社团单元和组群单元）、微观层次（如面对面交往）上发挥作用。② 在埃莉诺·奥斯特罗姆看来，社会资本是共享的知识、理解、

---

① Lin N. Social capital: *a theory of social structure and action*. Cambridge: Cambridge University Press, 2001: 69-70.
② 参见乔纳森·H. 特纳《社会资本的形成》，见帕萨·达斯古普特、伊斯梅尔·撒拉格尔丁《社会资本：一个多角度的观点》，张慧东等译，中国人民大学出版社2005年版，第123-124页。

标准、规则以及有关个人群体进行周期性活动的互动模式的期望。①

（2）社会资本可分为制度资本和关系资本，前者与促进互利集体行动开展的结构要素有关，如作用、规则、程序和组织，也可称之为结构型社会资本；后者涉及在与他人合作中影响个人行动的价值观、态度、准则和信念，也可称之为认知型社会资本。②③

（3）社会互动常常增进情感和共享资源，可分为同质互动（参与者共享相似的资源）与异质互动（参与者共享不相似的资源）两类，同质互动是更受欢迎、更频繁的互动类型。④

（4）维持和获取有价值资源是行动者在社会行动中的两个主要动机。个体行动者可通过继承或先赋、对自己资源的投资和努力、交换等途径来获取个人资源；可通过直接或间接的社会关系来获取作为社会资本的社会资源。⑤

（5）关系越强，获取的社会资本越可能对表达性行动（寻找情感和支持的行动）的成功有正向影响；关系越弱，自我在工具性行动（获得不为行动者拥有的资源）中越可能获取好的社会资本⑥；具有弱连接的社会关系在帮助人们获得他们不知道的信息时是至关重要的。⑦

（6）社会资本具有不可转让性。尽管它是一种具有使用价值的资源，但它难以被轻易地交换。与物质资本、人力资本等资本不同，社会资本具有公共物品的性质。社会资本可产生包括经济回报、政治回报（如等级地位）、社会回报（如名声）、身体健康、心理健康和生活满意等在内的多种回报。⑧

（7）社会资本的积累和投资依赖于行动者可有效动员的关系网络的规

---

① 参见埃莉诺·奥斯特罗姆《社会资本：一种时尚还是一个基本概念?》，见帕萨·达斯古普特、伊斯梅尔·撒拉格尔丁《社会资本：一个多角度的观点》，张慧东等译，中国人民大学出版社 2005 年版，第 222 页。

② 参见安妮鲁德·克里希娜《创造与利用社会资本》，见帕萨·达斯古普特、伊斯梅尔·撒拉格尔丁《社会资本：一个多角度的观点》，张慧东等译，中国人民大学出版社 2005 年版，第 92 页。

③ 参见诺曼·厄普霍夫《理解社会资本：学习参与分析及参与经验》，见帕萨·达斯古普特、伊斯梅尔·撒拉格尔丁《社会资本：一个多角度的观点》张慧东等译，中国人民大学出版社 2005 年版，第 277 - 278 页。

④ 参见林南《社会资本——关于社会结构与行动的理论》，张磊译，上海人民出版社 2004 年版，第 48 页。

⑤ 同④，第 31、41 - 42 页。

⑥ 同④，第 65 页。

⑦ Lin N. *Social capital*: *a theory of social structure and action*. Cambridge: Cambridge University Press, 2001: 69 - 70.

⑧ 同④，第 233 - 234 页。

模，也依赖于与其有关系的个人所拥有的经济、文化和符号资本（symbolic capital）的数量。①

（8）社会资本的价值随时间的推移而逐渐降低。社会资本与人力资本、物质资本一样，需要不断更新，否则将丧失价值。②

六、社会网络理论与开放获取的关系

社会网络理论可用来解释存在于相互作用单元（如小组、群体、部门、单位、组织内与组织间）内的人际机制与社会结构，特别是研究个人、小组或组织之间的关系是如何影响信念与行为的。通过测绘关系评估个体的相互作用，研究者可以揭示存在于群体之间或群体之内的动力。

社会网络分析的一种优势是其处理组织内个体之间信息共享的多功能性。它可用来分析组织工作群体之间的人际关系，由此提供个人在完成其工作任务的过程中如何创造、认识、存储、获取和交流信息的建议。利用社会网络分析，就可测评组织的网络结构，识别那些穿越核心工作流程的正式与非正式网络，这些网络可汇集网络成员的专业知识来提升组织的灵活性、创新性与效率。另外，利用社会网络分析可发现与测评各种连接，使组织能够监控各种关系，管理那些对信息交流十分有效的社会支持机制。③

OA与社会网络有紧密的联系，因为OA行为本身依赖于由网络和网络载体及其关系组成宏大的、有形的社会网络，没有这种物质型社会网络的支持，OA就会成为无源之水、无本之木，而且OA机制同时依赖于在高度信任、互惠互利基础之上隐藏各种信息资源与智力资本、遍及整个世界的无形的社会网络，没有这种无形社会网络的支持，OA也许仅仅是海市蜃楼。社会网络理论可以为OA的运作提供强大的理论与方法支持。

OA在OA资源和OA行动者之间构建了一种社会网络，即由OA资源、OA行动者与"关系"三要素构成的OA社会网络，如图2.2所示。这里，OA资源是指所有公开、免费可获得的数字信息资源；OA行动者是指OA活动的发起者、组织者或参与者，主要包括科研机构、教育机构、行业组织（如基金会、协会或学会）、出版商、内容开发商、图书馆、学术团体、个

---

① Bourdieu P. "The forms of capital". In: Halsey A H, Brown P, Lauder H, et al. *Education, culture, economy, and society*. New York: Oxford University Press, 1997: 51.
② 同①, p. 297.
③ Hatala J P, Lutta J G. "Managing information sharing within an organizational setting: a social network perspective". *Performance Improvement Quarterly*, 2009, 21 (4): 5 – 33.

人等。OA 资源和 OA 行动者都是 OA 社会网络中的节点。"关系"是指 OA 行动者因参与 OA 活动而建立的各种联系,它发生在 OA 资源之间、OA 行动者之间、OA 行动者与 OA 资源之间,既可以是强关系,也可以是弱关系,还可以是其他各种类型的关联。

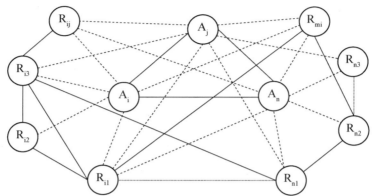

图注:
A_i:第i位OA行动者; R_{ij}:第i类OA资源中的第j个资源;────:OA行动者之间的关系;
┈┈┈:OA行动与资源之间的关系;━━━:OA资源之间的关系。

图2.2　局部 OA 社会网络

第三章　开放获取动力机制
——基于社会资本理论的分析

为什么要进行 OA（开放获取）？OA 的动力是什么？这是实施 OA 必须回答的首要问题。社会资本根植于社会网络与社会关系之中，是在目的性行动中被获取的和/或被动员的、嵌入在社会结构中的资源。社会资本理论关注嵌入在社会网络中的个体资源，以及如何从宏观、中观和微观三个层次获取和使用这些资源，从而使个体的行动受益。① 因此，可以利用社会资本理论来解析 OA 的动力机制问题。

"机制"有如下 4 层含义：①机器的构造和运作原理；②机体的构造、功能和相互关系；③指某些自然现象的物理、化学规律；④泛指一个工作系统的组织或部分之间相互作用的过程和方式。② OA 动力机制是指为 OA 提供运行动力的各种要素及其功能、相互关系与作用过程和方式。本章运用社会资本理论来解析 OA 动力机制问题。

一、社会资本理论与开放获取的关系

社会资本理论可用来解析 OA 的动力问题，这主要体现在如下三方面：

第一，社会资本可理解为广泛存在于社会网络关系之中并能够被行动者投资和利用以便实现自身目标的社会资源。从表面现象来看，OA 是对某文献（更确切地说是电子文献）的免费获取，而实质上，OA 行为已经把 OA 资源、OA 行动者（包括 OA 资源的需求者、拥有者、提供者或传递者、使用者以及 OA 活动执行者）之间的各种关系通过互联网紧密联系起来，形成一个巨大的、无形的 OA 社会网络。这种 OA 社会网络不仅承载着大量的电子文献资源，体现出资源间的关联关系，而且装载着无数的个人与机构以及

---

① 参见林南《社会资本——关于社会结构与行动的理论》，张磊译，上海人民出版社 2004 年版，第 54 页。
② 参见中国社会科学院语言研究所词典编辑室《现代汉语词典》（第 6 版），商务印书馆 2012 年版，第 597 页。

个人与个人、机构与机构因 OA 而发生的各种社会关系，比如文献传递、结识专家、建立友谊、树立声望、建立合作关系、加深人际关系，等等。这些社会关系就是无形的社会资源，而这些社会资源连同 OA 资源可直接或间接地反映出 OA 参与者的知识、智力、财富、身份、地位以及各自在 OA 社会网络中的位置。因此，它们满足构成社会资本的条件，具备成为社会资本的要素，属于社会资本管理的范畴。因此，可以利用社会资本理论来指导 OA，并用社会资本理论来解释 OA 的动力。

第二，社会资本理论指出，获取与维持有价值的资源是各种行动的主要动机。这两种动机也是 OA 的根本动力。从 OA 发展背景来看，OA 是科学研究与科学交流的本质需要。一方面，不断攀升的纸质学术期刊价格与文献机构每年文献订购经费短缺之间的矛盾越来越大，造成越来越严重的期刊危机、信息获取危机；另一方面，随着学术出版商业化的日益加剧以及商业出版商对信息垄断的日益加强，造成越来越严重的学术交流危机、学术出版危机。在这种情况下，许多知名的学者、大学、学术团体和专业学会纷纷发表声明、公开信、决议、建议或计划来支持 OA，倡导作者、期刊和出版者应对研究成果实行免费联机获取。由此看来，免费获取有价值的资源特别是学术资源与科研成果，是 OA 的最大动力。另外，从 OA 运行方式来看，不管是 OA 期刊、预印本文库，还是机构知识库、学科知识库，它们不仅能够提供免费的文献获取，而且都是保存电子文献的仓储系统，对于长期或永久维持有价值的文献资源具有十分重要的作用，成为确保 OA 长期运行的主要动力。

第三，社会资本是一种社会关系投资，而投资社会关系的目的在于把自我的、私有的特殊利益转化为超额的、集体的、公共的、合法的利益。① OA 不仅可以免费获取电子文献资源，而且可以帮助 OA 行动者获得如下多种回报：①经济回报。OA 能够降低出版成本与费用，具有投稿方便、出版快捷、获取与检索便利等特征，从而给 OA 行动者带来巨大的经济利益。②政治回报。OA 通过公开、免费提供电子文献资源的阅读、下载、复制、传递、打印、搜索、超链接等活动，可以缩小发展中国家与发达国家之间、经济欠发达地区与经济发达地区之间、知识贫乏者与知识富裕者之间的数字鸿沟，发展中国家可以免费获取发达国家的研究信息，也可以通过自存储更好地展现区域研究进展与成果；发达国家的科研人员也可以看到发展中国家学者的相关研究，促进国际学者之间的相互交流，从而为

---

① Bourdieu P. *The logic of practice*. Cambridge：Polity Press，1990：109.

世界各国平等与和谐发展创造条件，由此获得潜在的巨大政治利益。③社会回报。OA 可以促进信息资源共享，加快学术交流，扩大学术影响，增强信息交流的直接性、交互性和时效性；也有助于杜绝文章抄袭，防止学术腐败，提高学术成果的引用率；还可以提高作者的名誉与声望、学术研究机构与科研基金的影响力以及科学研究的整体水平，促进科学知识的创造、转移与存储①，从而获得多方面的社会收益。这些经济、政治与社会回报成为推动 OA 的最终动力。

二、基于社会资本的开放获取动力模型

按照乔纳森·H. 特纳的观点，社会资本也可理解为通过创造与维持社会关系和社会组织模式来增强经济发展潜力的社会因素。这些因素可在宏观层次如社会制度、中观层次如社团和组群单元、微观层次如面对面交往 3 个层次上发挥作用。基于这种思维并考虑 OA 社会网络中的社会资本，可以构建基于社会资本的 OA 动力模型。如图 3.1 所示。

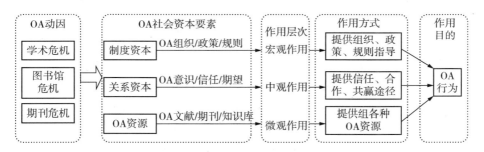

图 3.1　基于社会资本的开放获取动力模型

在图 3.1 中，OA 动力问题被分解为如下几个前后关联的问题：①OA 行动者为什么要进行 OA，即 OA 的背景与动因分析。②用社会资本理论解析 OA 动力，涉及哪些 OA 社会资本？③不同 OA 社会资本分别在何种层次上能够为 OA 提供动力？④不同 OA 社会资本是如何为 OA 提供动力的？

---

① Bernius S. "The impact of open access on the management of scientific knowledge". *Online Information Review*，2010，34（4）：591 – 595.

三、基于社会资本的开放获取动力问题的理论分析

基于社会资本的 OA 动力模型，可以从上述 4 个方面问题来解析 OA 动力。

（一）OA 动因分析

面对期刊危机、图书馆危机与学术危机给学术出版、学术交流造成的严重障碍，许多 OA 行动者（包括 OA 作者、OA 用户、图书情报机构、出版商、科研机构等）积极开展 OA 运动以解决上述多种危机，并从中获取 OA 带来的各种利益。这些利益成为 OA 的主要动因。

1. OA 对作者的积极作用

OA 对作者来说，可以产生多方面的积极作用，这包括：①可为作者提供一个及时获取科研成果的平台，减少作者获取研究信息的障碍，使其能够更快速地获取最前沿的学术动态，满足其方便、快捷地获取科研信息的要求。②打破传统学术出版商的垄断地位，拓宽作者发表学术成果的途径与方式，实现科研成果出版的多元化，还能使作者科研成果的发表更及时、迅速，缩短了科研成果的出版周期。③可以最大化实现作者成果的多元展示，由此提高该成果被更多的读者阅读或应用的机会。因为 OA 论文可以更方便、及时地通过运用关键词进行网络检索而被发现和获取。④可以提高作者成果的学术影响力，这是由于更高的显示度可产生更多的应用，更多的应用又产生更大的影响。相当多的证据说明，OA 能在"引用"与"使用影响"上扩大学术成果的影响力，大部分 OA 可以提高论文"引用"效果 2 倍以上，个别高达 6 倍[①]；OA 期刊论文的引用优势是普遍存在且十分显著的。[②] ⑤提高作者的名誉与声望，即 OA 不仅可以提升作者的学术影响力，而且可因其成果能被业界反复引用而逐渐提高作者在业界的学术地位、名誉或声望，激发作者更积极地参与 OA 活动。

2. OA 对用户的积极作用

OA 可为用户获取学术信息资源带来许多便利，这包括：①减轻用户获取学术信息资源的困难，使用户能够获取本单位原本没有订购或收藏的信息

---

① Swan A. *Policy guidelines for the development and promotion of open access*. Paris：UNESCO，2012：29.

② Norris M. *The citation advantage of open access articles*. Loughborough：Loughborough University，2008：229 - 232.

资源，这些信息资源可以来自于世界任何地方，从而扩大了用户获取学术信息资源的种类与范围；②能够为用户免费提供可利用的信息资源，用户无须支付任何费用，只要他们能够通过有线或无线网络与互联网连接起来，就能够获取相关的 OA 学术资源，这样显著地降低了用户获取学术信息资源的成本；③能及时高效地为用户传播相关学术信息，帮助用户在最短时间内获取有价值的最新研究成果。

3. OA 对图书情报机构的积极作用

OA 对于资金短缺的图书情报机构来说，无疑为其信息资源建设带来了新的契机。[①] 这体现在：①OA 出版可缓减"期刊危机""图书馆危机"。由于 OA 期刊的出版常常是"作者（机构）付费，读者免费"的方式，这在一定程度上可以减轻图书情报机构信息资源建设的经费压力，有助于图书情报机构利用有限的资金，最大限度地满足各类用户的信息与知识需求。②OA 资源有助于充实图书情报机构馆藏，优化馆藏结构。OA 资源的开放性、免费性等优势为图书情报机构馆藏资源建设带来了新契机，图书情报机构可以通过搜索、选择、分类、标引、组织与提供 OA 资源，且把这些 OA 资源纳入现有馆藏体系，使其成为图书情报机构数字文献资源的有力补充，从而达到充实与优化馆藏资源结构的目的。③OA 可以丰富图书情报机构资源共享方式，提高资源共享效率。OA 为图书情报机构资源共享提供了新的途径与方式，用户可以利用图书情报机构提供的 OA 资源或 OA 接口获取最新的学术成果，更快捷、方便与免费地得到自己想要的各种资料，从而极大地促进资源共享。④OA 有助于图书情报机构创新服务方式，包括跟踪 OA 发展趋势、制定 OA 战略与政策、构建 OA 知识库、资助 OA 出版、提供开放存取资源的链接与导航服务和开展针对开放存取资源的用户培训服务。[②] ⑤OA 有助于扩展图书馆在开放环境下履行的社会角色功能，使某些图书馆（如中国科学院文献情报中心）成为 OA 的首席规划组织者、开放知识基础设施的首席管理者和关键开发者以及国内图书馆界 OA 运动的引领者。[③]

4. OA 对出版商的积极作用

自 2002 年的 *BOAI* 签订以来，已经有越来越多的政府、图书馆、大学、研究机构、各种基金会等大力资助 OA 运动，这直接导致了学术出版市场主

---

① 参见肖希明《数字信息资源建设与服务研究》，武汉大学出版社 2008 年版，第 257 页。
② 参见张晓蒙、方卿《论开放存取对学术交流的影响（二）——基于图书情报机构视角的分析》，载《信息资源管理学报》2011 年第 3 期，第 59 页。
③ 参见张晓林、刘细文、李麟等《研究图书馆推进开放获取的战略与实践：以国家科学图书馆为例》，载《图书情报工作》2013 年第 1 期，第 16 页。

体的多元化,动摇了传统商业出版商在出版市场的垄断地位,在一定程度上遏制了学术出版物价格持续上涨的态势,对出版商产生如下影响:①迫使出版商调整其定价策略和出版策略,包括采用不同方式参与 OA 出版。例如,把传统期刊出版与 OA 出版融合起来,即在期刊出版一段时间之后实施"开放获取",或者在出版印本期刊的同时也出版 OA 期刊;让作者自由选择出版或发表方式,对部分期刊文章实施"开放获取";直接将传统出版模式逐渐转化为完全的 OA 出版模式。① ②降低学术成果出版的边际成本,建立和完善开放出版运营机制,如通过采纳收取论文处理费和复合出版方式来支持成果出版。③促使出版商发展多样化的服务能力和开发新的服务方式,例如,利用期刊内容进行数据挖掘来提供新的服务和增加营业收入。②

5. OA 对科研机构的积极作用

许多科研机构实施了科研成果公共共享政策,鼓励科研人员将论文实施开放出版,并将发表后的论文存储到指定的 OA 知识库中。OA 对科研机构也可产生许多积极作用:①扩大科研成果的获取范围和利用速度,扩大研究成果和机构的显示度,提高科研机构的投资回报率。②提高科研机构的科研整体功效——当科研机构采取某种政策,鼓励本单位科研人员参与 OA 时,随着 OA 行动者人数的增多,该机构就有可能在科研成果产出、科技发明等方面获得比其他机构更好的效益。③可能通过成功实施 OA 提升科研机构的社会影响力。比如,较早实施 OA 的公共医学中心和生物医学中心,如今已经成为 OA 领域的领先者,吸引了越来越多的作者向其主办的 OA 期刊投稿。

6. OA 对科学研究与交流的积极作用

OA 对科学研究与交流可以产生革命性的变革与促进作用,这包括:①能打破传统科学研究与交流系统中商业出版商的垄断地位,开创科学研究与交流的新模式。②能有效化解科学研究与交流中的"期刊危机""许可危机",提升科学交流的开放性,促进科研成果与学术信息的广泛与自由传播。③能够通过计算机网络与数字出版技术,显著简化出版流程,消除作者从投稿到发表过程中比较长的时滞问题,从而缩短科研成果的出版周期,加快科学交流速度,提高科研成果发表的时效性。④能改善科学交流过程,将科研成果的发布、贮存、检索和利用各环节集成一体,改变过去长期以来作

---

① 参见夏莉霞、方卿《论开放存取对学术交流的影响(三)——基于学术出版机构视角的分析》,载《信息资源管理学报》2011 年第 3 期,第 63 页。

② 参见李麟、张晓林《传统出版社的开放出版政策》,载《图书情报工作》2013 年第 1 期,第 27 页。

者、出版商、图书馆、用户各自为政与交流不畅的情况,消除科学交流各环节之间的隔阂,无须科研工作者花许多时间来寻找那些不能通过他们自己的图书馆所访问的文献,只需点击鼠标就能在 OA 世界利用其文献,从而使科学交流更快速和更高效。⑤增强科学研究与交流的交互性,即通过作者与读者在线互动——OA 作者在线发布科学信息,读者直接向作者提出建议,作者及时修改内容,真正实现科学交流的双向交互性。⑥缩短引用潜伏期(citation latency,指论文出版与被引用之间的时间)[1],加速科学交流与学术成果的利用;⑦丰富科学研究与交流的内容。各类数字化科研成果,不论是图书、论文还是报告文件,预印本还是后印本,图文信息还是多媒体信息,都可以借助网络得到有效发布和利用,从而极大地丰富科学交流的内容。[2] ⑧增强跨学科研究。因为 OA 可以使某个学科的科学家很容易地找到另一个学科领域的文献,并利用新的计算机技术和工具,如文本挖掘和数据挖掘,代替人脑完成复杂的数据计算和处理工作,从不同研究领域的文献中抽取信息并创建新知识,从而改进跨科学研究。[3] ⑨有利于杜绝文章抄袭与防止学术腐败。这是因为 OA 的开放性,如开放评审、开放阅读和开放使用,可以帮助读者或出版机构发现 OA 可能存在的学术不端现象,如论文剽窃或抄袭,或一稿多投、重复发表等,从而有助于在某种程度上督促作者提高论文质量,规范学术研究。

(二) OA 社会网络中的社会资本及其动力分析

OA 在 OA 资源和 OA 行动者之间构建了一种社会网络,即由 OA 资源、OA 行动者与"关系"三要素构成的 OA 社会网络。依据社会资本理论,OA 社会网络中的社会资本存在于社会网络各个节点之间以及节点关系结构之中,可分为 OA 资源、OA 关系资本、OA 制度资本三类。这三类社会资本可以为 OA 提供动力。

1. OA 资源及其对 OA 的作用

OA 资源是指所有公开、免费可获得的数字信息资源,主要包括来自于数字图书馆、出版商、个人或学术团体(机构)、非营利机构提供的期刊论文、会议论文、学位论文、图书、软件、科学数据、技术报告、科研报告、

---

[1] Kurtz M, Brody T. "The impact loss to authors and research". In: Jacobs N. *Open access: key strategic, technical and economic aspects*. Oxford: Chandos Publishing, 2006: 51.

[2] 参见黄如花、冯晴《论开放存取出版对科学信息交流和利用的影响》,载《出版科学》2008 年第 3 期,第 76–77 页。

[3] Swan A. *Policy guidelines for the development and promotion of open access*. Paris: UNESCO, 2012: 28.

标准、教学课件、百科全书、预印本、OA 项目资料以及具有学术意义的博客、站点、学术论坛等。其中 OA 文献、OA 期刊、OA 知识库（包括学科知识库、机构知识库）是三类主要的 OA 资源。

依据社会资本理论，获取与维持有价值资源是各种行动的主要动机。这两种动机是 OA 行动者在微观层面参与 OA 实践的直接动力。从 OA 发展背景来看，OA 是科学研究与科学交流的本质需要。一方面，不断攀升的纸质学术期刊价格与文献机构每年文献订购经费短缺之间的矛盾越来越大，造成越来越严重的期刊危机、信息获取危机；另一方面，随着学术出版商业化的日益加剧以及出版商对信息垄断的日益加强，造成越来越严重的学术交流危机、学术出版危机。在这种情况下，许多知名的学者、大学、学术团体和专业协会或学会纷纷发表声明、公开信、决议、建议或计划来支持 OA，倡导作者、期刊和出版者应对研究成果实行免费联机获取。换句话说，开放学术资源得到越来越多资助者、机构、科学家群体甚至传统出版商的大力支持，日益成为学术信息交流不可或缺的资源。[①] 因此，可以得出子命题 H1A——OA 资源（可免费获取与利用）是 OA 行动者的直接动力。

（1）OA 文献提供的 OA 动力。从三类主要的 OA 资源来看，许多 OA 文献是受公共资金资助出版的，它们具有公共商品的属性，即非排他性和非竞争性，可视为"半公共商品"。这些 OA 文献中的观点、事实、信息和知识一旦公布，就可以在个体之间免费传播。因此，那些受公共资金资助的科学研究成果本身就具有 OA 的要求，更何况 OA 文献比非 OA 文献具有更高的可见度与可访问性，可以更加频繁地被下载或阅读，OA 文献比非 OA 文献可以提高 50%～250% 的引用率。[②] 即使对于同一种期刊中的论文，OA 论文比非 OA 论文在出版后的 4～16 个月内往往被更早引用和更多引用。[③] 当两个作者所撰写的论文具有同等水平，且当其中一篇是 OA 论文、另一篇是非 OA 论文时，那篇 OA 论文很可能有更多的引用率。[④] 现有研究表明，在

[①] 参见张晓林、李麟、刘细文等《开放获取学术信息资源：逼近"主流化"转折点》，载《图书情报工作》2012 年第 9 期，第 46 页。

[②] Hajjem C, Harnad S, Gingras Y. "Ten-year cross-disciplinary comparison of the growth of open access and how it increases research citation impact". *IEEE Data Engineering Bulletin*, 2005, 28 (4): 39 - 47.

[③] Eysenbach G. "Citation advantage of open access articles". *PLOS Biology*, 2006, 4 (5): 696.

[④] Bernius S, Hanauske M. *Open access to scientific literature—increasing citations as an incentive for authors to make their publications freely accessible*. Proceedings of the 42nd Hawaii International Conference on System Sciences, 2009: 1 - 9.

计算机科学①、数学②、天体物理学③④和 ISI 数据库收录的所有学科领域⑤以及其他类似研究⑥，OA 论文比非 OA 论文都有更高的引用率与引用优势。OA 文献的引用优势，有利于提升作者在行业内的声誉，扩大其影响力，间接地为其带来升职、加薪等各种利益。此外，在数据库和传统期刊的资源获取费用越来越高的形势下，OA 文献因其免费、开放、获取的便利，既满足了用户的信息需求，又为用户节省了资金。因此，发表或获取 OA 文献成为许多行动者参与 OA 运动的一种动力。这里提出如下研究假设：

H1A1：OA 文献有助于作者及时高效地发表科研成果；

H1A2：OA 文献有助于扩大信息共享范围；

H1A3：OA 文献有助于提高文献引用率；

H1A4：OA 文献有助于用户共享最新科研成果。

（2）OA 期刊提供的 OA 动力。OA 期刊能够为 OA 行动者带来如下多种利益：①可以丰富图书馆的电子资源储备，优化馆藏结构，帮助图书馆缓解因经费削减、传统期刊与数据库涨价带来的期刊危机和电子资源危机。②OA 期刊通过在线提交资源、在线同行评审、在线出版的方式，缩短了学术成果的出版周期，既加速了知识的生产与交流，又能够确立作者在某一主题领域的领先地位。③OA 期刊比传统期刊资源更易获取，其可见度较高，有利于扩大出版商的知名度，吸引更多的广告商家，提高广告收益。因此，OA 期刊比传统印刷期刊具有更多优势与利益，为行动者参与 OA 实践提供更优途径。这里提出如下研究假设：

H1A5：OA 期刊可以丰富图书馆的电子资源；

H1A6：OA 期刊可以缓解期刊危机；

---

① Lawrence S. "Free online availability substantially increases a paper's impact". *Nature*, 2001, 411 (6837): 521 - 522.

② Oolyzko A M. "The rapid evolution of scholarly communication". *Learned Publishing*, 2002, 15 (1): 7 - 19.

③ Kurtz M J, Eichhorn G, Accomazzi A, et al. "Worldwide use and impact of the NASA Astrophysics Data System digital library". *Journal of the American Society for Information Science and Technology*, 2005, 56 (1): 36 - 45.

④ Kurtz M J, Eichhorn G, Accomazzi A, et al. "The effect of use and access on citations". *Information Processing and Management*, 2005, 41 (6): 1395 - 1402.

⑤ Hajjem C, Harnad S, Gingras Y. "Ten-year cross-disciplinary comparison of the growth of open access and how it increases research citation impact". *IEEE Data Engineering Bulletin*, 2005, 18 (4): 39 - 47.

⑥ Craig I D, Plume A M, McVeigh M E, et al. "Do open access articles have greater citation impact? A critical review of the literature". *Journal of Informatics*, 2007 (1): 239 - 248.

H1A7：OA 期刊可以提高期刊的声誉与影响力。

（3）OA 知识库提供的 OA 动力

OA 知识库可以提供如下多种利益：①为研究者提供学术成果的集中存档，确保学术成果的长期保存，扩大个人研究成果的传播和影响，充当研究者的个人履历；②提高研究成果的显示度、使用率与影响力，提高作者、学术研究机构与科研基金的学术影响力、名誉与声望以及科学研究整体功效；③扩大信息传播范围，促进信息资源共享、跨学科研究以及科学知识的创造、转移与存储；④提高科学研究的速度、效率与效力，使专业人员、实践者、企业人士和感兴趣者从科学研究中受益；⑤杜绝文章抄袭与防止学术腐败。①② 这里提出如下研究假设：

H1A8：OA 知识库可以存储个人与机构研究成果；

H1A9：OA 知识库可以扩大研究成果的传播和利用；

H1A10：OA 知识库可以提高机构的声誉与影响力；

H1A11：OA 知识库可以促进信息资源共享；

H1A12：OA 知识库可以促进跨学科研究；

H1A13：OA 知识库可以促进知识创造；

H1A14：OA 知识库可以促进知识转移；

H1A15：OA 知识库可以促进知识应用。

2. OA 关系资本及其对 OA 的作用

OA 社会网络的关系资本，是指 OA 行动者在参与 OA 的过程中，能够对他们的行动产生影响的价值观、态度、准则、信念以及各种关系等，它们可以为 OA 行动者提供某种程度的动力。这里提出研究子命题 H1B——OA 关系资本可以为 OA 提供动力。

（1）OA 理念提供的 OA 动力。如下一些 OA 理念可以给 OA 行动者提供某种程度的动力：①资源共享价值观。OA 是随着信息资源共享价值观的日渐深入人心而得到相关人士与机构的大力支持所发展起来的一种新型资源共享模式。②方便快捷理念。OA 在文献出版方面比传统出版方式更方便快捷，有助于缩短科技成果出版周期，加速科技成果向现实生产力的转化，因而赢得广大科技工作者的青睐，并得到了更多用户的响应。③免费使用理

---

① Prosser D C. "The next information revolution—How open access will transform scholarly communications". In：Gorman G E, Rowland F. *Scholarly publishing in an electronic era：international yearbook of library and information management* 2004 – 2005. London：Facet Publishing, 2005：99 – 117.

② Swan A. *Policy guidelines for the development and promotion of open access*. Paris：UNESCO, 2012：11.

念。OA 文献对所有用户来说都是可以免费使用的，从而极大地促进 OA 文献的广泛利用。正是上述 OA 理念深入人心，OA 才得到了越来越多的作者、用户和机构的支持。这里提出如下研究假设：

H1B1：OA 理念可以提升 OA 行动者参与 OA 的意识；

H1B2：OA 理念可以提升 OA 行动者参与 OA 的热情；

H1B3：OA 理念可以提升 OA 行动者对 OA 的支持。

（2）OA 准则提供的 OA 动力。如下一些 OA 准则可以给 OA 行动者提供某种程度的动力：①版权协调准则。OA 不同于传统出版，无须作者与出版商签订版权转让协议（CTA），从而把所有版权转让给出版商，而往往是通过特定的著作权许可使用协议（如 CCL）来规范作者与出版商之间的权益。这种特定协议既可给出版商提供出版许可，也可为作者保留除出版权外的其余权利。因此，作者通过与出版商进行版权协商，可以保留其作品被公开利用的权利。这样可以激励作者积极参与 OA 活动，并促进其成果的广泛传播。②合理使用准则。用户虽然可以免费使用 OA 资源，但是并不能随意使用这些 OA 资源。按照 OA 的"3B"定义（参见第一章），用户使用 OA 资源还需要具备一些条件。比如，BOAI 要求"给予作者对其作品完整性及其被正确接受和引用的控制权利"，BSOAP 和《柏林宣言》都要求用户遵循著作权且只能打印少量副本。也就是说，OA 存在合理使用准则，它可以规范用户免费使用 OA 资源的行为。③合作准则。OA 不仅得到 OA 作者与用户的积极拥护，而且也得到政府部门、出版商、协会、基金会、图书情报机构的大力支持，这些个人或机构本着合作共赢准则积极参与 OA 实践。④互惠互利准则。OA 可以给 OA 行动者带来许多互惠互利的机会，这包括提高 OA 文献的引用率与利用率、提高 OA 作者或出版商的知名度、扩大机构文献收藏范围与品种等。基于上述分析，可以提出如下研究假设：

H1B4：OA 可以利用版权协调准则（即签订著作权许可使用协议）更好地规范作者与出版商之间的权利；

H1B5：OA 可以利用"合理使用"准则来更好地规范用户免费使用 OA 资源的行为；

H1B6：OA 可以增强 OA 行动者之间的信任；

H1B7：OA 可以增强 OA 行动者之间的合作；

H1B8：OA 可以实现 OA 行动者之间的互惠互利。

（3）OA 社会关系提供的 OA 动力

OA 社会网络不仅承载着大量的电子文献资源，体现出资源间的关联关系，而且装载着无数的个人与机构之间以及个人与个人之间、机构与机构之间因 OA 而发生的各种社会关系①，比如文献出版关系、文献传递关系、文献引用关系、资源整合关系、资源交换关系、信任关系、合作关系、社会与政治利益关系等。这些社会关系是 OA 社会网络中的重要社会资本，既可体现 OA 行动者的知识、智力、财富、身份、地位以及各自在 OA 社会网络中的位置，也可反映 OA 行动者在 OA 实践中与其他伙伴是如何发生联系的。

从 OA 出版关系来看，OA 出版把 OA 出版商、OA 作者、OA 用户、OA 媒介、OA 资源连接起来，从而在这些要素之间形成一种 OA 出版网络。OA 可以给 OA 行动者带来多种的经济利益，例如，降低出版成本与费用，加速出版流程与缩短出版周期，及时免费获取有价值的最新研究成果，提高研究资助者如政府、慈善基金会和纳税人的投资回报率，等等，从而使他们成为 OA 运动的主力军，而且可以打破传统出版市场中出版商的垄断地位，抑制学术出版物价格持续上涨的态势，促进学术交流与资源共享。

从 OA 文献引用关系来看，OA 文献比非 OA 文献有更高的引用率与引用优势（参见本章）。超链接或内链接常常被作为 OA 文献引用的一种方式，这种引用关系既包含学术方面的动力，例如，提供附加或背景信息、事例或说明、数据或统计、证据、图表、术语、范例、模型、定义、方法等，也有社会方面的动力，例如，向公众提供超链接来源、信任的作者或机构、对相关领域工作的了解，还包括技术方面的动力，例如，向读者提供一种简单快捷的获取机制、链接技术等。② 正因为 OA 文献引用包含上述多种优势，所以它可以激发越来越多的作者参与 OA 活动。

从 OA 资源整合关系来看，许多 OA 平台，如 DOAJ、开放存取知识库目录（OpenDOAR）、开放存取知识库注册系统（ROAR）、生物医学中心、公共医学中心、开放获取期刊门户（Open J-Gate）、日本科学技术信息集成系统（J-STAGE）、中国科技论文在线等，都能提供不同 OA 资源的整合与利用。它们或是汇集了所有的或相关的 OA 期刊资源，或是综合了某一学科领域或机构范围内的所有 OA 知识库，并能提供集成的信息检索，这不仅可以帮助用户获得大量且平常难以利用的 OA 资源，而且还可以显著地节省用户信息搜寻与检索的时间，极大地提高了用户使用 OA 资源的效率。

---

① 参见潘以锋、盛小平《社会网络理论与开放获取的关系分析》，载《情报理论与实践》2013 年第 6 期，第 21 - 26 页。

② Kim H J. "Motivation for hyperlinking in scholarly electronic articles: A quantitative study". *Journal of the American Society for Information Science and Technology*, 2000, 51 (10): 887 - 899.

从信任关系与合作关系来看，OA 可以增强作者相互之间、作者与所在机构或出版商之间、机构与出版商之间的联络、情感与信任关系，并在此基础上进一步发展和改善彼此之间的合作关系。比如，某个作者成为某个 OA 期刊的核心作者，或者在相关主题领域找到合作者或资金赞助者；某几个机构联合开发某个 OA 期刊或 OA 知识库，或共享同一个 OA 平台。这些信任关系与合作关系成为行动者参与 OA 活动的基石与动力。

从社会与政治利益关系来看，OA 可以带来多种社会利益。例如，扩大信息传播范围，促进信息资源共享；促进跨学科研究；提高学术论文的引用率；提高作者、研究机构与科研基金的名誉与声望；杜绝文章抄袭与防止学术腐败。这些社会利益成为 OA 行动者参与 OA 实践的主要动力之一。另外，OA 通过公开、免费提供电子文献资源的阅读、下载、复制、传递、打印、搜索、超链接等活动，可以缩小发展中国家与发达国家之间、经济欠发达地区与经济发达地区之间、知识贫乏者与知识富裕者之间的数字鸿沟与知识差距，从而为创建平等、和谐的人类社会和实现整个人类社会的共同繁荣与进步创造条件，由此获得潜在的巨大政治利益。某些政府机构或行业组织、基金会、协会，甚至某些出版商，正是因为发现 OA 存在这种政治利益，所以才大力提倡与身体力行 OA 实践活动。

基于上述分析，可以提出如下研究假设：

H1B8：OA 出版可以打破传统商业出版商的垄断地位；

H1B9：OA 出版可以缩短成果出版周期；

H1B10：OA 出版可以缓解"期刊危机"；

H1B11：OA 出版可以缓解"图书馆危机"；

H1B12：OA 可以提供多种多样的文献引用关系；

H1B13：OA 可以提高文献资源利用效率；

H1B14：OA 可以提高 OA 行动者之间的信任与合作；

H1B15：OA 可以防止学术腐败；

H1B16：OA 可以缩小发展中国家与发达国家之间的知识差距；

H1B17：OA 可以缩小经济发达地区与经济落后地区之间的知识差距；

H1B18：OA 可以缩小知识富裕者与知识贫乏者之间的知识差距。

3. OA 制度资本及其对 OA 的作用

OA 社会网络中的制度资本，是指为 OA 发展提供制度支持的各种 OA 组织、OA 政策、OA 规则等，它们可以从宏观层次为 OA 提供发展动力。这里提出研究子命题 H1C——OA 制度资本可以为 OA 提供动力。

（1）OA 组织提供的 OA 动力。OA 组织主要是指支持和推动 OA 运动的

各种机构、协会或学会、研究会、基金会、论坛等,可分为如下几类①:
①图书馆界国际组织。例如,学术出版与学术资源联盟(The Scholarly Publishing and Academic Resources Coalition,SPARC)及SPARC欧洲分部与SPARC日本分部、欧洲研究图书馆协会(Ligue des Bibliotheques Européennes de Recherche)、图书馆电子信息组织(Electronic Information for Libraries)、OA知识库联盟(Confederation of Open Access Repositories,COAR)、拉丁美洲机构科学文献知识库联盟网络(Latin American Federated Network of Institutional Scientific Documentation Repositories)等。②研究团体国际组织。例如,联合国教科文组织(UNESCO)、开放学术促进组织(Enabling Open Scholarship)、国际科学出版物利用网络(International Network for the Availability of Scientific Publications)、班加罗尔互联网与社会中心(Centre for Internet & Society,Bangalore)、欧洲研究委员会(European Research Council)、自由文化学生联盟(Students for Free Cultures,SFC)、OA论坛(Open Access Forum)、知识共享组织(Creative Commons)等。③基础设施组织。例如,英国联合信息系统委员会(Joint Information Systems Committee,UK)、荷兰高等教育网络服务与信息交流技术合作组织基金会(the SURF Foundation in the Netherlands)、日本数字仓储联盟(Digital Repositories Federation,Japan)等。④OA的资助机构。例如,开放社会基金会(Open Society Foundations,OSF)、开放知识基金会(Open Knowledge Foundation)、德意志研究联合会、西班牙科学与技术基金会、欧盟委员会等。⑤出版商协会。例如,OA学术出版商协会(Open Access Scholarly Publishers Association)等。OA组织对OA动力的支持作用主要体现在如下几方面:

1)成为推动OA运动的组织者与倡导者。比如,SPARC作为一个努力创建更加开放的学术交流系统的高校图书馆与研究图书馆国际联盟,它相信更快和更广的学术研究成果共享将增强研究的影响力、刺激知识的进步和提高研究投资回报。SPARC与包括作者、出版商和图书馆在内的利益相关者合作,支持那些可以扩大学术研究、减少图书馆资金压力和创立开放的学术交流系统的新型学术交流模式,其战略重心是减少访问、共享和利用学术研究的障碍,促进学术研究成果OA政策与实践的理解与实施,聚焦于学术与科学研究论文的OA、开放数据、开放教育资源等领域,以繁荣学术行为。②

2)成为OA运动的实施者。比如,COAR联合了全球90多家机构(包

---

① Swan A. *Policy guidelines for the development and promotion of open access*. Paris:UNESCO,2012:43-44.

② SPARC[EB/OL].[2015-08-27]. http://www.sparc.arl.org/about.

括欧洲、拉丁美洲、亚洲和南美洲）来实施 OA，以扩大研究成果的可见度，促进研究成果的广泛应用。目前，工作组成员机构有机会和国际最佳实践者一起，参加国际或区域知识共享活动；也可以通过参加焦点小组，与来自世界各地的同行进行专门的、深入的和富有成果的经验交流；还可借助 COAR 知识库观察等相关国际行动来了解 OA 知识库的最新进展。①

3）为 OA 活动提供政策支持。比如，美国国立卫生研究院（NIH）于 2005 年 2 月 3 日发布了《加强对 NIH 资助研究的存档出版物公共获取的政策》（以下简称《政策》），该《政策》要求自 2005 年 5 月 2 日始，受 NIH 资助的研究者尽可能在研究论文出版后 12 个月内向 NIH 国家医学图书馆公共医学中心递交最终的电子版文稿，这些文稿必须是经过了同行评议的期刊论文，不包含图书章节、社论、评论或会议记录。② 由于《政策》对提交论文的"要求"是自愿的而非强制的，所以受资助研究人员对"要求"的响应并不积极。但是，2007 年 12 月 26 日布什总统签署的《2008 年综合拨款法案》强制要求 NIH 将获得资助的经同行评议的研究论文在出版后 12 个月内提供 OA。2008 年 1 月 11 日，NIH 遵照《2008 年综合拨款法案》发布了《政策》的修订版，对提交论文的要求由自愿转变为强制。于是，从 2008 年 4 月 7 日起，新《政策》要求受 NIH 资助的研究者保证与出版商签订发表论文的合同时完全服从新《政策》要求，并且经同行评审的研究论文一经采纳发表，作者必须向 PMC 提交其电子版。③《2009 年综合拨款法案》进一步使 NIH 的 OA 政策成为一项永久制度。

4）为 OA 活动提供资金支持。比如，惠康信托基金会（Wellcome Trust）可以为生物医学、医学人文、健康与生物医学的社会与伦理问题以及公共管理等领域提供科学研究资金，并要求接受该基金会资助的研究成果实施 OA，以便能被尽可能多的读者阅读和利用。④

5）为 OA 活动提供理论研究支持。比如，OA 论坛刊发与共享有关 OA 政策法规、财务金融、组织管理、文化行为等方面的文献，从而支持 OA 理

---

① COAR[EB/OL].［2015 - 08 - 27］. https://www.coar-repositories.org/about/coar-ev/%e5%85%b3%e4%ba%8ecoar/.

② National Institutes of Health（NIH）. Policy on enhancing public access to archived publications resulting from NIH-funded research[EB/OL].［2015 - 08 - 27］. http://grants.nih.gov/grants/guide/notice-files/NOT-OD - 05 - 022.html.

③ National Institutes of Health（NIH）. Revised policy on enhancing public access to archived publications resulting from NIH-funded research[EB/OL].［2015 - 08 - 27］. http://grants.nih.gov/grants/guide/notice-files/NOT-OD - 08 - 033.html.

④ Open access at the Wellcome Trust[EB/OL].［2015 - 08 - 27］. http://www.wellcome.ac.uk/About-us/Policy/Spotlight-issues/Open-access/.

论研究。

6）为 OA 活动提供平台支持。比如，OA 知识库注册系统（Registry of Open Access Repositories，ROAR）集成了分布在世界各地的 3585 个机构知识库，并能够提供 ROAR 身份证件、主页、OAI-PMH 接口、注册、标题、描述、知识库类型、出生日期、国别、软件、主题等途径的集成检索。①

基于上述分析，可以提出如下研究假设：

H1C1：OA 组织是 OA 活动的倡导者；

H1C2：OA 组织是 OA 活动的组织者；

H1C3：OA 组织是 OA 活动的实施者；

H1C4：OA 组织可为 OA 活动提供政策支持；

H1C5：OA 组织可为 OA 活动提供资金支持；

H1C6：OA 组织可为 OA 活动提供理论研究支持；

H1C7：OA 组织可为 OA 活动提供平台支持。

（2）OA 政策提供的 OA 动力。OA 政策是由政府和非政府组织为了推动 OA 的发展而制定与颁布的相关法规、规章、条例、倡议、声明、计划等。它可分为如下 4 类：①国际 OA 政策，如 BOAI 以及《巴斯达 OA 出版声明》《柏林宣言》等。②国家 OA 政策，如美国颁布的《公共获取科学法案》《联邦研究公共获取法案（FRPAA）》等。③协会（或理事会）OA 政策，如印度科学协会发布的《发展中国家的国家开放获取政策》、英国研究理事会（Research Councils UK，RCUK）发布的《对研究成果开放获取的立场声明》等。④机构 OA 政策。例如，2002 年南安普敦大学（University of Southampton）电子与计算机学院制定了最早的 OA 政策，它要求该学院作者把其后印本（postprints）存储在学院知识库中。②

各种 OA 组织通过制定相关 OA 政策来支持 OA 运动。OA 政策可以提供 OA 的目标、行动纲领、方针、原则与建议，可以激发人们的 OA 兴趣，提高人们的 OA 意识，推动与加速 OA 运动的发展。最典型的案例是 BOAI。2002 年 2 月 14 日，美国开放社会研究所（Open Society Institute）发布了首份 OA 倡议——BOAI，呼吁世界范围内的个人或机构将学术性的研究成果存储在 OA 知识库中或发表在 OA 期刊上。③ 2012 年 9 月 12 日发布了《BOAI

---

① Welcome to the Registry of Open Access Repositories[EB/OL].[2015-08-27]. http://roar.eprints.org/.

② Swan A. Policy guidelines for the development and promotion of open access. Paris：UNESCO，2012：45.

③ Read the Budapest Open Access Initiative[EB/OL].[2015-08-27]. http://www.budapestopenaccessinitiative.org/read.

十年:从理念到现实》[①] 报告,从政策、许可与再利用、基础设施与可持续性、倡导和协作等方面对今后 10 年的 OA 活动提出了许多新的建议,其中政策建议主要包括:①每家高等教育机构应该制定确保今后所有经同行评议的职员的学术成果存储在机构指定知识库中的政策;②每个授予高等学位的教育机构应该制定确保今后所有学位论文存储在机构知识库中的政策;③每个研究资助机构,公共的或私人的,都应该制定确保今后所有受资助研究且经同行评议的学术论文存储在合适的知识库并在切实可行的范围内尽快实现 OA 的政策;④所有大学和资助者 OA 政策要求研究成果(包括元数据和全文)在录用与出版期间就要存储在合适的 OA 知识库中;⑤不赞成利用期刊影响因子替代期刊、论文的质量,鼓励开发那些可评估影响与质量的替代指标,这些指标是非简单化的、更可靠的、完全开放使用和再利用的;⑥那些不提供 OA 的出版商至少应该通过正式的出版协议来允许 OA。上述 OA 政策主张将为全球 OA 运动的进一步发展提供动力。这里提出如下研究假设:

H1C8:OA 政策可以提供 OA 的目标;

H1C9:OA 政策可以提供 OA 的行动纲领;

H1C10:OA 政策可以提供 OA 的方针与原则;

H1C11:OA 政策可以提供 OA 的具体建议。

(3) OA 规则提供的 OA 动力。OA 规则是执行 OA 政策、指导如何实施 OA 的相关文件,主要包括:①OA 资金管理规则,即 OA 期刊或 OA 知识库的运行机构对 OA 成果的出版费用、专家评审费用等做出的规定。②内容质量控制规则,即 OA 期刊或 OA 知识库的运行机构为了保证 OA 资源的质量所采取的措施与管理办法,如同行评议规则、作者资格认证制等。[②] ③平台管理规则,即 OA 期刊、OA 知识库平台对 OA 资源的上传、转载或传播、引用等方面做出的规定。④版权管理规则,即各种版权许可协议,如 CCL、GNU 免费文献许可协议(GNU Free Documentation License,GFDL)、开放出版物许可协议(Open Publication License,OPL)、开放内容许可协议(Open Content License,OCL)、设计科学许可协议(Design Science License,DSL)、共享文献许可协议(Common Documentation License,CDL)等。

OA 规则通过描述、细化与落实 OA 政策,可以为机构、组织或个人实施 OA 提供方法、技术、途径与措施等方面的动力支持。例如,为优化图书

---

① Ten years on from the Budapest Open Access Initiative: setting the default to open[EB/OL]. [2015-08-27]. http://www.budapestopenaccessinitiative.org/boai-10-recommendations.

② 参见方卿、许洁《基于制度视角的开放存取期刊学术质量控制》,载《信息资源管理学报》2012 年第 4 期,第 34-40 页。

馆学与信息科学（LIS）领域研究成果的影响力，提升知识的完整性，图书馆学与信息科学电子印本文库（E-prints in Library and Information Science，E-LIS）对 OA 存档文献制定了明确的提交规则，主要包括①：①LIS 领域的任何作者都可存储其论文；②作者自己负责所存储论文的版权；③作者应该确保存储论文的质量；④想提交论文的作者必须在 E-LIS 注册以获得用户标识符；⑤任何已发表或未发表的图书馆学、信息科学和技术文献都可存储在 E-LIS 中；⑥与 LIS 相关的预印本、后印本、会议论文、会议告示、会议报告、工具、图书章节、技术报告、试验中的工作论文、学位论文、新闻和杂志论文都是可存储在 E-LIS 中的文献类型；⑦提交过程包括注册、元数据形成、论文上传和论文提交；⑧提交的文献首先到达缓冲区，经编辑或相关人员批准后递交给主文库；⑨若有必要，文献的电子预印本也可反馈给作者修改；⑩编辑对文献进行处理与修改；⑪需作者的进一步修改，存储的文献可在 2 天内被公共访问；⑫LIS 支持所有语言以确保平等性与国际性；⑬论文是非英文时，需提交英文摘要和关键词，以确保所有用户发现该论文主题；⑭可代表作者插入英文摘要；⑮一旦提交就不能从文库移走，不过，作者可控制和限制用户对该文献的访问；⑯E-LIS 文库支持 PDF、Postscript tex、LaTex、DVI、HTML、ASCLL（text）power point、Ms Word、Doc、和 RTE 等文献格式，重点推荐 HTML 和 PDF 格式。这些规则十分重要，成为管理与运营 E-LIS 的主要手段。这里提出如下研究假设：

  H1C12：OA 规则可以提供 OA 的方法；
  H1C13：OA 规则可以提供 OA 的技术；
  H1C14：OA 规则可以提供 OA 的途径；
  H1C15：OA 规则可以提供 OA 的措施。

四、基于社会资本的开放获取动力问题的实证研究

  根据上述研究假设，设计了由 "OA 资源（OA 文献、OA 期刊、OA 知识库）对 OA 的推动作用" "OA 关系资本（OA 理念、OA 准则、OA 价值观、各种 OA 关系）对 OA 的推动作用" "OA 制度资本（OA 组织、政策和规则）对 OA 的推动作用" 3 个命题组成的调查问卷（见附录 A），然后以图书馆工作人员、档案馆工作人员、图书情报领域的教师和硕士生、博士生

---

  ① Arachchige J J G. Promotion of open access through self-archiving in Sri Lanka：getting experiences from E-LIS［EB/OL］.［2015 – 08 – 26］. http://eprints. rclis. org/13288/1/NACLIS_full_paper_revised_2009. pdf.

为调查对象，在 2014 年 6 月至 9 月进行了网上问卷调查（利用问卷星）和纸质调查（发放 100 份调查问卷）。通过这两种途径共回收有效答卷 140 份。然后，利用五分制李克特（Likert）量表法，分别给调查问卷题项中的"非常同意""同意""不能确定""不同意""非常不同意"赋值为 5、4、3、2、1，然后运用 SPSS 19.0 统计软件进行实证分析。

（一）题项的效度分析

这里运用调查问题各题项与总分的相关性来检验问卷的效度问题。运行 SPSS 19.0 后，所有题项与其总分的相关性均达到显著水平，即显著性（双侧）都为 0.000，而且相关系数在 0.425 至 0.724 之间，满足效度要求，适合做实证分析。

（二）题项的信度分析

为了检测问卷是否精准，这里运用克隆巴赫α（Cronbach α）系数来检验信度。52 个题项的α值为 0.964，远高于基准值 0.800，说明这是一份信度很高的调查问卷。另外，在 52 个题项总计统计量（见表 3.1）中，"校正的题项总计相关性"系数有 2 项（即 H1B18、H1C4）在 0.400 以下，且"题项已删除的克隆巴赫α值"都为 0.964，因此，该两项信度不高，宜删除，其余题项具有可靠性。

表 3.1　题项总计统计量

题项	题项已删除的刻度均值	题项已删除的刻度方差 γ	校正的题项总计相关性	题项已删除的克隆巴赫α值
H1A	209.81	525.893	0.404	0.964
H1A1	209.87	522.242	0.539	0.963
H1A2	209.56	524.234	0.534	0.964
H1A3	209.84	524.997	0.448	0.964
H1A4	209.64	523.210	0.538	0.964
H1A5	209.57	527.585	0.453	0.964
H1A6	210.04	515.495	0.617	0.963
H1A7	210.22	517.008	0.577	0.963
H1A8	210.00	516.129	0.669	0.963

续表 3.1

题项	题项已删除的刻度均值	题项已删除的刻度方差	校正的题项总计相关性	题项已删除的克隆巴赫α值
H1A9	209.75	523.110	0.552	0.963
H1A10	209.81	520.627	0.599	0.963
H1A11	209.71	525.475	0.523	0.964
H1A12	210.04	517.869	0.593	0.963
H1A13	209.91	524.099	0.484	0.964
H1A14	209.94	519.076	0.572	0.963
H1A15	209.84	522.033	0.538	0.964
H1A16	209.80	520.132	0.621	0.963
H1B	209.96	515.293	0.684	0.963
H1B1	209.92	515.656	0.694	0.963
H1B2	209.91	518.467	0.693	0.963
H1B3	209.89	517.952	0.669	0.963
H1B4	209.99	522.590	0.512	0.964
H1B5	209.99	516.410	0.650	0.963
H1B6	210.09	517.121	0.662	0.963
H1B7	210.04	520.035	0.632	0.963
H1B8	210.05	515.357	0.708	0.963
H1B9	210.01	519.432	0.544	0.964
H1B10	209.89	518.816	0.601	0.963
H1B11	210.19	515.193	0.641	0.963
H1B12	210.10	515.184	0.629	0.963
H1B13	210.03	521.942	0.542	0.963
H1B14	209.90	521.630	0.558	0.963
H1B15	210.50	522.410	0.400	0.964
H1B16	210.34	520.543	0.508	0.964
H1B17	210.29	523.734	0.418	0.964
H1B18	210.39	522.312	0.391	0.964

续表 3.1

题项	题项已删除的刻度均值	题项已删除的刻度方差 γ	校正的题项总计相关性	题项已删除的克隆巴赫α值
H1C	210.11	518.916	0.625	0.963
H1C1	210.06	518.371	0.648	0.963
H1C2	210.12	519.417	0.586	0.963
H1C3	210.09	519.618	0.609	0.963
H1C4	210.19	524.296	0.394	0.964
H1C5	210.02	515.604	0.694	0.963
H1C6	209.99	518.662	0.668	0.963
H1C7	209.94	520.607	0.612	0.963
H1C8	210.10	521.414	0.617	0.963
H1C9	210.05	522.408	0.592	0.963
H1C10	210.01	523.575	0.539	0.964
H1C11	210.08	520.792	0.634	0.963
H1C12	210.06	520.133	0.657	0.963
H1C13	210.21	523.763	0.469	0.964
H1C14	210.14	518.843	0.681	0.963
H1C15	210.18	519.256	0.634	0.963

（三）因子分析

1. OA 资源层面的因子分析

从表 3.2 所示的 KMO 和 Bartlett 的检验来看，KMO 的值为 0.879，显著性概率 P 值为 0.000 < 0.05，即说明 H1A、H1A1…H1A16 等 17 个变量间具有较高的共同因子，适合做因子分析。

表 3.2　KMO 和 Bartlett 的检验（OA 资源层面）

取样足够度的 Kaiser-Meyer-Olkin 度量		0.879
Bartlett 的球形度检验	近似卡方	1194.221
	自由度	136
	显著性	0.000

运用主成分分析法,并萃取 2 个[①]共同因子,运行 SPSS 19.0 软件后,得知 2 个共同因子可以解释的总方差为 52.973%(见表 3.3),满足大于 50.0% 的要求。

表3.3 解释的总方差(OA 资源层面)

成分	初始特征值			提取平方和载入			旋转平方和载入		
	合计	方差的%	累积%	合计	方差的%	累积%	合计	方差的%	累积%
1	7.187	42.274	42.274	7.187	42.274	42.274	5.133	30.195	30.195
2	1.819	10.699	52.973	1.819	10.699	52.973	3.872	22.778	52.973
3	1.144	6.730	59.703						
4	0.939	5.521	65.224						
…	…	…	…						
17	0.186	1.093	100.000						

注:提取方法是主成分分析。

上述 2 个因子的旋转成分矩阵见表 3.4。由于 2 个因子包含的因子负荷量均大于 0.400,说明各题项与所在因子的相关性满足要求,并把因子 1 命名为"OA 期刊与知识库",把因子 2 命名为"OA 文献"。

表3.4 旋转成分矩阵[a](OA 资源层面)

题项	因子成分	
	OA 期刊与知识库	OA 文献
H1A14	0.818	0.055
H1A13	0.782	0.031
H1A16	0.766	0.263
H1A15	0.726	0.128
H1A7	0.724	0.213
H1A8	0.623	0.302
H1A6	0.547	0.386

---

① 这里之所以萃取 2 个共同因子,是因为当抽取特征值大于 1 的共同因子时,尽管可得 3 个共同因子,但其中第 3 个共同因子在旋转成分矩阵中仅包含 2 个题项,不符合要求,因此,可把共同因子依次缩减为 2。

续表 3.4

题项	因子成分	
	OA 期刊与知识库	OA 文献
H1A12	0.543	0.347
H1A11	0.504	0.421
H1A10	0.490	0.457
H1A5	0.468	0.449
H1A9	0.460	0.440
H1A1	0.110	0.816
H1A2	0.254	0.758
H1A	−0.058	0.750
H1A4	0.303	0.687
H1A3	0.367	0.566

注：提取方法是主成分，旋转法是具有 Kaiser 标准化的正交旋转法，a 旋转在 3 次迭代后收敛。

2. OA 关系层面的因子分析

从表 3.5 所示的 KMO 和 Bartlett 的检验来看，KMO 的值为 0.861，显著性概率 P 值为 0.000 < 0.05，即说明 H1B、H1B1…H1B17 等 18 个变量间具有较高的共同因子，适合于做因子分析。

表 3.5 KMO 和 Bartlett 的检验（OA 关系层面）

取样足够度的 Kaiser-Meyer-Olkin 度量		0.861
Bartlett 的球形度检验	近似卡方	1442.045
	自由度	153
	显著性	0.000

运用主成分分析法，并萃取特征值大于 1 的共同因子，运行 SPSS 19.0 软件后，得知 4 个共同因子可以解释的总方差为 66.601%（见表 3.6），满足大于 50.0% 的要求。这 4 个因子的旋转成分矩阵见表 3.7。由于 4 个因子包含的因子负荷量均大于 0.400，说明各题项与所在因子的相关性满足要求。

表3.6 解释的总方差（OA 关系层面）

成分	初始特征值			提取平方和载入			旋转平方和载入		
	合计	方差的%	累积%	合计	方差的%	累积%	合计	方差的%	累积%
1	7.746	43.033	43.033	7.746	43.033	43.033	3.457	19.208	19.208
2	1.972	10.958	53.990	1.972	10.958	53.990	3.380	18.778	37.985
3	1.228	6.819	60.810	1.228	6.819	60.810	2.767	15.375	53.360
4	1.042	5.792	66.601	1.042	5.792	66.601	2.384	13.242	66.601
5	0.881	4.893	71.495						
…	…	…	…						
18	0.133	0.740	100.000						

注：提取方法是主成分。

表3.7 旋转成分矩阵[a]（OA 关系层面）

题项	因子成分			
	1	2	3	4
H1B5	0.706	0.314	0.133	0.139
H1B7	0.693	0.215	0.287	0.081
H1B6	0.670	0.106	0.396	0.121
H1B14	0.613	0.432	−0.036	0.011
H1B4	0.570	0.318	0.130	0.218
H1B9	0.553	0.132	0.489	0.093
H1B8	0.518	0.387	0.458	0.037
H1B1	0.185	0.854	0.203	0.118
H1B2	0.320	0.755	0.142	0.109
H1B3	0.338	0.717	0.101	0.119
H1B	0.091	0.655	0.567	0.124
H1B13	0.398	0.532	0.229	0.051
H1B11	0.170	0.189	0.835	0.223
H1B12	0.338	0.181	0.759	0.126
H1B10	0.355	0.380	0.430	0.152
H1B17	0.214	0.062	−0.047	0.888

续表 3.7

题项	因子成分			
	1	2	3	4
H1B16	0.145	0.156	0.157	0.877
H1B15	-0.034	0.052	0.336	0.763

注：提取方法是主成分，旋转法是具有 Kaiser 标准化的正交旋转法，a 旋转在 8 次迭代后收敛。

3. OA 制度层面的因子分析

从表 3.8 所示的 KMO 和 Bartlett 的检验来看，KMO 的值为 0.892，显著性概率 P 值为 $0.000 < 0.05$，即说明 H1C、H1C1…H1C15 等 15 个变量间具有较高的共同因子，适合于做因子分析。

表 3.8　KMO 和 Bartlett 的检验（OA 制度层面）

取样足够度的 Kaiser-Meyer-Olkin 度量		0.892
Bartlett 的球形度检验	近似卡方	1482.634
	自由度	105
	显著性	0.000

运用主成分分析法，并萃取 2 个共同因子，运行 SPSS 19.0 软件后，得知 2 个共同因子可以解释的总方差为 62.683%（见表 3.9），满足大于 50.0% 的要求。这 2 个因子的旋转成分矩阵见表 3.10。由于 2 个因子包含的因子负荷量均大于 0.400，说明各题项与所在因子的相关性满足要求。把因子 1 命名为"OA 政策与规则"，把因子 2 命名为"OA 组织"。

表 3.9　解释的总方差（OA 制度层面）

成分	初始特征值			提取平方和载入			旋转平方和载入		
	合计	方差的%	累积%	合计	方差的%	累积%	合计	方差的%	累积%
1	7.956	53.041	53.041	7.956	53.041	53.041	5.009	33.391	33.391
2	1.446	9.642	62.683	1.446	9.642	62.683	4.394	29.291	62.683
3	1.109	7.392	70.075	1.109					
4	0.919	6.127	76.202	0.919					
…	…	…	…	…					
15	0.136	0.910	100.000	0.136					

注：提取方法是主成分分析。

表 3.10　旋转成分矩阵[a]（OA 制度层面）

题项	因子成分	
	OA 政策与规则	OA 组织
H1C12	0.805	0.325
H1C14	0.805	0.324
H1C8	0.793	0.291
H1C10	0.788	0.200
H1C9	0.775	0.281
H1C15	0.770	0.257
H1C11	0.606	0.498
H1C13	0.529	0.361
H1C3	0.217	0.806
H1C5	0.264	0.745
H1C2	0.295	0.739
H1C1	0.360	0.706
H1C	0.161	0.667
H1C6	0.367	0.649
H1C7	0.358	0.646

注：提取方法是主成分分析，旋转法是具有 Kaiser 标准化的正交旋转法，a 旋转在 8 次迭代后收敛。

（四）因子信度分析

1. OA 资源层面因子信度分析

OA 资源层面的 2 个因子信度分析见表 3.11，其共同因子克隆巴赫α系数都在 0.800 以上，由此说明 2 个共同因子的各个变量具有较高的可信度。而且，在因子的"题项总计统计量"中，2 个因子中各题项对应的"校正的题项总计相关性"都在 0.400 以上，各题项对应的"题项已删除的克隆巴赫α值"都没有超过其克隆巴赫α系数。因此，因子分析是可靠的。

表 3.11　OA 资源层面因子信度分析

信度指标＼因子	OA 期刊和知识库	OA 文献
克隆巴赫α系数	0.899	0.817
以标准化项目为准的克隆巴赫α系数	0.900	0.820
项目的个数	12	5

2. OA 关系层面因子信度分析

OA 关系层面的 4 个因子信度分析见表 3.12，其共同因子克隆巴赫α系数都在 0.791 以上，由此说明 4 个共同因子的各个变量具有较高的可信度。不过，在表 3.13 中，H1B13 对应的"题项已删除的克隆巴赫α值"为 0.864 > 0.863；在表 3.14 中，H1B10 对应的"题项已删除的克隆巴赫α值"为 0.827 > 0.791；在表 3.15 中，H1B15 对应的"题项已删除的克隆巴赫α值"为 0.870 > 0.837；这 3 项不具备可靠性，宜删除，由此在 OA 关系层面需要进行第二次因子分析与因子信度分析。

表 3.12　OA 关系层面因子信度分析（第一次）

信度指标＼因子	因子 1	因子 2	因子 3	因子 4
克隆巴赫α系数	0.860	0.863	0.791	0.837
以标准化项目为准的克隆巴赫α系数	0.860	0.863	0.789	0.841
项目的个数	7	5	3	3

表 3.13　因子 2 的题项总计统计量

题项	题项已删除的刻度均值	题项已删除的刻度方差 γ	校正的题项总计相关性	多相关性的平方	题项已删除的克隆巴赫α值
H1B	16.73	5.638	0.686	0.530	0.833
H1B1	16.69	5.409	0.794	0.676	0.804
H1B2	16.69	5.944	0.730	0.543	0.823
H1B3	16.66	6.009	0.652	0.484	0.841
H1B13	16.80	6.276	0.558	0.326	0.864

表 3.14　因子 3 的题项总计统计量

题项	题项已删除的刻度均值	题项已删除的刻度方差γ	校正的题项总计相关性	多相关性的平方	题项已删除的克隆巴赫α值
H1B10	7.95	2.479	0.519	0.272	0.827
H1B11	8.25	1.944	0.711	0.536	0.626
H1B12	8.16	1.961	0.678	0.511	0.665

表 3.15　因子 4 的题项总计统计量

题项	题项已删除的刻度均值	题项已删除的刻度方差γ	校正的题项总计相关性	多相关性的平方	题项已删除的克隆巴赫α值
H1B15	7.61	2.470	0.609	0.389	0.870
H1B16	7.45	2.422	0.789	0.655	0.688
H1B17	7.40	2.544	0.713	0.597	0.761

3. OA 关系层面第二次因子分析

在删除 H1B10、H1B13、H1B15 三项后，运用同样因子分析方法对 OA 关系层面余下的题项进行第二次因子分析。余下 15 个题项的 KMO 的值为 0.846，显著性概率 P 值为 0.000＜0.05，运用主成分分析法可萃取特征值大于 1 的 4 个共同因子，其解释的总方差为 70.285%（见表 3.16），满足大于 50.0% 的要求。

表 3.16　解释的总方差（OA 关系层面第二次因子分析）

成分	初始特征值			提取平方和载入			旋转平方和载入		
	合计	方差的%	累积%	合计	方差的%	累积%	合计	方差的%	累积%
1	6.801	45.341	45.341	6.801	45.341	45.341	3.015	20.100	20.100
2	1.505	10.036	55.377	1.505	10.036	55.377	2.892	19.278	39.379
3	1.215	8.102	63.479	1.215	8.102	63.479	2.793	18.620	57.999
4	1.021	6.806	70.285	1.021	6.806	70.285	1.843	12.286	70.285
5	0.857	5.716	76.001						
…	…	…	…						
15	0.136	0.906	100.000						

注：提取方法是主成分。

上述 4 个因子的旋转成分矩阵见表 3.17。由于因子 4 仅仅包含 2 个题项，没有达到 3 个题项的基本要求，因此，不宜作为单独的一个因子，可以删除，并在此基础上运行第三次因子分析。

表 3.17　旋转成分矩阵[a]（OA 关系层面第二次因子分析）

题项	因子成分			
	1	2	3	4
H1B5	0.724	0.222	0.280	0.118
H1B14	0.699	-0.002	0.357	-0.017
H1B4	0.611	0.180	0.258	0.200
H1B7	0.603	0.410	0.176	0.128
H1B6	0.592	0.504	0.062	0.134
H1B11	0.093	0.841	0.217	0.158
H1B12	0.276	0.787	0.172	0.079
H1B9	0.502	0.545	0.122	0.089
H1B8	0.454	0.536	0.375	0.047
H1B1	0.236	0.213	0.859	0.093
H1B2	0.343	0.177	0.735	0.127
H1B3	0.400	0.116	0.704	0.086
H1B	0.056	0.581	0.673	0.110
H1B17	0.159	0.042	0.071	0.930
H1B16	0.093	0.217	0.151	0.896

注：提取方法是主成分，旋转法是具有 Kaiser 标准化的正交旋转法，a 旋转在 8 次迭代后收敛。

4. OA 关系层面第三次因子分析与因子信度分析

在继续删除 H1B16、H1B17 题项后，对 OA 关系层面余下的 13 个题项进行第三次因子分析，此时，KMO 值为 0.879，显著性概率 P 值为 0.000 < 0.05，运用主成分分析法可萃取特征值大于 1 的 3 个共同因子，其解释的总方差为 67.189%（见表 3.18），满足大于 50.0% 的要求。

表3.18　解释的总方差（OA关系层面第三次因子分析）

成分	初始特征值			提取平方和载入			旋转平方和载入		
	合计	方差的%	累积%	合计	方差的%	累积%	合计	方差的%	累积%
1	6.493	49.947	49.947	6.493	49.947	49.947	3.009	23.145	23.145
2	1.229	9.453	59.400	1.229	9.453	59.400	2.906	22.354	45.498
3	1.013	7.790	67.189	1.013	7.790	67.189	2.820	21.691	67.189
4	0.849	6.534	73.723						
…	…	…	…						
13	0.166	1.273	100.000						

注：提取方法是主成分。

上述3个因子的旋转成分矩阵见表3.19。其中，因子1包含4个题项，可命名为"OA价值"；因子2包含5个题项，可命名为"OA关系"；因子3包含4个题项，可命名为"OA理念"。

表3.19　旋转成分矩阵[a]（OA关系层面第三次因子分析）

题项	因子成分		
	OA价值	OA关系	OA理念
H1B11	0.851	0.070	0.237
H1B12	0.789	0.256	0.181
H1B9	0.565	0.485	0.127
H1B8	0.550	0.420	0.387
H1B5	0.260	0.722	0.280
H1B14	0.001	0.710	0.341
H1B4	0.214	0.640	0.253
H1B6	0.542	0.571	0.074
H1B7	0.455	0.569	0.193
H1B1	0.208	0.244	0.862
H1B2	0.197	0.338	0.744
H1B3	0.124	0.407	0.704
H1B	0.573	0.045	0.686

注：提取方法是主成分，旋转法是具有Kaiser标准化的正交旋转法，a旋转在10次迭代后收敛。

上述 3 个因子信度分析见表 3.20，其共同因子克隆巴赫α系数都在 0.811 以上，由此说明 3 个共同因子的各个变量具有较高的可信度。而且，在因子的"题项总计统计量"中，3 个因子中各题项对应的"校正的题项总计相关性"都在 0.400 以上，各题项对应的"题项已删除的克隆巴赫α值"都没有超过其克隆巴赫α系数。因此，此次因子分析是可靠的。

表 3.20　OA 关系层面因子信度分析（最终）

信度指标＼因子	OA 价值	OA 关系	OA 理念
克隆巴赫α系数	0.830	0.811	0.864
以标准化项目为准的克隆巴赫α系数	0.829	0.810	0.865
项目的个数	4	5	4

5. OA 制度层面因子信度分析

OA 制度层面的 2 个因子信度分析见表 3.21，其共同因子克隆巴赫α系数都在 0.800 以上，由此说明 2 个共同因子的各个变量具有较高的可信度。而且，在因子的"题项总计统计量"中，2 个因子中各题项对应的"校正的题项总计相关性"都在 0.400 以上，各题项对应的"题项已删除的克隆巴赫α值"都没有超过其克隆巴赫α系数。因此，该因子分析是可靠的。

表 3.21　OA 制度层面因子信度分析

信度指标＼因子	OA 政策与规则	OA 组织
克隆巴赫α系数	0.920	0.884
以标准化项目为准的克隆巴赫α系数	0.921	0.884
项目的个数	8	7

6. 小结

通过上述研究，在原 52 个研究假设中，除 H1B10、H1B13、H1B15、H1B16、H1B17、H1B18、H1C4 七个题项没有得到验证外，其余研究假设都得到验证，即命题是成立的（见表 3.22）。

表 3.22 研究假设及其验证结果汇总

题项	研究假设	是否得到验证	所在因子
H1A	OA 资源（可免费获取与利用）是 OA 的直接动力	是	OA 文献
H1A1	OA 文献有助于作者及时高效发表科研成果	是	
H1A2	OA 文献有助于扩大信息共享范围	是	
H1A3	OA 文献有助于提高文献引用率	是	
H1A4	OA 文献有助于用户共享最新科研成果	是	
H1A5	OA 期刊可以丰富图书馆的电子资源	是	OA 期刊与知识库
H1A6	OA 期刊可以缓解"期刊危机"	是	
H1A7	OA 期刊可以提高期刊的声誉与影响力	是	
H1A8	OA 期刊能够帮助图书馆优化馆藏结构	是	
H1A9	OA 知识库可以整合学术资源，便于信息检索与利用	是	
H1A10	OA 知识库可以存储个人与机构研究成果	是	
H1A11	OA 知识库可以扩大研究成果的传播和利用率	是	
H1A12	OA 知识库可以提高机构的声誉与影响力	是	
H1A13	OA 知识库可以促进跨学科研究	是	
H1A14	OA 知识库可以促进知识创造	是	
H1A15	OA 知识库可以促进知识转移	是	
H1A16	OA 知识库可以促进知识应用	是	
H1B	OA 关系资本可以为 OA 提供动力	是	OA 理念
H1B1	OA 理念可以提升 OA 行动者参与 OA 的意识	是	
H1B2	OA 理念可以提升 OA 行动者参与 OA 的热情	是	
H1B3	OA 理念可以提升 OA 行动者对 OA 的支持	是	
H1B4	OA 可以利用版权协调准则（即签订著作权许可使用协议）更好地规范作者与出版商之间的权利	是	OA 关系
H1B5	OA 可以利用"合理使用"的准则来更好地规范用户免费使用 OA 资源的行为	是	
H1B6	OA 可以增强 OA 行动者之间的信任	是	
H1B7	OA 可以增强 OA 行动者之间的合作	是	
H1B14	OA 可以提高文献资源利用效率	是	

续表 3.22

题项	研究假设	是否得到验证	所在因子
H1B8	OA 可以实现 OA 行动者之间的互惠互利	是	OA 价值
H1B9	OA 出版可以打破传统商业出版商的垄断地位	是	
H1B11	OA 出版可以缓解"期刊危机"	是	
H1B12	OA 出版可以缓解"图书馆危机"	是	
H1C	OA 制度资本可以为 OA 提供动力	是	OA 组织
H1C1	OA 组织是 OA 活动的倡导者	是	
H1C2	OA 组织是 OA 活动的组织者	是	
H1C3	OA 组织是 OA 活动的实施者	是	
H1C5	OA 组织可为 OA 活动提供资金支持	是	
H1C6	OA 组织可为 OA 活动提供理论研究支持	是	
H1C7	OA 组织可为 OA 活动提供平台支持	是	
H1C8	OA 政策可以提供 OA 的目标	是	OA 政策与规则
H1C9	OA 政策可以提供 OA 的行动纲领	是	
H1C10	OA 政策可以提供 OA 的方针与原则	是	
H1C11	OA 政策可以提供 OA 的具体建议	是	
H1C12	OA 规则可以提供 OA 的方法	是	
H1C13	OA 规则可以提供 OA 的技术	是	
H1C14	OA 规则可以提供 OA 的途径	是	
H1C15	OA 规则可以提供 OA 的措施	是	
H1B10	OA 出版可以缩短成果出版周期	否	
H1B13	OA 可以提供多种多样的文献引用关系	否	
H1B15	OA 可以防止学术腐败	否	
H1B16	OA 可以缩小发展中国家与发达国家之间的知识差距	否	
H1B17	OA 可以缩小经济发达地区与经济落后地区之间的知识差距	否	
H1B18	OA 可以缩小知识富裕者与知识贫乏者之间的知识差距	否	
H1C4	OA 组织可为 OA 活动提供政策支持	否	

五、社会资本理论视角下提升开放获取动力的对策

上述实证研究证实,获取与利用 OA 资源(主要包括 OA 文献、OA 期刊、OA 知识库)是 OA 行动者的直接动力,OA 关系资本(主要包括 OA 价值观、态度、准则、信念、社会关系等)可以为 OA 行动者提供重要的行动动力,OA 制度资本(主要包括各种 OA 组织、OA 政策、OA 规则等)可以从宏观层面为 OA 提供发展动力。在 OA 实践过程中,如何更有效地提升 OA 动力,可以采取如下对策。

(一)广泛宣传 OA 理念,让 OA 优势和利益深入人心

尽管 OA 运动已有 10 余年,并取得了比较辉煌的成就。然而,OA 理念并非人人皆知,甚有一部分个人或机构抵制 OA 运动。这需要所有 OA 行动者积极行动起来,广泛宣传 OA 理念,让 OA 优势和利益深入人心。这些利益可分为直接利益与间接利益、长期利益与短期利益、个人利益与公共利益等几种类型。结合现有研究成果和本章的实证研究结论,可以把 OA 优势与利益归纳如表 3.23 所示。通过向社会大众和各种机构或组织广泛宣传这些 OA 利益,可以激发 OA 行动者主动参与 OA 实践的热情,并为他们提供永不竭尽的运行动力。

表 3.23 OA 优势与利益

直接利益	间接利益
扩大学术交流/数据访问	降低学术成果出版的边际成本
改善学术(科学)交流过程	使学术成果以更低廉的成本得以长期保存
显著简化出版流程	增强跨学科研究
实现科研成果出版的多元化	保护早期投资回报
丰富科学研究与交流的内容	提高投资回报率
激发新的网络与合作	提高科研生产力与经济增长
短期利益	长期利益
对当前研究者和用户有价值	扩大文献收藏量和增加文献价值
不会因研究者流动丢失数据	提高科学研究的速度、效率与效力
为研究者或机构拓展访问渠道	促进跨学科研究
实现现有数据的短期再利用	促进知识创造

续表 3.23

实现大数据研究的安全存储	促进知识转移
使那些支持出版的数据能被利用	促进知识应用
个体利益	公共利益
有助于作者及时高效发表科研成果	扩大信息传播范围
可为个人提供免费获取科研成果的平台	共享最新科研成果
可消除个人获取学术信息的障碍，降低成本	促进跨学科研究
拓宽作者发表学术成果的途径与方式	刺激新的研究
扩大研究成果和机构的显示度	打破传统学术出版商的垄断地位
提高作者成果的引用率	缓减"期刊危机"
提高作者或机构的学术影响力、名誉与声望	缓减"图书馆危机"
实现研究的商业化	充实图书情报机构馆藏，优化馆藏结构
增强 OA 行动者之间的信任	丰富图书情报机构资源共享方式
增强 OA 行动者之间的合作	缓减"学术危机"
实现 OA 行动者之间的互惠互利	提高资源共享效率

（二）制定促进 OA 可持续发展的政策体系

作为 OA 制度资本的核心部分，不管是国际或国家 OA 政策，还是协会或机构 OA 政策，都可为 OA 行为提供发展动力。从全球范围看，从各国政府到国际组织，从科研资助机构到科研教育机构，均制定了许多 OA 政策。

1. 国外 OA 政策建设

首先，从相关国家 OA 立法和国家层次的政策来看，美国总统奥巴马于 2007 年年底签署了 NIH 的 OA 预算案；2008 年，《NIH 公共获取法》（*NIH Public Access Act*）成为美国第一部正式的 OA 法律。该法案要求：①所有受 NIH 基金部分或者全部资助的研究人员，在发表研究成果的时候，应向 PMC 提交一份已被期刊接受出版的其研究成果的最终电子版本[①]；②研究成果需提交存放在 PMC 中，公众可以通过在线检索 PMC 而获得相应的研究成果索引及全文；③建立一个研究成果资源库，以保证将这些重要研究成果永久地保存，同时，NIH 及项目资助接受者也可以通过资源库平台对研究成果进行管理，了解实时的研究情况，监控科研生产，并最终确定研究的重点；

---

① NIH. Enhanced public access to NIH research information[EB/OL].[2017-01-11]. https://grants.nih.gov/grants/guide/notice-files/NOT-OD-04-064.html.

④最初要求作者在成果发表之日起 6 个月内通过 PMC 向公众免费开放[①]，后来将时滞期改为 12 个月，可将论文在 PMC 上存放，也可以在 PMC 以外的地方进行储存，还可以在开放存取期刊上出版。2013 年 2 月 22 日，美国白宫科技政策办公室颁布了"提高联邦资助科学研究成果获取的备忘录"[②]（以下简称"白宫指令"），要求所有研发资助年度经费超过 1 亿美元的联邦机构所资助项目产出的学术论文都要实现公共共享。各联邦机构所资助的非保密研究项目所发表学术论文的同行评议终审稿要存缴到公共知识库保存，在发表 12 个月后提供 OA。同时，白宫指令还要求各联邦机构必须在备忘录发布后的 6 个月内，提交本机构的开放共享政策草案，制定支持公众发现和利用这些论文及其支撑数据的具体措施，提出督促受资助人履行开放共享职责的方法以及对开放共享进行评价的计划。此外，美国伊利诺伊州、加利福尼亚州和纽约州相继开启了研究成果 OA 立法进程，纷纷提出与 OA 有关的议案。伊利诺伊州的《研究论文开放获取法案》（Open Access to Research Articles Act，SB1900）已于 2013 年 8 月 9 日正式生效。该法案规定了本州内由纳税人资助的所有公立大学的研究成果需实行 OA，使其研究成果都能被公众所获取使用。该法案明确要求：①州内的所有公立大学需要制定各自的 OA 政策和建立机构知识库学术交流平台，且必须在 2014 年 1 月 1 日前提交相应的报告；②州内所有公立大学和教育机构的教学人员须在提供经同行评议后的终稿的同时，论文作者也须提供一个不可撤销的全球协议，使公众在提供署名的情况下可以对自己的研究成果做任何合法的使用；③由公立大学教师发表的研究论文应尽可能地实现广泛的可获取，即研究成果能够长期保存、免费公共获取、重用和做进一步研究。2014 年 9 月 29 日，加州州长杰里·布朗（Jerry Brown）签署了《加州纳税人获取公共资助研究成果法案》（California Taxpayer Access to Publicly Funded Research Act）[③]。该法案规定：①由加州纳税人资助的研究论文必须在同行评议期刊发表后的 12 个月之前提供免费在线获取；②加州每个纳税人都有权利获取和使用这些研究成果；③受资助者须将文章终审稿的电子版提交给资助机构或由该机构批准的可公

---

① NIH. Policy on Enhancing Public Access to Archived Publications Resulting from NIH-Funded Research[EB/OL].[2017-01-11]. https://grants.nih.gov/grants/guide/notice-files/NOT-OD-05-022.html.

② Holdren J P. Increasing access to the results of federally funded scientific research[EB/OL].[2017-01-11]. https://www.whitehouse.gov/sites/default/files/microsites/ostp/ostp_public_access_memo_2013.pdf.

③ California Taxpayer Access to Publicly Funded Research Act（AB609）[EB/OL].[2017-01-11]. http://sparcopen.org/our-work/ab609/.

开访问的数据库，比如加州数字图书馆、PMC 或加州数字开放获取图书馆（California Digital Open Source Library）等，提交时限都不得晚于文章正式出版日期后的 12 个月。

秘鲁国会于 2013 年 3 月 27 日公布了《国家科技创新数字知识库 OA 法》，要求将硕士、博士、博士后奖学金及其他公共资金资助或奖励的成果存缴到国家数字知识库。阿根廷参议院于 2013 年 11 月 13 日通过了《阿根廷开放科学法》。该法案规定，由国家提供资金支持建立开放和免费的机构数字知识库，受公共资金资助的研究人员、技术人员、教师、博士及硕士生的论文产出，须在论文正式发表后的 6 个月内存缴到 OA 知识库；科研项目的原始科研数据应在其成果正式发布后 5 年内存缴到 OA 知识库。

日本政府从 2011 年到 2015 年的 5 年间陆续召开了研讨会和出台了一些政策来支持 OA 运动。比如，2011 年日本政府制定《第 4 期科学技术基本计划》[1]，提出推进大学和国有机构建设机构知识库；2012 年，日本制定《电子政府开放数据战略》[2]，允许公众可浏览中央各部委和地方省厅公开数据的网站；2013 年，日本文部科学省修订学位规则，允许博士论文对外公开开放；2015 年，日本政府在《第 5 期科学技术基本计划》中提出扩大开放科学数据的范围。

其次，从资助机构 OA 政策建设来看，全球越来越多的资助机构开始颁布并实施 OA 政策。2013 年 5 月，全球研究理事会公布了其出版物 OA 行动计划，以支持其资助的科学出版物的 OA。欧盟于 2013 年 12 月 11 日正式发布"地平线 2020 计划"的资助协议，协议第 29 条明确要求开放欧盟资助研究成果，受资助的科学出版物一经出版，就须尽快在科学出版物知识库中存储出版版本或同行评议最终手稿的机读电子复印本。NIH 于 2013 年 1 月提出了公共存取合规监督机制[3]，要求将拨付资金与成功向公共医学中心知识库提交同行评议最终手稿的数量明确联系起来；同年 2 月，NIH 又出台了 OA 政策的惩罚措施，对未遵循 NIH OA 政策的研究申请人将延迟受理其新申请的项目。

日本学术振兴会（JSPS）从 2013 年开始不断修订、强化《科研经费资助事业——研究成果公开促进费》制度，增加了针对科研资助的论文实施

---

[1] 内阁府：《第 4 期科学技术基本计划》. [EB/OL](2011 – 08 – 19)[2015 – 08 – 27]. http://www8.cao.go.jp/cstp/kihonkeikaku/4honbun.pdf.

[2] 内阁府. 電子行政オープンデータ戦略. [EB/OL](2012 – 07 – 04)[2015 – 08 – 20]. http://www.kantei.go.jp/jp/singi/it2/pdf/120704_siryou2.pdf.

[3] Public access compliance monitor: A new resource for institutions to track public access compliance [EB/OL]. [2015 – 08 – 27]. http://grants.nih.gov/grants/guide/notice-files/NOT-OD – 13 – 020.html.

全面 OA 的条款内容，并且每年追踪公布已 OA 的论文目录和即将 OA 的论文目录。2013 年，日本科学技术振兴机构（JST）颁布第一个 OA 政策①，提出建立 OA 期刊系统平台，使科研资助论文全部得到开放获取。

在加拿大，继加拿大健康研究院（CIHR）于 2012 年 12 月 27 日颁布 OA 政策之后，2013 年 10 月，加拿大自然科学和工程研究理事会、加拿大社会科学与人文科学研究理事会及 CIHR 联合发布了 OA 政策草案，要求由这 3 家机构资助研究所产出的同行评议期刊论文在出版 12 个月内需要通过出版商网站或在线知识库提供开放获取。

英国 4 家高等教育资助机构，即北爱尔兰就业与学习部、英格兰高等教育资助委员会（以下简称 HEFCE）、威尔士高等教育资助委员会和苏格兰资助委员会提出，2014 年后，所有提交至研究卓越框架（REF）的研究成果必须以 OA 方式进行出版，要求在一定的时滞内开放研究成果的最终版本。2013 年 6 月，英国惠康基金会又推出新的 OA 政策，将医学人文领域以学术专著或图书章节的形式发表的研究成果纳入 OA 政策范围，要求将 2013 年 10 月起资助的新项目所出版的专著或图书章节，在出版后的 6 个月内存储到公共医学中心进行 OA；同时要求由惠康基金会资助出版的专著或图书章节，实行立即 OA，并采用支持再利用的许可。

印度农业研究委员会也推出了 OA 政策。国际农业研究磋商组织联盟也于 2013 年 10 月 2 日颁布了即时生效的 OA 和开放数据政策，要求同行评议期刊论文、报告及其他文件、图书与章节、数据与数据库、视频与音频及图像、计算机软件与元数据等信息产品实行 OA。

最后，从科研教育机构 OA 政策建设来看，美国加州大学（UC）学术委员会于 2013 年 7 月 24 日通过了 OA 政策，旨在确保以后由来自其 10 个校区的 UC 教员署名的研究论文能够被公众免费获取。意大利里雅斯特大学于 2013 年 6 月 7 日颁布了有关研究成果 OA 的机构政策；意大利都灵大学于 2013 年 6 月 17 日也正式通过了 OA 政策，将研究评估与向机构知识库存储研究成果密切联系在一起。② 美国佐治亚理工大学的 OA 政策、哥伦比亚的学术共享空间、波兰哥白尼大学强制性 OA 出版政策等都从 2013 年开始正式生效。此外，一些学会、协会也发布了研究成果 OA 声明。比如，欧洲研究型大学联盟发布了两个关于开放学术成果重要性的声明——研究出版物的开放获取和开放研究数据。

---

① 独立行政法人科学技术振兴机构. オープンアクセスに関するJSTの方針[EB/OL]. [2015 – 08 – 20]. http://www.jst.go.jp/pr/intro/pdf/policy_openaccess.pdf.

② OA in Italy[EB/OL]. [2017 – 01 – 11]. https://www.openaire.eu/oa-italy.

2. 国内 OA 政策建设

OA 政策已经引起国内相关部门和机构的高度重视。中国科学院、国家自然科学基金委员会发布了 OA 政策声明；中国科学技术部也正在研究制定 OA 政策；其他许多机构，特别是出版机构（比如《图书情报工作》杂志社），纷纷颁布各自的 OA 政策。然而，这些 OA 政策主要集中在行业、部门与机构之中，国内并没有形成健全的 OA 政策体系。为促进国内 OA 的发展，并为之提供长期的动力，从整体来看，我国相关部门、机构除了应该加入有巨大影响力的国际 OA 组织及其宣言（如《柏林宣言》等）外，更应该制定可促进 OA 可持续发展的政策体系，包括国家 OA 政策、协会（或行业、部门）OA 政策、机构 OA 政策。

在机构 OA 政策建设上，中国科学院起到了"领头羊"的作用。2014 年 5 月 15 日，中国科学院、国家自然科学基金委员会发布政策声明，从当天起，中科院所各类公共资助科研项目所产生的论文、国家自然科学基金会全部或部分资助科研项目产生的论文，将在论文发表后 12 个月内实施 OA。根据《中国科学院关于公共资助科研项目发表的论文实行开放获取的政策声明》和《国家自然科学基金委员会关于受资助项目科研论文实行开放获取的政策声明》，中科院研究人员和研究生以中科院所属机构名义承担的各类公共资助科研项目，以及国家自然科学基金全部或部分资助的科研项目投稿并在学术期刊上发表的研究论文，作者应在论文发表时把同行评议后录用的最终审定稿存储到所属机构或国家自然科学基金委员会的知识库，并于发表后 12 个月内实施 OA。[①] 正是在上述 OA 政策声明的指导下，近几年来，中国科学院机构知识库有了飞跃的发展，成为国内广大科研人员获取最新科研成果的重要窗口。

然而，我国目前没有制定统一的国家 OA 政策，这可能是制约国内 OA 运动全面发展的主要障碍之一。不过，印度较早认识到国家层次的 OA 政策的重要意义。其在 2006 年 1 月召开的第 93 届印度科学大会上，提出了"最优国家 OA 政策"，指出印度政府［包括科技部（DST）、科学与工业研究局（DSIR）、科学与工业研究委员会（CSIR）、印度科学院（IISc）等 13 个机构］期望来自公共基金资助的研究论文的作者，能够尽最大可能地将其研究成果免费供人利用。为了实现这一目标，政府将：①要求所有采取同行评议方式出版的期刊，将其中全部或部分获得政府基金支持的研究论文的电子版，在这些论文获准出版时立即存储到提供 OA 服务的机构知识库中；②鼓

[①] 参见中国科学院、国家自然科学基金委员会《中国科学院、国家自然科学基金委员会发布关于实施开放获取政策的声明》，载《图书情报工作》2014 年第 11 期，第 96 页。

励获得政府资助的研究者在现有合适的 OA 期刊上发表研究论文，政府可以提供出版经费；③鼓励获得政府资助的研究者尽可能保留发表论文的版权。"最优国家 OA 政策"成为同年 11 月颁布的"发展中国家 OA 的国家政策（National OA Policy for Developing Countries）"的原型。尽管上述 OA 政策仅为倡议和宣言性质，实际上没有法律效力，但是其对印度和其他发展中国家的 OA 政策的制定树立了榜样。随后，爱尔兰于 2012 年 10 月发布了"国家 OA 政策声明原则（National Principles for Open Access Policy Statement）"，这是全球首个国家 OA 政策，明确了爱尔兰实施 OA 的一般原则、基础设施和可持续性、宣传与协调、OA 开发与实施，极大地推进了爱尔兰的 OA 运动。

我国也应该制定国家层次的 OA 政策，为各行业、部门或机构的 OA 政策建设提供宏观指导，并激发未实施 OA 的机构或个人积极加入 OA 行列。我国 OA 政策需要从整体上规划我国 OA 运动的发展，以国家利益最大化为核心，重视多方 OA 行动主体的利益诉求，强调行业或学科之间 OA 的协调，促进均衡 OA 生态系统的形成，确保 OA 的可持续发展。[①] 从结构框架来看，国家 OA 政策应该明确如下几部分内容：OA 政策目标、OA 政策适应范围、OA 模式及其选择、基础设施与长期保存、合作与协调、经费资助与使用、政策实施计划与评估等。

（三）建立健全 OA 运行规则

上述实证研究证明，OA 规则可以为 OA 提供方法、技术、途径与措施等方面的支持，是 OA 不可缺少的运行动力。作为国际上 OA 运动的成功典范，英国研究理事会（Research Councils UK，RCUK）为促进 OA 运动在英国的实施，于 2005 年 6 月公布了《RCUK 关于研究成果开放获取的立场声明》，规定"来自于公共资助研究形成的思想和知识应尽可能广泛、快速、有效地被公众利用和访问"。2006 年，RCUK 制定强制性 OA 政策，成为世界上第一个实施强制性 OA 政策的公共资助机构。在 RUCK 政策指导下，下属的六大专业理事会［即艺术与人文研究理事会（AHRC）、生物技术和生物科学研究理事会（BBSRC）、经济和社会研究理事会（ESRC）、医学研究理事会（MRC）、自然环境研究理事会（NERC）、科学与技术设施理事会（STFC）］根据自身具体需求均制定了相应的强制性 OA 规则（见表 3.24）。

---

① 参见张耀坤《国家开放存取政策：一个先导性研究》，载《情报资料工作》2013 年第 6 期，第 5-9 页。

表3.24 RCUK专业理事会OA规则汇总①

RCUK专业理事会名	OA规则
艺术与人文研究理事会（AHRC）	①要求所有受AHRC资助的研究者均应向合适的知识库提交已发表的论文和会议论文；②要求论文一发表就存储与这些论文相关的书目元数据，包括出版商网站链接；③必须遵守现行的版权和许可政策
生物技术和生物科学研究理事会（BBSRC）	①自2006年10月1日起，所有受BBSRC资助的研究者均应向合适的知识库提交已发表的论文和会议论文，并要求存储书目元数据，包括出版商网站链接；②自2007年4月25日起，要求受其资助产生的项目研究数据，完成后3年内必须存储在合适的知识库中；③必须遵守现行的版权和许可政策
经济和社会研究理事会（ESRC）	①自2006年10月1日起，受资助作品应提交保存；②依据作者与出版商签订的协议选择合适的版本进行储存；③要求论文一发表就存储与这些论文相关的书目元数据，包括出版商网站链接；④研究数据必须在科研完成3个月内存储在指定的或合适的数据库中；⑤必须遵守现行的版权和许可政策
医学研究理事会（MRC）	①自2006年10月1日起，新受基金资助的研究成果应在出版后6个月内提交保存；②鼓励此日期之前受资助作品主动提交保存；③部分或者全部受MRC资助并在同行评议的期刊上发表的研究成果应提交保存；④强烈鼓励作者在允许其保留版权的刊物上发表作品；⑤如作者或者其所属机构不被允许享有版权，作者应在6个月内向许可在公共医学中心保存的期刊上发表论文；⑥如出版商既不允许保留版权，又不允许在公共医学中心存储，MRC将作为特例允许在该类期刊上发表；⑦自2006年1月1日起，所有受其资助产生的新科研数据，要求在科研完成后一个适当的时间内提交保存
自然环境研究理事会（NERC）	①自2006年10月1日起，受NERC资助产生的研究成果应提交保存；②鼓励此日期之前受其资助出版的经同行评议的论文主动提交保存；③所有受其资助产生的新科研数据，要求在科研完成后一个适当的时间提交保存；④必须遵守现行的版权和许可政策

---

① 参见付晚花、肖冬梅《英国RCUK开放获取政策及其分析》，载《图书馆杂志》2009年第4期，第62－65页。

续表 3.24

RCUK 专业理事会名	OA 规则
科学与技术设施理事会（STFC）	①自 2006 年 10 月 1 日起，受 STFC 资助产生的研究成果应提交保存；②要求论文一发表就存储与这些论文相关的书目元数据，包括出版商网站链接；③必须遵守现行的版权和许可政策

2013 年 4 月，RCUK 颁布了最新的《RCUK 开放获取政策与支持指南》①，确定了如下新的 OA 规则：①RCUK OA 政策目标是实现经同行评议发表后的研究论文的即刻、无限制地免费在线获取；其愿景是为所有用户能够阅读电子格式的已发表研究论文，并能搜索和再利用（包括下载）已发表研究论文的内容，无论是手工的还是使用自动化工具（如文本和数据挖掘工具），只要这些再利用有充分和合适的归属。②RCUK 新的政策适用于所有在 2013 年 4 月 1 日起投稿、将在期刊或会议文献上发表的、RCUK 资助的同行评议研究论文。③作为所有研究论文的生产者及其同行评议者，研究者被期望遵循 RCUK OA 政策在期刊上出版其得到 RCUK 资助的经同行评议的研究论文。这些论文必须包括资助基金的详情，以及合适的有关研究资料（如数据、样本或模型）是如何获取的声明。④期刊需要利用其网站对最终出版的论文提供即时和无限制的访问，它将采用共同创作许可（CC—BY）协议，许可将最终出版版本的论文立即存储在其他知识库中而无须限制再利用。⑤在科学技术、工程与数学（STEM）学科领域，论文在出版后实施 OA 的时滞不得超过 6 个月；在人文、艺术和社会科学领域（主要由 AHRC 和 ESRC 资助），最大时滞期不得超过 12 个月；而在过渡期，不能得到"论文加工费（APCs）"资助的作者允许有更长的时滞。⑥RCUK 承认手稿的版权通常情况下属于作者。⑦从 2013 年 4 月 1 日起，APCs 的支付和其他与 RCUK 资助研究相关的出版费用，可从提供给合格研究组织的 RCUK OA 分类财政补贴得到支持。⑧接受 RCUK OA 分类财政补贴的合格研究组织需要建立机构出版基金，负责管理和分配用于 OA 费用和其他出版成本的资金。这些机构可以一种透明的、在学科之间和不同职业研究者之间最有效执行 RCUK OA 政策的方式使用这些分类财政补贴。RCUK 希望这些分类财政补贴主要用于 APCs 的支付，同时期望接受 RCUK OA 分类财政补贴的研究组织遵循 RCUK 为 OA 政策制定的监督协议。⑨RCUK 允许灵活地执行其

---

① RCUK. RCUK policy on open access and supporting guidance[EB/OL].[2017-01-11]. http://www.rcuk.ac.uk/documents/documents/rcukopenaccesspolicy-pdf/.

政策，包括过渡时期如何处理时滞长短问题，今后定期将对实施情况举行实证评估。

正是由于 RCUK 先后制定了合适的 OA 规则，才保证其 OA 运动获得了长足与可持续发展。然而，目前国内许多机构虽然倡议 OA，但实质上并没有建立有效的 OA 规则，从而致使 OA 运动停留在口头上。即使某些已经实施 OA 的机构，由于其 OA 规则太笼统，指导性不强，而使其 OA 运动进展甚微。所以，我国机构或组织应该借鉴国外成功经验，结合本机构实际情况，逐步建立健全 OA 规则，不仅为 OA 活动提供运行动力，而且保障 OA 运动能够得到可持续健康发展。

第四章　开放获取连接机制
——基于网络交换理论的分析

《大连接：社会网络是如何形成的以及对人类现实行为的影响》一书指出[①]：人类连接在一个巨大的社会网络上，我们的相互连接关系不仅是我们生命中与生俱来的、必不可少的一个组成部分，更是一种永恒的力量。正像大脑能够做单个神经元不能做的事情一样，社会网络能够做的事情，仅靠一个人是无法胜任的；人们在建立社会关系和结交朋友时，受到地理位置、社会经济地位、技术，甚至是基因等多种因素的限制。了解人的关键就是理解彼此之间的连接关系；社会网络影响着我们的选择、行为、思想、情绪，甚至是我们的希望；我们已经知道现实世界的社会网络可以用来传播信息，对于连接关系良好的人来说，社会网络还可以提高他们实现目标的能力。"我们镶嵌在社会网络上"这一事实意味着我们必须与他人合作，判断他们的意图，影响他们或被他们影响。社会网络不仅成为开放获取（OA）的先决条件与物质载体，而且成为 OA 行动者实现相互无形连接的"平台"，为 OA 行动者提供相互连接机制。OA 连接机制，是指 OA 社会网络中的各种要素以提高 OA 资源存取能力和 OA 资源利用效率与效益为目的所发生的各种关联及其相互作用关系。本章运用网络交换理论解析 OA 连接机制问题。

一、网络交换理论与开放获取的关系

网络交换理论主要研究行动者之间的交换关系，关注交换关系中的权力、依赖、平衡、承诺、公平等问题以及交换类型、交换形态对交换关系的影响，描述了在交换网络位置中形成权力优势和劣势的结构权力条件与机制。网络交换理论与 OA 的关系主要体现在如下几方面：

第一，依据网络交换理论，OA 行为不仅在 OA 行动者之间造就了一个社会网络，而且也在 OA 行动者之间形成了一种交换网络。参照库克

[①] 参见克里斯塔基斯、富勒《大连接：社会网络是如何形成的以及对人类现实行为的影响》，简学译，中国人民大学出版社 2012 年版。

(Cook)等人对交换网络的定义①,不难发现,OA社会网络完全满足其特征。这体现在:①OA社会网络存在多种角色的行动者,如OA作者、用户、图书馆、出版机构、政府机构、学术科研机构(大学)、资助机构(学会、协会、基金会)等。②OA不同的行动者拥有不同的OA资源。例如,作者生产学术资源,这种学术资源是OA资源的最主要来源;出版机构拥有的OA资源主要是对作者生产的资源的汇编;图书馆拥有的OA资源主要是对出版机构已出版的OA资源的整合,或者是对本机构成员拥有的资源的收集;用户的OA资源是其通过各种途径所获得的OA资源。③每个行动者都可以与其他行动者进行交换,持续的交换会形成交换关系。例如,作者与出版机构之间可以进行交换,作者只要发表其作品就需要与出版机构进行交换,这是一种持续的交换,最终形成交换关系。④行动者个体是独立的,行动者之间是相互联系的,把每个行动者之间的交换关系连接起就形成了一个交换网络。由于交换网络是由多种交换关系组成的,这些交换关系又是相互关联的,所以,处于交换网络中的交换关系会影响其他关系或受到其他关系的影响。例如,作者、用户、图书馆、出版机构之间的交换关系形成一个交换网络,作者和出版机构的交换关系会影响图书馆和用户的交换关系、作者和图书馆的关系、用户和出版机构的关系、作者和用户的关系,作者和出版机构的交换关系也受到上述关系的影响。总之,OA社会网络就是一种交换网络。换句话说,网络交换理论适用于OA活动。

第二,正是OA社会网络中权力与位置的差异造就了OA连接的形成。OA尽管是公共免费获取资源的形式,但是OA社会网络还是存在权力与位置的明显差异。需要特别强调的是,这里的权力并非一般意义上的"权力"概念,而有特定的含义——"在任何二元交换关系Ax、By中,这里A和B代表行动者,x和y代表交换中采用的资源,A对B的权力P_{AB}是A以对B的支出所获得的有利结果"②。从表面上看,各种OA行动者,如OA资源的需求者、拥有者、提供者或传递者、使用者以及OA活动执行者,因彼此都能公共免费获取OA资源而貌似拥有平等的权力,而实质上,OA行动者的权力大小取决于其他行动者对其资源的依赖,而这种依赖与OA资源提供者提供的OA资源价值大小、替代资源的数量和获得成本的大小有关。一般而言,OA资源的拥有者、提供者、OA活动执行者,由于直接或间接地拥有

---

① Cook K S, Emerson R M, Gillmore M R, et al. "The distribution of power in exchange networks: theory and experimental results". *American Journal of Sociology*, 1983, 89 (2): 277.

② Cook K S, Emerson R M, Gillmore M R, et al. "The distribution of power in exchange networks: theory and experimental results". *American Journal of Sociology*, 1983, 89 (2): 284.

OA 资源，从而拥有较大的权力；OA 资源的需求者、使用者自身往往由于缺少相关资源，依赖于从 OA 资源的拥有者、提供者、OA 活动执行者那里获取资源，因而权力相对较小。不过，OA 资源的拥有者、提供者、OA 活动执行者有赖于 OA 需求者、使用者的需求和使用，进而才能实现其价值和目标，由此，双方才形成相互依赖的交换关系。另外，OA 行动者在交换网络中所处的位置不同，权力也会不同，因为他们各自所处的网络位置所代表的网络中心性是不同的。居于中心地位的行动者往往拥有更大的权力，与其他行动者也有更多联系，从而形成 OA 社会网络中的中心节点。这些中心节点通过各种关系与处于边缘地位的节点（即行动者）连接起来，最终形成整个 OA 社会网络。

第三，OA 社会网络存在多种多样的网络连接方式与现象。这主要包括：①直接连接与间接连接。前者是指行动者双方之间不经过任何中介而发生的直接联系，如 OA 期刊与 OA 论文作者之间的连接关系；后者是指行动者双方之间只有经过某一中介才能相互作用的一种联系，如某个 OA 行动者通过某篇 OA 论文找到该论文作者并随后建立两人之间的关系。②强连接与弱连接。前者是指那些经常接触且相互之间关系紧密的联系，如机构知识库与所在机构用户之间的联系，它对应于深连接；后者是指那些很少接触且相互之间关系不太紧密的联系，如某个 OA 用户浏览某个 OA 期刊论文过程中所建立的联系，它对应于浅连接。③正连接（positive connection）与负连接（negative connection）。在两种关系如 A – B、B – C 中，若 A – B 关系中的交换能够促进 B – C 关系的交换，且反之亦然，那么在 B 处的连接是正的[①]。比如，在两位 OA 论文作者（A1、A2）与某个 OA 期刊（B）之间三者形成的关系。若 A – B 关系中的交换减少或阻止 B – C 关系的交换，且反之亦然，那么在 B 处的连接是负的。比如，某出版商（即 B）若仅仅对部分期刊论文或著作实施 OA，当他与两个作者（A1、A2）一个实施 OA 而另一个实施商业出版时，那么对于该出版商（即 B）来说，A1 – B 关系与 B – A2 关系之间是负的。④随机连接与规则连接。前者是指行动者因随机事件而产生的临时性联系，如某个人登录 OA 网站而产生的临时性联系；后者是指行动者双方基于某种规则或协议而建立起来的长期联系，比如，OA 作者与 OA 期刊或机构知识库之间的连接。⑤个体连接与集体连接。前者是指 OA 个人与个人之间的联系，比如，同为某个机构知识库的用户所发生的彼此联系；后者是指机构（或群体）与机构（或群体）之间发生的关联，比如，两个不

---

① Yamagishi T, Gillmore M R, Cook K S. "Network connections and the distribution of power in exchange networks". *American Journal of Sociology*, 1988, 93（4）：834 – 836.

同机构知识库之间的连接。这些网络连接可以交互发生，也可能独立存在。比如，某 OA 论文作者把其论文委托给 OA 期刊社出版后，就在两者之间建立了直接连接，这种网络连接同时也是强连接，且属于规则连接。之所以产生这些现象，是因为 OA 社会网络结构及其不同节点的位置与权力决定了各种网络连接的产生。

二、开放获取社会网络中的交换关系

从网络交换理论角度来看，OA 社会网络不同节点之间存在多种交换关系，如资源交换关系、权力交换关系、身份交换关系、位置交换关系、成本-收益交换关系、情感交换关系等。这些交换关系成为 OA 社会网络中各节点之间的桥梁与纽带。

（一）资源交换关系

OA 社会网络中最普遍的现象就是资源交换，不管是 OA 行动者还是 OA 资源，都可作为整个 OA 社会网络中的某个节点，与其他节点发生资源交换关系。比如，某个 OA 作者向 OA 期刊或 OA 知识库提交其 OA 论文，实质上就是前者与后者进行资源交换；同样地，OA 期刊或 OA 知识库组织 OA 论文并向社会公众公开发布，实质上也是向社会公众交换资源的过程。

（二）权力交换关系

OA 社会网络中存在多种权力交换关系，这是 OA 行动者之间的权力差异所造成的，而引起 OA 行动者权力差异的原因是 OA 行动者各自拥有不同的 OA 资源。一般来说，在 OA 社会网络中，那些具备较多 OA 资源的一方相比 OA 资源较少的另一方就拥有更大的权力。这种权力差异可以导致如下几种权力交换关系的发生：①OA 出版商利用互联网组织并提供 OA 文献的出版与发行，由此与不同 OA 作者所发生的交换关系。大多数情况下，著作权人愿意无偿将著作权让予或授权给出版商，以换取在专业期刊上出版论文的机会。而学术期刊出版商，则藉由著作权的行使，控制期刊价格，以获取并最大化其利润。换言之，著作权在某种程度上已成为学术论文著作人和出版商之间关于论文出版的交换条件。① ②OA 媒介，如 OA 知识库或 OA 期刊，利用互联网组织并提供 OA 文献的出版与发行，由此与不同 OA 文献所

---

① Litman J. "The economics of open access law publishing". *Lewis & Clark Law Review*, 2006, 10 (4): 782.

发生的交换关系。例如，某些 OA 期刊对经同行评议的学术论文给予出版资助，以此吸引优秀作者向其提供高质量的学术论文。③OA 资源提供者与 OA 资源需求者的权力交换，即那些能够提供 OA 资源的机构、媒介或个人与那些需要获得 OA 资源的个人或组织之间所发生的交换关系。

（三）身份交换关系

在 OA 社会网络中，隐藏在资源交换现象背后的是 OA 行动者的身份交换关系。这包括：①OA 资源拥有者与 OA 资源提供者的交换。比如，OA 作者利用 OA 期刊可以实现其成果的公开发行与传播，从而实现其身份由 OA 资源拥有者向 OA 资源提供者的转变。②OA 资源拥有者与 OA 资源需求者的交换。比如，OA 作者常常是某些 OA 期刊的忠实读者或用户，其身份可由 OA 资源拥有者转换为 OA 资源需求者。③OA 资源提供者与 OA 资源需求者的交换。比如，OA 期刊既可作为 OA 资源提供者向公众传递大量 OA 文献，同时也需要 OA 作者的投稿以保证其持续的出版发行，这时，OA 期刊也就成为 OA 资源需求者。④OA 资源利用者与 OA 资源组织者的交换。比如，某个 OA 用户向 OA 知识库或平台推荐或上传 OA 文献，从而可将个人身份由 OA 资源利用者转换为 OA 资源组织者。

（四）位置交换关系

在 OA 社会网络中，每种 OA 资源或每个 OA 行动者都处于某个特定的位置，成为某个节点，他们有些处于中心位置，有些处于边缘位置。处于网络中心位置的行动者相比其他位置的行动者拥有更大的权力，可以起到控制与影响其他行动者的作用。由于整个 OA 社会网络是一种互连的非均衡权力网络，但不否定在局部区域某些节点可能处于均等位置。因此，整个 OA 社会网络存在如下几种位置交换关系：①均等位置交换关系，即在 OA 社会网络中处于相等位置的节点，通过 OA 资源的互连、传递或共享而发生的交换关系；②上下位置交换关系，即在 OA 社会网络中上级位置节点与下级位置节点所发生的 OA 资源互连与交换关系；③越级位置交换关系，即在 OA 社会网络中第一级位置节点与第三级或末级位置节点所发生的 OA 资源互连与交换关系。

（五）成本－收益交换关系

毫无疑问，OA 是一种社会交换行为。一般认为，社会交换是两个或多个行动者的一种联合行动，其中每个行动者拥有其他行动者所看重的东西，交换的隐性或显性任务是每个行动者通过交换行为或物品获得独自一人不能实现的利益。① OA 既需要大量的投资成本,也可获得可观的投资收益。英国研究表明,OA 的不断增长可以带来直接利益和间接利益。其中,直接利益主要是节省了时间和资金。这包括:节省了研究人员查找论文副本的时间;节省了图书馆员查找论文副本的时间;节省了图书馆和用户获取文献时需要的如付费观看或馆际互借的费用;节省了图书馆订阅期刊的费用,特别是对于一些使用率较低的期刊。数据统计初步显示,英国公共部门每年获取期刊论文的总成本为 13500 万英镑,而使用 OA 论文所节省的资金达 2860 万英镑(其中获取费用节约 2600 万英镑,时间成本节约 260 万英镑)。通过 OA 增加可利用论文的数量将进一步节省成本。OA 期刊论文数量每增加 5%,即使没有节省订阅费用,公共部门也将节省 170 万英镑;当 OA 期刊论文数量增加到 25% 时,公共部门将节省 2900 万英镑。② 间接利益是指应用 OA 信息所实现的利益。这包括:扩大文献利用范围、提高文献引用率、缩短科研成果出版周期、促进学术交流、提高文献资源共享效益与效率、加速科研成果的社会化等。因此,当人们既可以利用 OA 来获取某种文献资源,也可以利用传统信息获取行为(比如出版、文献传递、图书购买与租借等)来达到目的时,显然人们会选择前者而非后者,这就产生了有效的成本 – 收益交换关系。

(六)情感交换关系

OA 行为受 OA 行动者情感因素的影响。这里,情感因素包括 OA 行动者的承诺、信用,对 OA 资源的偏好,对 OA 行为的感知,等等。按照劳勒(Lawler)的社会交换情感理论(affect theory of social exchange),当交换成功发生时,行动者就经历一种情感高涨;而当交换不能成功产生时,行动者就经历一种情感失落。③ OA 社会网络中的情感交换关系主要包括:①承诺或信用交换关系。即,OA 行动者对参与 OA 活动做出某些承诺,如遵循 OA 相关协议、保证 OA 资源的合法与合理利用、保证 OA 文献不存在知识产权纠纷问题等,由此获得与其他 OA 行动者之间的信任与合作。②偏好交换关

---

① Lawler E J. "An affect theory of social exchange". *American Journal of Sociology*, 2001, 107 (2): 322.

② Look H, Marsh K. Benefits of open access to scholarly research to the public sector [R/OL]. [2017 – 01 – 11]. http://wiki.lib.sun.ac.za/images/e/e3/Report-to-oauk-benefits-of-open-access-public-sector.pdf.

③ Lawler E J, Yoon J. "Commitment in exchange relations: test of a theory of relational cohesion". *American Sociological Review*, 1996, 61 (1): 105.

系。即，OA 行动者出于对 OA 资源或 OA 媒介的偏好，选择某种 OA 资源或 OA 媒介，而非另一种资源（包括传统的文献资源和 OA 资源）或媒介（包括传统媒介和 OA 媒介），逐步形成由具有相同偏好的 OA 行动者群体及其交换关系所组成的 OA 交换网络。③感知交换关系。即，OA 行动者认识到 OA 活动具有某些特殊价值或收益，从而积极参与 OA 活动，并感知其效果。一旦这种感知得到验证，就会激发更多、更广的 OA 活动，从而催生更多的 OA 资源。

三、基于网络交换理论的开放获取连接行为的理论分析

基于网络交换理论，并运用上述多种交换关系，可以解析多种 OA 活动，如 OA 出版、OA 文献引用、OA 资源整合、OA 资源共享、OA 资源保存中的连接行为。

（一）OA 出版连接行为解析

OA 出版把 OA 出版商、OA 作者、OA 用户、OA 媒介、OA 资源连接起来，从而在这些要素之间形成一种 OA 出版网络。从网络交换理论角度来看，OA 出版网络包含多种交换关系，如资源交换关系、权力交换关系、身份交换关系、成本－收益交换关系、情感交换关系等。这些交换关系促成了 OA 出版要素之间的连接。

从资源交换关系来看，OA 出版网络中的 OA 出版者、OA 作者、OA 用户、OA 媒介在资源需求上形成相互依赖的关系。即，OA 出版商和 OA 媒介既依赖于 OA 作者为其提供可供出版的 OA 资源，也依赖于 OA 用户广泛使用其 OA 资源来实现目标；OA 作者和 OA 用户依赖 OA 出版商和 OA 媒介来实现高效、经济的 OA 出版或 OA 资源共享。正因为存在这种资源依赖与交换关系，才使 OA 出版相关各方连接起来，合作进行 OA 出版。

OA 出版中的权力交换关系也可以促进 OA 出版各方的连接。OA 出版削弱了传统商业出版商的绝对权力，增强了 OA 作者与 OA 用户对 OA 资源的使用权力。这是因为 OA 出版利用著作权许可使用协议，既允许 OA 作者保留部分权利，选择是否 OA 出版，将其作品保存在 OA 知识库中，对非 OA 资源采取延迟 OA 的办法；也可以提供多种可选择的授权形式，以不同的"许可"方式向用户让渡部分权力；还可以平衡 OA 出版者、OA 作者、OA 用户之间的权利，促进彼此之间的连接。例如，六种知识共享许可协议（CCL）分别规定了他人根据许可协议可以享有的一系列基本权利，从而在

OA 作者、OA 出版商、OA 用户之间建立起广泛的权力交换关系。只要 OA 用户遵守 OA 作者所选择的 CCL 的条件，每项 CCL 皆允许 OA 用户：①复制作者的作品；②发行作者的作品的复制品；③展览或表演作者的作品；④通过信息网络传播作者的作品；⑤逐字地将作者原作品转换成另一种形式。[①]这种权力交换关系使 OA 出版商、OA 作者与 OA 用户在 OA 出版中达成一种双赢的平衡，并使彼此连接起来，最终保证与促进 OA 出版的顺利进行。例如，生物医学中心（BMC）发布了自己的 OA 宪章和 BMC 版权与授权协议，规定在 BMC 期刊上发表独创研究成果的作者拥有文章的版权，但授权 BMC 作为原始出版者出版其研究论文，并同意允许他人以免费和不受限制的方式非商业性地使用其成果，从而保证了 OA 作者、出版商、读者的关联。不过，OA 出版各方权力并不相同。通常情况是，OA 出版商和 OA 媒介由于拥有出版物的出版权、发行权，往往处于 OA 出版网络的中心位置，权力较大；相反，由于 OA 作者和 OA 用户依赖于从 OA 出版商和 OA 媒介获取资源，往往处于 OA 出版网络的边缘位置，权力较小。这种权力差异也是产生 OA 资源交换，进而把 OA 出版各方连接起来的一种必要条件。

在 OA 出版网络中，可以利用出版商、作者、同行评议专家、读者之间的身份交换关系实现彼此的关联。OA 出版商除了作为 OA 文献的出版者身份外，也是 OA 文献的组织者与最终提供者，但其文献来源于 OA 作者。许多学者身兼不同学术期刊的作者、读者及编辑委员等不同身份，他们既是 OA 文献的最初提供者，履行 OA 作者的角色，也是 OA 文献的读者或用户，因为他们需要阅读或参考出版商出版的大量相关成果才能更新或充实自己的知识水平与学术成果。同行评议专家不仅作为 OA 文献组织者参与 OA 文献的评审，而且往往也是 OA 作者与 OA 用户。在参与开放交互式同行评议时，读者不仅可以浏览最新评议中的 OA 文献，而且可以作为同行评议人士之一提供相关建议或评论，使自己成为 OA 文献组织者之一。正因为存在上述身份交换关系，才能保证 OA 出版网络能够正常运行。

隐藏在 OA 出版网络中的成本–收益交换关系实际上也是一种把 OA 行动者、OA 媒介与 OA 资源连接起来的动因。毋庸置疑，OA 出版与传统商业出版相比，一方面具有许多优势，如缩短科研成果出版周期，加速成果转化为生产力的进程，扩大成果辐射与利用范围，提高 OA 出版商、OA 媒介或成果作者的知名度和影响力，提高文献或媒介的引用率，降低文献获取成本，等等；另一方面也可能产生一些机会成本或损失。例如，某些 OA 出版

[①] 所有许可协议都包含的基本权利和限制[EB/OL].[2015–08–27]. http://creativecommons.net.cn/licenses/licenses_right/.

的期刊只有电子版没有印刷版，那么当 OA 作者要利用其发表的 OA 论文来参与职称评审或成果评奖时，目前可能会遇到一些麻烦。不过，显而易见，OA 出版利大于弊。在 OA 出版中，许多研究机构对出版商出版学术期刊提供了双重的财务支持：一方面支付学者薪资，使其从事研究、为学术期刊提供内容，并支持学者花相当多的工作时间及资源为学术期刊撰稿、审稿，并阅读期刊上其他学者的观点；另一方面再支付给期刊出版商巨额的订阅费用，以保障其员工所需的研究资料。① 这种成本－收益交换关系使各方 OA 行动者都能受益，从而使自己成为 OA 出版网络中的某个节点，并基于上述成本－收益交换关系与其他节点形成连接。

OA 出版也是 OA 作者与 OA 出版商（或 OA 媒介）按照某种情感交换关系连接起来的。对于 OA 出版双方而言，不管是 OA 作者，还是 OA 出版商或 OA 媒介，他们都必须遵循 OA 出版协议。这些 OA 出版协议是连接 OA 作者与 OA 出版商或 OA 媒介的桥梁，也是 OA 出版双方做出的一种承诺，各自必须按照这种协议开展 OA 出版事宜，包括资源交换、信用交换、权力交换等。在发生这些交换关系之前，OA 出版双方往往需要对 OA 出版协议是否公平合理、是否满足各自利益需求进行评判。只有当 OA 出版双方觉得 OA 出版协议可以较好地代表各自的利益，且满足其情感交换需求时，才能达成共识与合作协议。否则，认为不公平的一方会采取措施平衡交换关系或中断交换关系。比如，若 OA 作者认为 OA 出版协议不公平，那么该作者可能会做出两种选择：一是不与 OA 出版商或 OA 媒介签订出版协议，去寻求其他的出版商或媒介；二是该作者与 OA 出版商或 OA 媒介进行协商，修改原协议中的某些条款以满足自己的利益与情感交换需求，甚至在此过程中该作者可能联合其他 OA 作者一起对 OA 出版商或 OA 媒介进行施压，要求对原有的 OA 出版协议进行修改，以达成最终的合作出版协议，即建立出版双方的连接渠道。

基于上述分析，可以提出如下研究假设：

H2A1：OA 行动者之间 OA 资源的依赖与交换关系可以影响 OA 出版；

H2A2：OA 行动者权力的交换和平衡可以影响 OA 出版；

H2A3：OA 行动者的身份交换关系可以影响 OA 出版；

H2A4：OA 成本－收益交换关系可以影响 OA 出版；

H2A5：OA 行动者的情感交换关系可以影响 OA 出版。

---

① 参见李治安、林懿萱《从传统到开放的学术期刊出版：开放近用出版相关问题初探》，载《图书馆学与资讯科学》2007 年第 1 期，第 41 页。

（二）OA 文献引用连接行为解析

在图书馆学与信息科学领域，引用意味着以脚注或尾注方式参考另外一个人的作品（即引用），或被另外一个人的作品所参考（即被引用）。① OA 文献引用是指 OA 文献之间的引用与被引用关系，它把 OA 作者、OA 媒介（如期刊）、OA 文献（如论文）连接起来（如图 4.1 所示）。

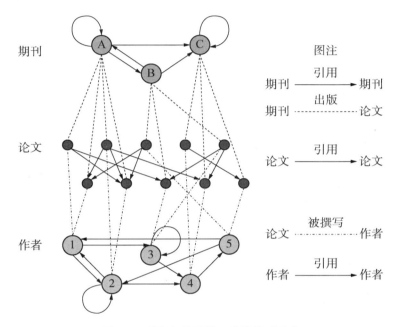

图 4.1　OA 文献引用 – 连接关系示意

从作者的角度而言，OA 除了可增加读者数量以外，另一个潜在的利益是作者可以得到更多关于其作品的响应。OA 期刊出版者可以通过互联网，为每一篇论文建立网上论坛；另外，作者亦可以将其研究的基础信息，以不同的形式（如声音、影片、数据、实验笔记及资料库等）置于网站上供读者检验参考，由此将可提升研究的准确性与严密性。从读者角度而言，OA 除了降低获取使用期刊的成本以外，更重要的是，读者可通过 Google Scholar、Citeseer 或 Citebase 等搜寻引擎找寻其所需的学术论文。由于许多研究者都习惯在各自专业领域资料库中寻找相关文献，不易得知其他领域的相关

---

① Mukherjee B. "The hyperlinking pattern of open-access journals in library and information science: A cited citing reference study". *Library & Information Science Research*, 2009, 31 (2): 113.

主题研究文献，但是利用 OA 期刊与互联网，研究者就可更轻易地获取其他领域的相关学术文献，从而有助于实现跨领域研究和建立跨领域的连接。随着越来越多的 OA 文献及其引用关系的产生，就可形成更加复杂的 OA 文献连接行为，如链式引用连接（是指 3 篇或 3 篇以上文献按照同一方向彼此引用而形成的连接关系）、共引连接（是指两篇不同文献被别的文献同时引用所形成的连接关系）、耦合引用连接［是指两篇（或多篇论文）同时引用一篇论文所形成的连接关系］等。这些 OA 文献引用连接行为实质上是 OA 文献之间的"资源"交换过程，这些资源是指任何文献单元内容，如段落、语句、标题、作者、单位、主题词、关键词、观点或思想、定义、数据、图表、术语、范例、模型、原理、技术、方法、来源等。当被引文献中的上述单元信息出现在引用文献中，这种引用关系对应的就是文献单元内容的交换关系，从而把引用文献与被引文献直接连接起来，为引用文献提供有力的证据、科学的方法、附加或背景信息，或进一步的解释、说明或反驳，从而实现文献引用的目的。若其他人查找或使用某篇 OA 文献，可以通过其引用关系发现与了解更多的其他 OA 文献，从而建立更多与被引 OA 文献的连接。

一方面，OA 文献引用不仅包含资源交换关系，而且也能体现权力交换关系。依据网络交换理论，OA 文献引用网络是一种积极连接的网络，节点连接对象的多少决定其权力的大小，连接对象越多，该节点权力越大，代表越重要的节点位置；反之亦然。在 OA 文献引用网络中，一些 OA 文献可能由于某些原因，如作者声望很高、学术质量很高、属于学科领域的最热门研究主题，可能会拥有比其他 OA 文献更大的权力，可以吸引更多的其他 OA 文献与之发生连接，即引用关系；也就是说，某些 OA 文献可以通过权力交换关系来获得与其他 OA 文献的连接。

另一方面，OA 文献引用也体现了 OA 文献引用网络中的位置交换关系。处于中心节点的 OA 文献虽然不一定拥有最大的权力，但是往往比边缘节点（或末节点）可以连接更多的其他 OA 文献。不过，随着 OA 文献的不断发展与壮大，过去某段时期可能处于分支节点（或末节点）的 OA 文献有可能成为新的中心节点，从而与更多的其他 OA 文献连接起来。因此，可以利用 OA 文献引用网络中的位置交换关系来影响 OA 文献的连接。例如，假设图 4.2（a）和图 4.2（b）是两个 OA 文献引用网络，从图 4.2（a）来看，节点 R_{i_k}、R_{j_k} 是该网络中的两个中心节点，R_{n_k} 是次级中心节点。在图 4.2（b）中，由于 R_{j_k} 与 R_{n_1}、R_{n_k} 产生了连接，这时整个网络的中心节点是 R_{j_k}，R_{i_k} 下降为次级中心节点，因为节点 R_{j_k} 比 R_{i_k} 连接更多的对象。这就说明，OA 文献引用网络中节点权力大小的变化即意味着该节点连接对象或连接行为发生了变化。

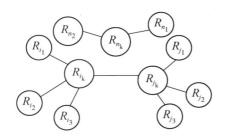
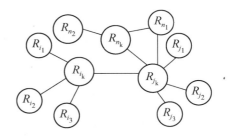

图4.2（a） OA 文献引用网络（1）　　图4.2（b） OA 文献引用网络（2）

基于上述分析，可以提出如下研究假设：

H2B1：OA 文献单元之间的资源交换关系可以影响 OA 文献引用；

H2B2：OA 文献所处节点权力可以影响 OA 文献引用；

H2B3：OA 文献所处节点的位置可以影响 OA 文献引用。

（三）OA 资源整合连接行为解析

OA 资源整合，是指通过建立学科知识库、机构知识库或 OA 期刊库，将处于不同位置、属于不同机构的分散的、异构的 OA 资源连接起来，形成统一的检索系统和平台，实现 OA 资源综合与高效利用的过程。目前涌现了一些知名的 OA 资源整合平台，这包括：①学科知识库，如 arXiv 电子印本文档库、图书情报学电子印本（E-LIS）、中国预印本服务系统、中国科技论文在线等；②机构知识库，如 OpenDOAR、ROAR、生物医学中心、公共医学中心、J-STAGE 等；③OA 期刊库，如 Open J-Gate 等。不管哪种类型的 OA 资源整合平台，它实质上是 OA 社会网络中的一个中心节点，能够与其他分节点即某个 OA 期刊或某篇 OA 文献建立广泛的连接，从而把 OA 资源、OA 行动者紧密连接起来。这种连接可以触发更多的直接或间接连接。从网络交换理论角度来看，OA 资源整合包含位置交换关系、权力交换关系、身份交换关系。

从位置交换关系来看，OA 资源整合意味着 OA 社会网络节点位置的变化，而这种变化可以引发节点之间的各种连接行为。一般说来，若 OA 社会网络中的某些资源节点彼此独立，没有直接联系，即使它们都能被 OA 用户访问，但这些资源节点不产生直接连接行为，处于均等网络位置状态，如图 4.3（a）所示。然而，当这些 OA 资源按照某种资源属性或方法被"整合"起来，各自成为某种资源库中的一部分，这时该资源库就成为 OA 社会网络中的某个中心节点［如图 4.3（b）中的 R_i］，与其下位类节点［如图 4.3（b）中的 R_{i_1}、R_{i_2}、R_{i_j}］之间形成资源连接关系。OA 用户（如 A_n）只要访问该中心节点，就可检索与利用原来分布在各处的 OA 资源（如 R_{i_1}、R_{i_2}、R_{i_j}）。类似的连接行为可以发生在存在上下级位置交换关系的其他 OA 节点之间（如 R_j），从而在 OA 社会网络产生更多的连接行为。

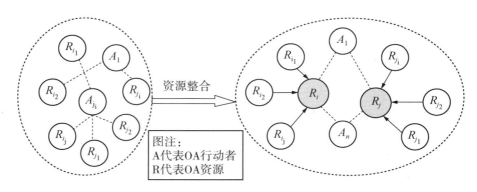

图 4.3（a）　资源整合前的 OA 社会网络　　图 4.3（b）　资源整合后的 OA 社会网络

OA 资源整合也意味着 OA 社会网络相关节点权力的变化，这些权力变化可以引发相应的 OA 资源连接行为。这是因为，权力与 OA 行动者在 OA 社会网络中的位置有关，整合后的 OA 资源节点往往随着整合对象——OA 资源数量的增加，权力越来越大，还可以引发多种基于权力交换关系的连接行为，如中心节点与一般节点之间的连接、学科知识库或机构知识库与单篇 OA 文献的连接、OA 期刊库与 OA 期刊的连接等。例如，开放获取期刊目录（DOAJ）在最初建立时，仅仅收录了 350 种 OA 期刊，后来随着其社会影响力（即在 OA 社会网络中的权力）的显著提高，吸引越来越多的 OA 期刊主动加入其中，如今可以与 10524 种 OA 期刊实现互连。①

OA 资源整合还可以利用 OA 社会网络节点的身份交换关系来实现节点（包括 OA 行动者、OA 资源）之间的连接。例如，作为国内知名的机构知识库，中国科技论文在线整合了国内 43 个一级学科领域的优秀期刊及其学术论文，成为整个 OA 社会网络上的一个重要节点。从中国科技论文在线本身来看，它所构建的 OA 社会网络是由多个栏目（形同于中心节点）、OA 期刊、OA 论文、OA 作者及其相互关系组成的。这些栏目主要包括"首发论文""名家推荐""科技期刊""热度视界""专题论文""博士论坛"

---

① DOAJ［EB/OL］.［2015－08－27］. http://www.doaj.org/.

"OA 资源平台""优秀学者""自荐学者"等。① 这些不同栏目有利于区分 OA 期刊、OA 学术论文或 OA 作者的身份,并利用其身份转化来参与 OA 活动。例如,某个 OA 用户可以利用"自荐学者"栏目,实现其身份由 OA 用户向 OA 资源的贡献者或组织者转化,从而与其他 OA 作者或 OA 文献关联起来。

基于上述分析,可以提出如下研究假设:

H2C1:OA 资源交换关系可以影响 OA 资源整合;

H2C2:OA 社会网络节点位置的变化可以影响 OA 资源整合;

H2C3:OA 社会网络节点权力的变化可以影响 OA 资源整合;

H2C4:OA 行动者的身份交换可以影响 OA 资源整合。

(四) OA 资源共享连接行为解析

OA 行动者可以利用 OA 期刊、学科知识库或机构知识库等方式实现 OA 资源共享。这些 OA 资源共享存在资源交换关系、权力交换关系、情感交换关系、成本－收益交换关系,可以在 OA 社会网络节点之间建立多种不同方式的连接行为。

很显然,OA 社会网络中的不同节点拥有不同的 OA 资源,OA 资源的差异引发 OA 资源在不同节点上的流动,使不同节点产生资源交换关系。这些资源交换关系反过来有助于实现节点之间的多种互连行为。这包括:①OA 文献互连,包括基于 OA 文献超链接的连接、基于 OA 文献引用的连接;②OA 文献与 OA 媒介、OA 出版者或提供者的互连;③OA 媒介互连,包括同一机构所辖的多种 OA 媒介(如 OA 期刊、学科知识库、机构知识库、OA 网站等)的互连,相同或相近学科的,但属于不同机构的 OA 媒介的互连,某类 OA 媒介(如 OA 期刊)与另一类 OA 媒介(如 OA 知识库)之间的互连等;④OA 媒介与 OA 资源的拥有者或提供者的互连;⑤OA 资源拥有者或提供者与 OA 资源需求者或利用者的互连,比如,基于 CCL 的开放教育资源(OER)共享行为②和基于开放联盟的欧洲 OA 基础设施研究(OpenAIRE)资源共享行为。③

由于 OA 社会网络整体上是一种非均衡权力网络,尽管在某个局部区域各节点可能处于权力均衡位置,能够形成均等连接。但是,从更广的范围来

---

① 中国科技论文在线[EB/OL].[2017 – 01 – 11]. http://www.paper.edu.cn/.

② OER Commons[EB/OL].[2015 – 08 – 27]. http://www.oercommons.org/.

③ OpenAIRE:Open access infrastructure for research in Europe[EB/OL].[2015 – 08 – 27]. http://www.openaire.eu/.

看，不同节点存在权力差异及其权力交换关系，这些权力交换关系可以诱发节点之间的资源共享行为，即中心节点（强权力方）与相邻节点（弱权力方）的互连与资源交换。这里仍以中国科技论文在线为例来作说明。中国科技论文在线本身可作为 OA 社会网络中的一个中心节点，其所载不同期刊都是它的一级分支节点，某篇 OA 期刊论文、OA 用户（即读者）和 OA 论文作者都是其二级分支节点。在此三级 OA 社会网络中，作为中心节点的中国科技论文在线平台可以吸纳和组织那些符合其标准的 OA 期刊，以方便更多的 OA 用户阅读更多的 OA 文献。这个资源共享过程实质上是中国科技论文在线平台利用其自身在 OA 社会网络中的权力优势来控制与影响其分支节点的行为，而且往往是该平台控制的 OA 期刊越多，即权力越大，OA 资源共享的效益（或效果）越好。

OA 社会网络不仅在 OA 行动者之间存在各种各样的情感交换关系，而且作为一种联合交换（joint exchange）行为，OA 资源共享可以在 OA 行动者之间产生积极的整体性情感和责任分担意识，比如，OA 倡导信息的免费、公平、及时获取以及 OA 合作理念。这取决于 OA 行动者首先要对 OA 达成正确的共识，并基于 OA 理念与规则，通过情感交换和履行各自所应承担的角色，增强 OA 行动者之间、OA 行动者与 OA 社会网络之间的情感连接，并形成紧密关联的 OA 群体，最终构建一种正连接 OA 社会网络。反过来，这种正连接社会网络又会在 OA 行动者之间产生更加积极的整体性情感（比如，作为富有盛誉的某个 OA 机构的成员或会员而感到自豪），从而进一步促进 OA 资源共享。

OA 虽然需要一定的投资与运营成本，但是可以获得更大的经济利益、政治利益与社会利益。OA 既可以降低出版成本与费用，加速出版流程与缩短出版周期，也能够为用户免费提供电子文献资源的阅读、下载、复制、传递、链接等活动，扩大 OA 资源传播范围，提高 OA 资源共享效率，促进跨学科研究和科学知识的创造、转移与存储，还可以加快学术成果的及时推广与应用，提高作者或机构的名誉与声望以及科学研究的整体功效，使 OA 行动者和整个社会从 OA 资源共享中受益。

基于上述分析，可以提出如下研究假设：

H2D1：OA 行动者之间的资源交换可以影响 OA 资源共享；

H2D2：OA 社会网络节点的权力交换可以影响 OA 资源共享；

H2D3：OA 行动者之间的情感交换可以影响 OA 资源共享；

H2D4：OA 的成本–收益交换关系可以影响 OA 资源共享。

(五) OA 资源保存连接行为解析

OA 资源保存可能涉及跨地域、跨学科的 OA 资源和 OA 行动者。OA 期刊、OA 知识库、图书馆、期刊出版社和第三方的数据存储机构等往往都负有一定的资源保存责任，需要上述 OA 行动者组成一种责任共担的 OA 资源保存合作机制[①]，从而在 OA 资源、OA 媒介、OA 行动者两两之间建立长期稳固的连接关系。这些连接关系主要包括：①基于 OA 资源保存政策或资金支持的连接，即利用国家或区域 OA 资源保存政策或项目资金的支持来实施 OA 资源保存，从而把政府机构、OA 资源保存者、OA 资源三者连接起来；②基于 OA 资源保存技术或设备的连接，即在 OA 资源保存过程中通过利用外部提供的先进技术或设备来实现的 OA 资源保存，从而把 OA 资源保存者、OA 资源保存的支持者、OA 资源三者连接起来；③基于 OA 资源合作保存主体权利与义务关系的连接，即在明确 OA 合作保存主体（如政府机构、各类文献机构、出版商、商业性组织、非营利性机构、个人等）权利与义务的基础上通过 OA 资源合作保存而实现的各参与方的连接。这种权利与义务关系是：政府机构在 OA 资源合作保存中可以发挥倡导者、领导者与监督者的作用；各类文献机构（主要是指各种类型的图书馆与各级情报所或情报中心）要发挥 OA 资源合作保存的组织者、领导者、协调者与实施者的作用；出版商、商业性组织、非营利性机构、个人等都可在 OA 资源合作保存中履行其不同的角色，如 OA 资源的生产者或提供者、OA 资源保存的组织者或实施者。

OA 行动者可利用 OA 节点的位置交换关系实现 OA 资源保存。对于 OA 资源独立保存来说，虽然由某一机构（如国家图书馆或开放机构库）独立承担长期 OA 资源保存责任，但是这些资源大部分是由其他出版机构或个人提交给该机构的。这实质上是在其他出版机构或个人与该机构之间形成下位－上位节点（即分支节点与中心节点）关系，这时 OA 资源保存主要由中心节点所在机构承担，从而实现 OA 资源的集中独立保存。若采用 OA 资源合作保存模式，则会在各参与方之间形成平行关系，并由此构建一个由均等位置节点组成的 OA 资源保存网络，这时各个节点按照相关合作协议都要分担一部分 OA 资源保存任务，由此实现 OA 资源的合作保存。因此，通过定位或调整 OA 行动者在 OA 资源保存网络中的具体位置及其与其他 OA 行动者之间在资源保存方面的合作关系，可以发现或优化 OA 资源保存关系。

[①] 参见王志庚、汪东波《开放存取资源的管理与服务》，载《国家图书馆学刊》2007 年第 2 期，第 31 页。

OA 行动者也可利用其权力交换关系实现 OA 资源保存。OA 资源保存在某种程度上也是 OA 行动者权力交换的结果。例如，从集中独立保存模式来看，OA 资源拥有者将其 OA 资源提交并委托某机构独立保存 OA 资源时，实质上是该 OA 资源拥有者将其 OA 资源的传播权转让给某保存机构来求得自己 OA 资源保存义务的豁免，从而以 OA 资源保存权力的高度集中来实现 OA 资源的集中独立保存。从合作保存模式来看，尽管各个 OA 行动者都拥有保存 OA 资源的权利与义务，但是各方可以进行分工合作。比如，由某个主导机构负责 OA 资源保存活动的规划管理与长期存储，同时联合多家相关机构共同进行资源建设与存档，从而以 OA 资源保存权力的有限集中与资源共建来实现 OA 资源的集中合作保存；或由各个 OA 资源保存机构根据自己的需求进行分布式存储，并在技术、标准、标识符等方面保持一致，从而以 OA 资源保存权力的分享与技术协调来实现 OA 资源的分布式合作保存。

基于上述分析，可以提出研究假设：

H2E1：OA 资源保存政策或资金可影响 OA 资源保存；

H2E2：OA 资源保存技术或设备可影响 OA 资源保存；

H2E3：OA 行动者的权利与义务关系可以影响 OA 资源保存；

H2E4：OA 行动者所处节点的位置交换可以影响 OA 资源保存。

四、基于网络交换理论的 OA 连接行为的实证研究

基于上述理论分析，设计了包含上述 20 个研究假设的调查问卷（参见附录 B），在 2014 年 10 月至 2014 年 12 月之间进行了问卷调查。这次问卷调查综合采用发送问卷呈网站地址链接、电子邮件和发放纸质问卷等方式进行，调查对象主要是高校教师和研究生、图书馆员、期刊编辑、其他科研工作者等。共回收 213 份网上答卷和纸质答卷（发放 250 份纸质问卷），剔除无效答卷 63 份，最终得到有效问卷 150 份。采用李克特五分制方法，分别给调查问卷题项中的"非常同意""同意""不能确定""不同意""非常不同意"赋值为 5、4、3、2、1。运用 SPSS 19.0 统计分析软件从效度分析、信度分析、因子分析三方面来验证上述研究命题。

（一）效度分析

对于一份问卷来说，效度直接反映了问卷的有效性和正确性，相关系数至少要在 0.4 以上，即题项与总分的相关不仅要达到显著，而且两者间的相关要呈现中高度关系。表 4.1 数据显示，所有题项与其总分的相关均达到显

著水平,即显著性(双侧)都为 0.000,而且相关系数在 0.465 至 0.666 之间,满足效度要求,适合做实证分析。

表 4.1 题项与其总分的相关性

		H2A1	H2A2	H2A3	H2A4	H2A5	H2B1	H2B2	H2B3	H2C1	H2C2
前20项总分	Pearson	0.651**	0.593**	0.492**	0.609**	0.633**	0.569**	0.484**	0.555**	0.501**	0.488**
	显著性(双侧)	0.000	0.000	0.000	0.000	0.000	0.000	0.000	0.000	0.000	0.000
	N	150	150	150	150	150	150	150	150	150	150
		H2C3	H2C4	H2D1	H2D2	H2D3	H2D4	H2E1	H2E2	H2E3	H2E4
前20项总分	Pearson	0.510**	0.465**	0.655**	0.646**	0.666**	0.674**	0.658**	0.640**	0.588**	0.476**
	显著性(双侧)	0.000	0.000	0.000	0.000	0.000	0.000	0.000	0.000	0.000	0.000
	N	150	150	150	150	150	150	150	150	150	150

注:** 在 0.01 水平(双侧)上显著相关。

(二)信度分析

一般来说,调查问卷的信度越高,调查结果越可信。本次调查的总量表克隆巴赫α(Cronbach α)系数为 0.895,达到较高信度水平。而且,"题项总计统计量"(见表 4.2)数据中各题项的"校正的题项总计相关性"都大于 0.4,"题项已删除的克隆巴赫α值"数值在 0.887 与 0.894 之间,都小于 0.895,这说明调查问卷内部一致性较好,总体信度较高。

表 4.2 题项总计统计量

题项	题项已删除的刻度均值	题项已删除的刻度方差	校正的题项总计相关性	题项已删除的克隆巴赫α值
H2A1	74.63	74.63	0.600	0.888
H2A2	74.74	74.74	0.538	0.890
H2A3	74.81	74.81	0.432	0.893
H2A4	74.63	74.63	0.550	0.890

续表 4.2

题项	题项已删除的刻度均值	题项已删除的刻度方差	校正的题项总计相关性	题项已删除的克隆巴赫α值
H2A5	74.70	74.70	0.577	0.889
H2B1	74.59	74.59	0.501	0.891
H2B2	74.64	74.64	0.412	0.894
H2B3	74.65	74.65	0.487	0.891
H2C1	74.45	74.45	0.437	0.893
H2C2	74.69	74.69	0.426	0.893
H2C3	74.87	74.87	0.452	0.892
H2C4	74.87	74.87	0.401	0.894
H2D1	74.64	74.64	0.594	0.888
H2D2	74.78	74.78	0.595	0.888
H2D3	74.88	74.88	0.604	0.888
H2D4	74.59	74.59	0.623	0.887
H2E1	74.65	74.65	0.602	0.888
H2E2	74.64	74.64	0.579	0.889
H2E3	74.81	74.81	0.521	0.890
H2E4	74.77	74.77	0.408	0.893

（三）因子分析

从表 4.3 所示的 KMO 和 Bartlett 的检验来看，KMO 的值为 0.867，显著性概率 P 值为 0.000 < 0.05，即说明总量表的相关矩阵间有共同因素存在，适合进行因子分析。

表 4.3　KMO 和 Bartlett 的检验

取样足够度的 Kaiser-Meyer-Olkin 度量		0.867
巴特拉特的球形度检验（Bartlett 检验）	近似卡方值	1138.770
	自由度	190
	显著性	0.000

采用主成分分析法萃取因子，筛选特征值大于 1 的特征根，得到 5 个共

同因子，其累积总方差解释量为 61.421%（见表 4.4），满足大于 50% 的要求。5 个共同因子的旋转成分矩阵见表 4.5。表 4.5 数据显示，5 个因子包含的因子负荷量均大于 0.400，即说明各题项与所在因子的相关性满足要求。因子 1 包括 H2D1、H2D2、H2D3、H2D4 共 4 个题项，可命名为"OA 资源共享"；因子 2 包括 H2E1、H2E2、H2E3、H2E4 共 4 个题项，可命名为"OA 资源保存"；因子 3 包括 H2A1、H2A2、H2A3、H2A4、H2A5 共 5 个题项，可命名为"OA 出版"；因子 4 包括 H2B1、H2B2、H2B3 共 3 个题项，可命名为"OA 资源引用"；因子 5 包括 H2C1、H2C2、H2C3、H2C4 共 4 个题项，可命名为"OA 资源整合"。

表 4.4　解释的总方差

成分	初始特征值			提取平方和载入		
	合计	方差的%	累积%	合计	方差的%	累积%
1	6.798	33.991	33.991	6.798	33.991	33.991
2	1.721	8.607	42.597	1.721	8.607	42.597
3	1.401	7.005	49.603	1.401	7.005	49.603
4	1.308	6.540	56.143	1.308	6.540	56.143
5	1.056	5.278	61.421	1.056	5.278	61.421
6	0.950	4.752	66.172			
…	…	…	…			
20	0.238	1.188	100.000			

表 4.5　旋转成分矩阵[a]

变量	因子成分				
	OA 资源共享	OA 资源保存	OA 出版	OA 资源引用	OA 资源整合
H2D1	0.812	0.211	0.157	0.081	0.098
H2D3	0.763	0.205	0.124	0.105	0.212
H2D2	0.674	0.182	0.201	0.093	0.233
H2D4	0.648	0.059	0.346	0.308	0.101
H2E3	0.020	0.749	0.313	0.131	0.081
H2E2	0.234	0.729	0.117	0.244	0.110
H2E4	0.205	0.705	0.038	0.045	0.015

续表 4.5

变量	因子成分				
	OA 资源共享	OA 资源保存	OA 出版	OA 资源引用	OA 资源整合
H2E1	0.179	0.698	0.174	0.198	0.248
H2A3	0.063	0.173	0.796	−0.067	0.074
H2A2	0.254	0.049	0.665	0.152	0.189
H2A4	0.281	0.224	0.569	0.125	0.136
H2A1	0.104	0.325	0.535	0.176	0.356
H2A5	0.439	0.113	0.518	0.228	0.067
H2B3	0.110	0.120	0.115	0.832	0.152
H2B2	0.119	0.158	0.080	0.778	−0.004
H2B1	0.174	0.199	0.036	0.756	0.190
H2C2	0.129	−0.004	0.127	0.066	0.839
H2C1	0.154	0.149	0.076	0.114	0.677
H2C3	0.101	0.161	0.146	0.178	0.620
H2C4	0.211	0.042	0.390	−0.088	0.452

注：提取方法是主成分分析，旋转法是具有 Kaiser 标准化的正交旋转法，a 旋转在 6 次迭代后收敛。

（四）因子信度检验

上述 5 个共同因子的克隆巴赫 α 系数均在 0.672 以上（见表 4.6），且 5 个共同因子包含的各题项对应的"校正的题项总计相关性"都在 0.400 以上，各题项对应的"题项已删除的克隆巴赫 α 值"都没有超过该因子对应的 α 值，由此说明 5 个共同因子的各个变量具有较高的可信度，即表示因子分析的结果是有效的。

表 4.6 因子信度检验

因子 信度指标	OA 资源共享	OA 资源保存	OA 出版	OA 资源引用	OA 资源整合
克隆巴赫 α 系数	0.826	0.794	0.774	0.787	0.672
以标准化项目为准的克隆巴赫 α 系数	0.825	0.793	0.775	0.787	0.679
题项数量	4	4	5	3	4

（五）小结

通过前面的实证分析，可以得知原有的 20 个研究假设得到验证，是成立的（见表 4.7）。

表 4.7　研究假设及其验证结果汇总

题项	研究假设	是否验证	所在因子
H2A1	OA 行动者之间 OA 资源的依赖与交换关系可以影响 OA 出版	是	OA 出版连接行为
H2A2	OA 行动者权力的交换和平衡可以影响 OA 出版	是	
H2A3	OA 行动者的身份交换关系可以影响 OA 出版	是	
H2A4	OA 成本-收益交换关系可以影响 OA 出版	是	
H2A5	OA 行动者的情感交换关系可以影响 OA 出版	是	
H2B1	OA 文献单元之间的资源交换关系可以影响 OA 文献引用	是	OA 文献引用连接行为
H2B2	OA 文献所处节点权力可以影响 OA 文献引用	是	
H2B3	OA 文献所处节点的位置可以影响 OA 文献引用	是	
H2C1	OA 资源交换关系可以影响 OA 资源整合	是	OA 资源整合连接行为
H2C2	OA 社会网络节点位置的变化可以影响 OA 资源整合	是	
H2C3	OA 社会网络节点权力的变化可以影响 OA 资源整合	是	
H2C4	OA 行动者的身份交换可以影响 OA 资源整合	是	
H2D1	OA 行动者之间的资源交换可以影响 OA 资源共享	是	OA 资源共享连接行为
H2D2	OA 社会网络节点的权力交换可以影响 OA 资源共享	是	
H2D3	OA 行动者之间的情感交换可以影响 OA 资源共享	是	
H2D4	OA 的成本-收益交换关系可以影响 OA 资源共享	是	
H2E1	OA 资源保存政策或资金可影响 OA 资源保存	是	OA 资源保存连接行为
H2E2	OA 资源保存技术或设备可影响 OA 资源保存	是	
H2E3	OA 行动者的权利与义务关系可以影响 OA 资源保存	是	
H2E4	OA 行动者所处节点的位置交换可以影响 OA 资源保存	是	

五、网络交换理论视角下提升开放获取连接行为的对策

上述实证研究证明,可以利用 OA 社会网络节点之间的资源交换关系、权力交换关系、身份交换关系、位置交换关系、成本－收益交换关系、情感交换关系来加强 OA 行动者之间、OA 资源之间以及 OA 行动者与 OA 资源之间的连接行为,包括 OA 出版、OA 文献引用、OA 资源整合、OA 资源共享、OA 资源保存等。

在 OA 出版方面,可以加强 OA 出版商、OA 读者及 OA 作者等的沟通,发挥各方特色并加强彼此的连接,从而加强 OA 资源交换关系;可以通过制定或修订相关协议,促进 OA 行动者权力的平衡从而加强权力交换关系;可以制定引导或激励措施,鼓励 OA 读者向 OA 作者转化,鼓励 OA 作者向同行评议者转化等,以此来加强 OA 身份交换关系;可以缩短科研成果出版周期,降低文献获取成本来加强 OA 成本－收益交换关系;还可以通过适当的宣传工作来树立良好的形象并呼吁大众的参与,加强 OA 情感交换关系。上述方式均能够促进 OA 出版工作的进行。

在 OA 文献引用方面,可以充分利用参考文献来扩展 OA 读者获得相关文献的方式,加强 OA 资源交换关系;可以与权力更大的节点合作,从而吸引来更多的连接对象,加强 OA 权力交换关系;还可以将 OA 文献放在位置更优越的中心节点,从而加强被其他文献引用的可能性,加强 OA 位置交换关系。上述方式均能够促进 OA 文献引用。

在 OA 资源整合方面,可以将不同学科 OA 资源进行整合,形成综合性的 OA 资源库,加强 OA 资源交换关系;可以让 OA 平台成为中心节点连接其他下位资源,加强 OA 位置交换关系;可以为 OA 文献选择权力更大的节点,增加能够引发更多 OA 资源整合的可能性,加强 OA 权力交换关系;还可以鼓励 OA 行动者更多地参与 OA 工作的其他环节,加强 OA 位置交换关系。上述方式均能够促进 OA 资源整合。

在 OA 资源共享方面,可以降低 OA 读者的门槛,让 OA 行动者可以更加便捷地参与 OA 的对应环节来促进 OA 资源交换关系;可以与强权节点或弱权节点积极合作,促进 OA 权力交换关系;可以为 OA 行动者参与 OA 工作进行荣誉表彰等,促进 OA 情感交换关系;还可以降低出版成本与费用,扩大 OA 资源传播范围,提高 OA 资源共享效率,促进 OA 成本－收益交换关系。上述方式均能够促进 OA 资源共享。

在 OA 资源保存方面,可以制定或修订更为合理的政策,引进更多的资

金；可以升级 OA 资源保存技术，引进先进保存设备；可以明确 OA 行动者的权利与义务关系，各司其职并加强合作；还可以利用中心节点与分支节点的位置交换来实现 OA 资源的集中独立保存或联合保存。上述方式均能够促进 OA 资源保存。

第五章　开放获取共享与合作机制
——基于社会网络关系的分析

在社会与经济发展中，社会网络关系既可促进人们之间共同价值准则的形成和实现，为社会经济运行提供一种新的激励、监督和约束机制，可强化人们相互间的道德自律，促进社会和经济的平衡发展，也有利于满足人们的高层次需求，促进社会网络型交流和提高国民精神文化素质，还有利于在信用体系不健全的市场环境中节约交易费用、提高市场运作速度和效率。① 因此，在社会网络关系的支持下，人们可以扩展发现并抓住新机遇的范围，大幅度地提高对信息的获取，增进对外部世界的了解，解决各自所遇到的许多难题。社会网络关系可以促进开放获取（OA）活动，主要是因为 OA 本质上是一种基于互联网的资源共享与合作关系。社会网络关系理论（即弱关系理论与强关系理论）可以为 OA 合作行为提供理论依据与指导作用。这一章在论述社会网络关系与开放获取关系的基础上，阐述开放获取中的弱关系与强关系现象，然后进一步解析基于弱关系的 OA 资源共享模型与行为及其实证研究，基于强关系的 OA 资源共享模型与行为及其实证研究。

一、社会网络关系与开放获取的关系

这里主要从弱关系与强关系两方面来解析社会网络关系与 OA 的关系。

（一）弱关系与开放获取的关系

弱关系理论认为，弱关系的使用在传播信息与影响、提供移动机会、帮助团体运行中起了重要作用②；弱关系使人们接触不同的社会圈子，帮助人

---

① 参见吴志清《对现代社会网络关系若干问题的分析》，载《上海经济研究》2004 年第 8 期，第 61 页。
② Lin N. "Social resources and instrumental action". In：Marsden P V, Lin N. *Social structure and network analysis*. Beverly Hills：Sage Publications, 1982：131-147.

们获得他们不知道的信息。① 换句话说，弱关系为行动者之间的合作奠定了基础，并可促进行动者之间的合作。

在 OA 社会网络，即 OA 资源之间、OA 行动者之间、OA 行动者与 OA 资源之间存在多种多样的弱关系。这包括：①供求关系，即文献需求者与提供者之间的文献需求与供给关系。这种关系的存在既是产生 OA 行为的前提，也是 OA 行动者进行合作的必要条件。②信息交流关系，即 OA 行动者之间因进行信息交流（如传递文献、发表评论、追加链接等）而形成的相互关系。这种信息交流并非面对面，行动者无须保持紧密的联系，一方对另一方也许并不知情，他们之间的关系是松散的、自由的。正是这种松散的信息交流关系为 OA 的合作提供了便利与保障，否则，若每次信息交流都要经过当事人或机构的授权，那么 OA 就失去了公开免费获取的本质特征。③关联关系，即 OA 行动者之间的直接或间接关联。在绝大多数情况下，OA 社会网络是一种只有低水平的连通性的稀疏网络，这种稀疏网络并非提供密集网络的深层社会支持，而是提供更多的获得新信息和不同观点的机会，允许编码化知识的有效转移。比如，原本不相识的 OA 行动者之间可以通过 OA 网络结识某个领域的专家，或加入某研究团队，分享彼此的观点，就某些项目研究、问题解答展开合作。这种合作完全是自愿的、无偿的，但又是互惠的。因此，正是 OA 行动者之间的弱连接关系为他们之间的合作创造了更多的可能与坚实的基础。

（二）强关系与开放获取的关系

强关系理论指出，强关系是关系亲密的同事、朋友和家庭成员之间久而久之反复形成的社会关系。强关系因存在如下几种原因可以增强人际影响、改善彼此之间的合作：①由于强关系连接的个人常常嵌入在同一亲属关系或朋友网络中，所以他们可以在群体内进行合作，包括共同做某些事情和避免做某些事情。②强关系意味着更高的情感投资和信任，这将改进人际影响，提高合作频率。③两个人的关系越强，他们越相似，彼此之间更有影响。

在 OA 社会网络中，OA 出版机构（如 OA 期刊、机构知识库、学科知识库、预印本文库等）与知名学者之间、知名学者与知名学者之间、密友之间，都存在强关系。这种强关系表现为如下三种方式：①信任关系。不管 OA 出版机构与知名学者之间，还是知名学者与知识学者之间或密友与密友之间，信任是他们参与 OA 必须具备的基本要素，这种信任既来源于 OA 社

---

① Kavanaugh A L, Reese D D, Carroll J M, et al. "Weak ties in networked communities". *The Information Society*, 2005, 21 (2): 119-131.

会网络，也嵌入 OA 社会网络之中，而 OA 行为也嵌入 OA 社会网络的信任结构之中。正是因为存在信任这种必不可少的强关系，OA 行动者之间的合作才能变成现实。②友谊关系。那些在 OA 活动中时常发生交互的行动者不仅可以建立一种信任关系，而且可以基于这种信任关系而建立深厚的友谊关系，这种友谊关系如同高效的润滑剂，可以为 OA 合作提供长期保障。③合作关系。OA 出版作为 OA 运动中的核心环节，它在 OA 作者之间、OA 作者与 OA 出版商之间构建了一种强关系，即 OA 出版关系。这种 OA 出版关系的存在是以 OA 行动者之间的合作为前提的，不管是几个作者以 OA 方式合作发表研究成果，或作者与出版商之间以签订出版协议方式合作出版研究成果。

二、开放获取中的弱关系与强关系现象

OA 活动中存在多种多样的弱关系与强关系现象。

（一）开放获取中的弱关系现象

开放获取中的弱关系现象主要包括如下几种类型。

1. 基于学科专业知识关联性的弱关系

由于存在学科专业知识的交叉与渗透，因此，在 OA 资源之间存在广泛的弱关系。这主要体现在如下两方面：①相同学科领域 OA 资源的弱关系。在相同学科领域，不同名称的 OA 资源可以通过学科专业知识的关联形成弱连接，从而在 OA 资源之间建立弱关系。这种弱关系常常发生在 OA 文献单元（即单篇 OA 文献）之间、OA 文献集合（如 OA 期刊、OA 知识库）之间。②相近学科领域 OA 资源的弱关系。在相近而非同一学科领域，由于也存在学科之间的交互关系，因此，不同学科的 OA 资源可以通过相关学科知识的关联形成弱连接。比如，"图书馆与信息科学"类资源与"媒体和通信"类资源就可以因为同时刊载相同主题（如多媒体或数字媒体）论文而形成弱连接。

2. 基于 OA 资源整合的弱关系

不同类型的 OA 资源可以通过同一个 OA 知识库（如学科知识库、机构知识库）或检索平台形成弱连接，从而在 OA 资源之间建立弱关系。例如，中国科技论文在线系统是国内知名的机构知识库，所收录的学术论文以自然科学、科学技术类为主，兼收部分社会科学类论文，涵盖 43 个一级学科，已成长为一个大型学术论文数据库。它通过多个栏目，如"首发论文""名

家推荐""科技期刊""热度视界""专题论文""博士论坛""OA 资源平台",把 OA 资源整合起来,并提供快速、全文的检索,同时利用相关栏目,如"优秀学者""自荐学者"把 OA 资源与 OA 行动者关联起来,为用户了解与共享学科专家资源提供了简易的通道。

3. 基于 OA 资源链接的弱关系

超链接(hyperlinks)产生于各种各样的互联网文档,那些指向 OA 期刊论文的超链接可与正式的引用相比,但在功能上不等于传统引用。[①] OA 可以利用超链接在 OA 文献中任何一处地方实现文字、数字、图表、脚注、尾注、标记等内容之间的相互链接,从而揭示文献之间、文献要素之间的关联,帮助人们发现更多相关的文献或内容。这种超链接(或内链接)可以源自各种类型的 OA 资源,特别是 OA 期刊论文、会议论文、研究报告、图书或图书章节、工作文档、作者个人网站或简单的网页等。因此,OA 资源可以凭借这种内容链接功能,在 OA 资源之间建立弱关系。这对于打破文献传递的时空限制、挖掘文献的潜在价值和提高文献利用率具有十分重要的促进作用。目前,开放获取期刊目录(DOAJ)和开放获取期刊门户(Open J-Gate)就是两个成功的典范。

4. 基于 OA 资源获取的弱关系

当 OA 行动者通过 OA 媒介(如 OA 期刊、OA 知识库、OA 网站等)浏览、检索、阅读、下载某篇 OA 文献时,这实质上就在 OA 行动者与 OA 资源之间建立了一种临时的弱连接,代表 OA 行动者在某个时点曾经访问或利用过某篇 OA 文献。通过对大量这种弱关系的统计分析,可以揭示人们对 OA 资源的偏好与及其利用规律,也可用来进行学术研究主题的跟踪,或分析与评估 OA 资源的质量与利用率。

5. 基于 OA 出版的弱关系

BOAI 明确要求权利人授予任何用户对自己作品的阅读、下载、复制、传播、打印、检索、链接、游历(crawl)、索引和输入软件等九种权利;《贝塞斯达(Bethesda)OA 出版声明》又增加公开展示、创作衍生作品、传播衍生作品和为个人使用目的印制少量复本的权利。OA 出版可以基于著作权许可使用协议在 OA 作者、OA 使用者、OA 资源、OA 媒介之间建立多种弱关系。利用 OA 文献及其参考文献,OA 出版可帮助作者与相同或相近学科领域的其他作者形成弱连接,发现该领域具有共同兴趣的研究群体及其研究主题。另外,OA 出版商也可以利用其 OA 媒介展现 OA 文献或其他 OA 媒

---

① Mukherjee B. "The hyperlinking pattern of open-access journals in library and information science: A cited citing reference study". *Library & Information Science Research*, 2009, 31 (2): 113 - 125.

介,使 OA 出版商与 OA 媒介、OA 文献很好地关联起来,从而起到 OA 媒介品牌营销与 OA 文献资源共享的双重作用。

6. 基于 OA 平台共用的弱关系

不同机构或不同地理位置的 OA 行动者或 OA 资源可以通过共用统一、集成的 OA 平台,如 OpenDOAR、ROAR、生物医学中心、公共医学中心、中国科技论文在线等,建立 OA 行动者之间或 OA 资源之间的弱关系,这种弱关系既有助于 OA 个人发现与了解某学科领域更多的研究专家和潜在的合作对象,也有助于 OA 出版商增加彼此之间的合作与交流机会,比如同行评议、学术交流等。当然,对于同一机构内或同一学科领域内的 OA 行动者,也可以借用某 OA 平台建立强关系,并由此加速或增强 OA 资源共享。

(二) 开放获取中的强关系现象

开放获取中的强关系现象主要包括如下几种类型。

1. OA 出版中的强关系

OA 出版可以在 OA 文献、OA 媒介、OA 出版商、作者之间建立多种强关系。一个作者对其发表的论文、报告或著作拥有著作权,这种著作权即代表作者与其发表的文献之间存在强关系。当作者与 OA 出版商就发表研究成果签订某种出版协议,包括书面出版合同或电子出版合同,或同意采纳著作权许可使用协议时,作者就与 OA 出版商、OA 媒介建立了受知识产权法、合同法及出版管理条例多重保护的强关系,包括作者对 OA 出版物的署名权、发表权、修改权、保护作品完整权、使用权和报酬权[①]以及许可权等。这些强关系成为 OA 出版的基础。

2. OA 资源组织中的强关系

OA 资源与其组织者(或提供者)存在法律上的权责关系,这种权责关系是一种强关系,它既是界定与维护 OA 资源产权与责任的基础,也是 OA 行动者必须遵循的基本原则。如今,OA 资源分布十分广泛,除了一些独立存在的 OA 资源外(如某个 OA 期刊),越来越多的 OA 资源被组织起来,形成一个集成的 OA 资源库。OA 资源组织是 OA 行动者利用 OA 协议、OAI-PMH 等进行 OA 资源及其内容和元数据的提供、描述、规范化控制和深度标引的一系列行为,涉及 OA 行动者在 OA 资源编目、链接与管理方面的合作行为,体现出多种多样的强关系,如资源提供关系、资源链接关系、联合编目关系、互操作关系等。

---

① 参见黄先蓉、徐丽芳《网络出版的权利与义务》,载《出版发行研究》2001 年第 4 期,第 44–45 页。

3. OA 资源保存中的强关系

OA 资源的价值性、独特性和唯一性决定了其必须得到妥善且长久的保存和保护。但由于 OA 资源类型繁多、来源广阔，特别是对于某些 OA 资源库，可能涉及跨地域、跨学科的 OA 资源和 OA 行动者，又由于 OA 资源目前并没有被纳入文献呈缴的法制体系，所以需要制定 OA 资源的保存政策，明确不同 OA 行动者的保存责任。OA 期刊、OA 知识库、国家图书馆、期刊出版社和第三方的数据存储机构等都应负有一定的资源保存责任，组成一种责任共担的 OA 资源保存合作机制①，即在 OA 资源与 OA 行动者之间建立长期稳固的强关系，如 OA 资源保存的法律保护、政策与资金支持、技术与设备保障以及合作保存主体的权利与义务关系等。

4. OA 平台共用中的强关系

目前涌现出了许多资源丰富的 OA 平台，如 DOAJ、OpenDOAR、ROAR、生物医学中心、公共医学中心、Open J-Gate、J-STAGE、中国科技论文在线等。这些 OA 平台不仅收录了许多 OA 资源，而且本身可作为 OA 社会网络中的某些中心节点，与其他 OA 资源（即分支节点）建立广泛的强关系，如基于同一 OA 平台的 OA 资源共享关系、基于同一 OA 平台的 OA 资源集成检索关系、基于同一 OA 平台的 OA 资源分类统计与排序关系等。

（三）国内 OA 研究论文中的作者合作关系——基于社会网络关系的分析②

选择 CNKI"中国学术期刊网络出版总库"和"中国重要会议论文全文数据库"中收录的所有 OA 论文作为统计对象，检索时间段为 2004—2012 年，剔除不相关文献及重复文献后得到有效记录 1377 条（检索日期为 2013 年 2 月 28 日）。1377 条有效数据中，合作论文为 551 篇，合作率为 40.01%，涉及作者 1560 位，合作度为 1.13，其中 1041 位为合作作者，占 66.73%。选用社会网络分析软件 UCINET6.382 作为数据处理分析工具。

1. 确定核心作者

根据普赖斯定律：杰出科学家中一位最低产作者发表的论文数量，等于最高产科学家发表的论文数的平方根的 0.749 倍。核心作者的论文下限数 $m = 0.749 (n_{max})^{0.5}$，其中 n_{max} 为最高产作者的论文数。1560 位作者中，最高

---

① 参见王志庚、汪东波《开放存取资源的管理与服务》，载《国家图书馆学刊》2007 年第 2 期，第 27－32 页。

② 参见完颜邓邓、盛小平《国内开放获取研究论文中的作者合作关系——基于社会网络的分析》，载《图书馆理论与实践》2014 年第 7 期，第 42－45 页。

产作者的发文量为 17 篇。经计算，m 取邻近最大整数 4。所以，将发文 4 篇以上的作者列为该研究领域的核心作者，共有 72 位，其中 13 位为独著作者。该 72 位高产作者共发文 363 篇，占论文总数的 26.36%。去掉 13 位独著作者，得出有合作关系的 59 位核心作者，见表 5.1。

表 5.1 有合作关系的核心作者

序号	作者	发文数	序号	作者	发文数	序号	作者	发文数
1	黄如花	16	21	王宝英	6	41	范亚芳	4
2	胡德华	15	22	杜海洲	6	42	曾湘琼	4
3	祝忠明	15	23	张晓林	6	43	王珏	4
4	马建霞	12	24	初景利	6	44	杨勇	4
5	邓君	11	25	徐丽芳	6	45	渠芳	4
6	李麟	10	26	刘贵玉	5	46	柯平	4
7	王颖洁	9	27	刘细文	5	47	卢利农	4
8	王应宽	9	28	王洪娟	5	48	王学勤	4
9	方卿	9	29	王云娣	5	49	马海群	4
10	何琳	8	30	肖冬梅	5	50	毕强	4
11	任胜利	8	31	钱建立	5	51	王小唯	4
12	马爱芳	8	32	张红芹	5	52	阎雅娜	4
13	黄水清	7	33	程维红	5	53	刘芳	4
14	郎庆华	7	34	肖可以	5	54	王静	4
15	黄敏	7	35	陶雯	5	55	郭淑艳	4
16	刘海霞	7	36	孙坦	5	56	肖希明	4
17	李若溪	7	37	翟金金	5	57	崔宇红	4
18	李武	6	38	袁勤俭	5	58	常艳	4
19	黄颖	6	39	宗乾进	5	59	姜颖	4
20	刘锦宏	6	40	吴漂生	4			

2. 绘制作者合作关系网络图

这里，作者合作关系网络专指不同作者因合作撰写研究论文而形成的关系网络。对作者合作关系网络进行研究，有助于人们了解该网络中信息流动和传播的特点及规律。对上述 59 位核心作者，首先在 Excel 中运用 VBA 编程构造合作矩阵，将生成的矩阵导入 UCINET 中，然后使用 NetDraw 绘制作者合作关系网络图（如图 5.1 所示）。由于作者间的合作是相互的，所以该网络图是无向对称的。图中节点表示作者，节点间连线表示作者间有合作关系，连线的粗细与合作程度成正比，连线越粗说明他们合作的次数越多，反之合作次数越少。由于关系矩阵是非二值矩阵，所以建立的合作网络是有权值的，边的权值为合作次数。在 59 位核心作者中，由于 19 位作者（如何琳、郎庆华等）没有与其他核心作者合作过，所以他们在图 5.1 中是单节点（位于图 5.1 左边），其余 40 位作者分别成为 14 个子网中的节点。

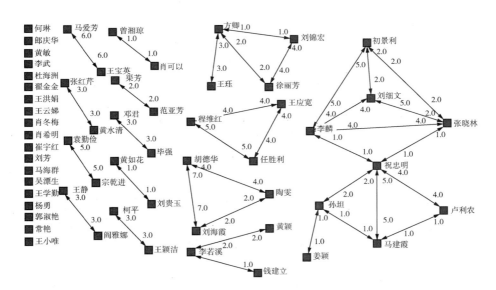

图 5.1 国内 OA 核心作者合作关系网络

图 5.1 初步显示了国内 OA 领域核心作者的合作关系，有如下几个特点。

（1）整个国内 OA 核心作者合作关系网络（以下简称"整个网络"）相对松散，连通性不好。图 5.1 所示的整个网络是非连通图，由相互独立的子网组成，这包括：19 个单人构成的单点型子网、10 个两人形成的双核型子网、2 个三节点网络、1 个四节点网络和 1 个九节点网络。这些不同子网之间并没有关联，因此，整个网络连通性不好。

（2）合作团体的数量少，规模都较小。在图 5.1 中，最大的合作子网是以祝忠明为核心的作者群，共有 9 人；其次是以方卿为核心的由 4 人形成的合作子网，其余均是两三人形成的合作子网或单独由某人构成的单点型子网。由此看来，国内 OA 领域没有形成规模大、数量多的合作团体。

（3）合作范围不广。通过分析作者单位，可以发现作者之间的合作范围狭窄，基本是同一机构或同一地域内的合作。最大的合作团体是图 5.1 中最右边的合作子网，其作者除姜颖来自北京师范大学管理学院以外，其余 8 位作者均来自中国科学院系统。而由程维红、任胜利、王应宽构成的合作子网，虽然 3 位作者分别来自 3 个不同的单位，但是同属于北京地区。

（4）作者合作程度有明显差异。整个网络中作者的合作程度差异较大，这不仅体现在不同子网中的作者几乎没有合作关系，而且表现为不同子网中的作者合作程度也有明显不同。例如，在图 5.1 中，胡德华和刘海霞之间的连线最粗，合作发文 7 篇，表明这两位作者的合作关系最强；孙坦、张晓林、李麟、刘细文、马建霞分别与 3 个及以上的作者有合作关系。另外，即使对于同一合作子网，其内部的作者并非都有合作关系。例如，黄颖和钱建立虽然在同一合作子网，二者却没有合作关系。

3. 合作关系网络密度、中心性与小团体分析

（1）密度分析。密度是指一个图中各个点之间联络的紧密程度，在一定程度上表征着这个网络中关系的数量与复杂程度。密度越大的网络，节点间联系越紧密，合作行为越多，信息交流越容易；反之则会阻碍信息交流与合作。整体密度能反映整个网络的连通性。因此，密度可用来分析作者的合作关系。经计算，OA 核心作者合作关系网络图的密度为 0.0596。该数值较小，一方面说明整个网络的集聚程度小，连通性不高，作者之间联系松散，合作与交流比较少；另一方面反映出 OA 作者合作有较大的潜在发展空间，可以通过加强不同子网中作者之间的合作来增强整个网络连通性，进而促进知识交流。

（2）中心性分析。中心性描述的是个人或组织在社会网络中所处的地位或位置及其重要性。中心性分为三种形式：点度中心度、中间中心度和接近中心度。点度中心度用来衡量谁在这个团体中居于中心地位；中间中心度测量的是行动者对资源的控制程度与沟通他人的中介程度；接近中心度是以距离来计算一个节点的中心程度，测量的是一个行动者不受他人控制的能力。由此看来，可以利用点度中心度、中间中心度和接近中心度来进一步说明国内 OA 研究论文作者的合作关系。经过 UCINET 计算，可以得出各位核

心作者和整个网络的点度中心度、中间中心度和接近中心度。表5.2列出了排名前20位作者的三种中心性数值。

表5.2 中心性分析

点度中心度				中间中心度			接近中心度		
作者	绝对值	相对值	所占份额	作者	绝对值	相对值	作者	绝对值	相对值
祝忠明	28.000	2.966	0.049	祝忠明	17.000	1.028	祝忠明	2961.000	1.959
胡德华	26.000	2.754	0.046	孙坦	7.000	0.423	张晓林	2963.000	1.957
李麟	24.000	2.542	0.042	张晓林	5.000	0.302	李麟	2963.000	1.957
马建霞	19.000	2.013	0.034	李麟	5.000	0.302	马建霞	2965.000	1.956
黄如花	17.000	1.801	0.030	方卿	2.000	0.121	孙坦	2965.000	1.956
王应宽	17.000	1.801	0.030	马建霞	1.000	0.060	卢利农	2967.000	1.955
张晓林	16.000	1.695	0.028	李若溪	1.000	0.060	刘细文	2968.000	1.954
刘海霞	16.000	1.695	0.028	邓君	0.000	0.000	初景利	2968.000	1.954
初景利	15.000	1.589	0.026	胡德华	0.000	0.000	姜颖	2972.000	1.952
方卿	15.000	1.589	0.026	王应宽	0.000	0.000	方卿	3248.000	1.786
邓君	14.000	1.483	0.025	任胜利	0.000	0.000	刘锦宏	3249.000	1.785
刘细文	14.000	1.483	0.025	马爱芳	0.000	0.000	徐丽芳	3249.000	1.785
马爱芳	14.000	1.483	0.025	黄水清	0.000	0.000	王珏	3250.000	1.785
程维红	14.000	1.483	0.025	郎庆华	0.000	0.000	胡德华	3306.000	1.754
王宝英	12.000	1.271	0.021	黄如花	0.000	0.000	任胜利	3306.000	1.754
徐丽芳	12.000	1.271	0.021	刘海霞	0.000	0.000	刘海霞	3306.000	1.754
王颖洁	12.000	1.271	0.021	何琳	0.000	0.000	王应宽	3306.000	1.754
刘锦宏	11.000	1.165	0.019	李武	0.000	0.000	陶雯	3306.000	1.754
陶雯	11.000	1.165	0.019	黄颖	0.000	0.000	程维红	3306.000	1.754
李若溪	10.000	1.059	0.018	徐丽芳	0.000	0.000	李若溪	3306.000	1.754
网络整体点度中心度=2.12%				网络整体中间中心度=1.08%					

1) 点度中心度分析。在社会网络中,若一个点与其他许多点直接相连,那么该点具有较高的点度中心度;点度中心度数值越高,该点越居于网络中的核心位置。表5.2显示:①只有少数几人的点度中心度较高,大多数作者的点度中心性都很低,说明只有少数作者具有较多的合作关系,大多数

作者与其他人的合作与交流不多。②点度中心度最高的是祝忠明，说明他与最多的作者有合作关系，知识交流和传播的范围最广。这种情况也可从图5.1中祝忠明所处的核心位置得到说明。③点度中心度排在最前面的几位核心作者所占的份额都很低，说明这些核心作者在整个网络中仍没有真正起到关键性作用。另外，整个网络的点度中心度为2.12%，这意味着该网络集中趋势不明显，网络中大多数作者并没有合作关系。

2）中间中心度分析。在社会网络中，如果一个点处于许多其他点对的测地线（最短的途径）上，那么该点具有较高的中间中心度；中间中心度数值越大，意味着该点具备越强的资源控制能力和沟通他人的桥梁作用。表5.2显示：①只有7位作者具有中间中心度，其余作者的中间中心度均为0，这说明大量作者并不具备控制相关资源的能力。②中间中心度最高的是祝忠明，这表示祝忠明在整个网络中的位置最重要，也意味着他拥有最丰富的资源和最大的信息控制能力与中介作用。孙坦、张晓林、李麟、方卿、马建霞、李若溪的中间中心度数值越来越小，意味着他们在整个网络中的中介作用是递减的。整个网络的中间中心度为1.08%，数值偏低，这说明该网络中作者之间存在信息交流障碍，整个网络沟通性不好。

3）接近中心度分析。在社会网络中，如果一个点通过比较短的途径与许多其他点相连，那么该点具有较高的接近中心度；绝对接近中心度数值越大或相对接近中心度数值越小，越说明该点不是网络的核心点。表5.2显示：①绝对接近中心度数值最小的是祝忠明，说明他在整个网络中处于核心地位。②出现了接近中心度与点度中心度不相关的现象。例如，胡德华的点度中心度居第2位而接近中心度却排第14位，张晓林的点度中心度排第7位而接近中心度居第2位。对比分析图5.1和表5.2，可以发现绝对接近中心度数值最小的前9位核心作者，同属于最大的合作子网。这说明在整个OA合作关系网络中，合作子网规模越大，那么该子网的作者比其他子网的作者有越高的接近中心度。然而，由于接近中心度的计算必须是完全相连图形，而整个网络图不是完全相连的，所以不能计算出整个网络的接近中心度。

（3）小团体分析。小团体就是团体中关系特别紧密的一小群人，以至于结合成一个次级团体。这里利用UCINET的n-clique指数（即要求小团体内每两个人之间的距离要小于等于n）计算距离在n范围内的作者所构成的小团体。在UCINET中，设定最小的小团体不小于3个节点，尝试输入n的值，1-cliques有7个小团体，2-cliques有7个小团体，3-cliques有6个小团体，4-cliques有5个小团体。当n大于等于4时，都是得到5个小团体。n-clique 计算得到的小团体数及作者见表 5.3。

表 5.3 n-clique 计算得到的小团体数及其作者

n-clique	小团体数	小团体作者
1-cliques	7	{方卿、徐丽芳、刘锦宏} {程维红、任胜利、王应宽} {胡德华、刘海霞、陶雯} {张晓林、李麟} {祝忠明、马建霞} {初景利、刘细文、张晓林、李麟} {祝忠明、马建霞、卢利农、孙坦}
2-cliques	7	{方卿、王珪、徐丽芳、刘锦宏} {程维红、任胜利、王应宽} {胡德华、刘海霞、陶雯} {李若溪、黄颖、钱建立} {初景利、刘细文} {张晓林、李麟} {祝忠明、马建霞、孙坦}
3-cliques	6	{方卿、王珪、徐丽芳、刘锦宏} {程维红、任胜利、王应宽} {胡德华、刘海霞、陶雯} {李若溪、黄颖、钱建立} {初景利、刘细文、张晓林、李麟、祝忠明、马建霞、卢利农、孙坦} {张晓林、李麟、祝忠明、马建霞、卢利农、孙坦}
4-cliques	5	{方卿、王珪、徐丽芳、刘锦宏} {程维红、任胜利、王应宽} {胡德华、刘海霞、陶雯} {李若溪、黄颖、钱建立} {初景利、刘细文、张晓林、李麟、祝忠明、马建霞、卢利农、孙坦、姜颖}

当有 5 个小团体时，与图 5.1 所示的情况也是一致的，所以，可以认为得到 5 个小团体的结果是合理的。这 5 个小团体的作者、机构、合作论文数见表 5.4。

表 5.4 核心作者合作团体、机构和合作论文数

合作团体编号	合作团体作者	合作团体机构	合作论文数
一	初景利、刘细文、张晓林、李麟、祝忠明、马建霞、卢利农、孙坦、姜颖	中国科学院国家科学图书馆、中国科学院国家科学图书馆兰州分馆、北京师范大学管理学院	20
二	方卿、王珪、徐丽芳、刘锦宏	武汉大学信息管理学院、武汉大学外语学院、武汉理工大学文法学院	8

续表 5.4

合作团体编号	合作团体作者	合作团体机构	合作论文数
三	程维红、任胜利、王应宽	中国农业科学院作物科学研究所《作物学报》编辑部、国家自然科学基金委员会杂志社、农业部规划设计研究院《农业工程学报》编辑部	6
四	胡德华、刘海霞、陶雯	中南大学湘雅医学院	9
五	李若溪、黄颖、钱建立	重庆师范大学学报编辑部、《电子设计工程》杂志社	3

1）合作团体一。该合作团体由初景利、刘细文、张晓林、李麟、祝忠明、马建霞、卢利农、孙坦、姜颖组成。除姜颖来自北京师范大学管理学院外，其他均来自中国科学院系统。该团体作者合著论文 20 篇，其中科研课题论文 10 篇，研究主题集中于 OA 发展进程、OA 发展策略、机构知识库内容保存与传播权利管理、机构知识库系统建设以及软件的开发应用与实践、机构知识库建设存在的问题与对策等方面。该小团体整体合作程度较强，但不同作者合作程度差异较大。例如，祝忠明与马建霞合作 5 次，与卢利农合作 4 次；姜颖仅仅与孙坦有 1 次合作，而与其他作者没有合作。该团体以同事之间的合作为主，且论文多是相关科研课题研究成果。

2）合作团体二。该合作团体由方卿、王珏、刘锦宏、徐丽芳组成，共合作发表论文 8 篇，主要集中于 OA 期刊和 OA 资源的研究，如 OA 期刊的质量评价、质量控制、引用优势、OA 资源的分布以及集成与揭示等方面。在合作频次上，王珏与方卿合作 3 次，但与其他两位作者未有合作。刘锦宏与徐丽芳合作发表论文 4 篇，均是项目研究成果。该团体作者虽来自 3 个不同机构，但机构性质相同，且属于同一地域。

3）合作团体三。该合作团体由程维红、任胜利、王应宽组成，分别来自于同一地域的 3 个不同机构。该团体共合作发表论文 6 篇，其中 5 篇是课题研究成果。程维红是 5 篇论文的第一作者，是该团体的核心作者。合作论文聚焦于 OA 期刊研究，其中 3 篇是对中国科协科技期刊 OA 出版现状、进展与趋势的研究。

4）合作团体四。该合作团体由胡德华、刘海霞、陶雯组成，全部来自中南大学湘雅医学院，共合作发表论文 9 篇，其中 5 篇是课题研究成果。合作论文集中于 OA 期刊研究，内容涉及发展中国家的 OA 期刊、OA 期刊质量评价、综述等方面。该团体是以同事之间、师生之间的合作为主，其中胡德华与刘海霞之间的合作最为频繁。

5）合作团体五。该合作团体由李若溪、黄颖、钱建立组成。李若溪和黄颖来自重庆师范大学学报编辑部，钱建立来自《电子设计工程》杂志社。合作发表论文 3 篇，涉及 OA 运动实践和理论研究的前沿问题、机构知识库可持续发展策略、学术期刊编辑对 OA 认识的调查。该团体合作强度小，李若溪与黄颖合作 2 次、与钱建立合作 1 次，黄颖和钱建立没有合作。3 位作者同属编辑出版行业，合作发表的论文都是科研项目成果。

4. 小结

基于上述分析，可以得知：①国内发表 4 篇以上论文的 OA 核心作者共有 72 位，其中 13 位为独著作者，59 位为合作者。59 位组成了国内 OA 核心作者合作关系网络。该网络由 19 个单点型子网、10 个双核型子网和 4 个多节点子网组成。②国内 OA 核心作者合作关系网络相对松散，主要由两三人形成的合作子网组成，而且合作范围不广，基本上是同一机构、同一地域内的作者的合作。另外，合作子网内部并非完全连通，同一合作子网中的作者并非都有合作关系。③密度分析说明，国内 OA 核心作者之间联系不紧密，合作与交流仍然比较少。④中心性分析显示，祝忠明是整个 OA 核心作者合作关系网络的核心，但整个网络的点度中心度不高，网络中大多数作者并没有合作关系，而且整个网络的中间中心度数值偏低，网络沟通性不强。⑤小团体分析说明，国内 OA 核心作者的合作是以同一机构或同一地域内的合作为主，缺乏跨学科、跨机构、跨地区、跨国的合作，且以同事之间、师生之间的合作最为普遍，机构性质相同或相近、职业相同或相近的作者更容易合作；合作论文多是科研项目研究成果；合作研究主题主要包括 OA 发展进程、OA 发展策略、OA 前沿问题、对 OA 认识的调查、机构知识库、OA 期刊、OA 资源、OA 综述等。

三、基于弱关系的 OA 资源共享模型与行为解析

从社会网络关系来看，弱关系分布范围很广，比强关系更可能充当跨越社会界限的桥梁，通过该桥梁为人们提供超越其所属社会圈子可以利用的信息和资源的通道。[①] 弱关系为 OA 资源共享奠定了基础，并已成为 OA 社会

---

① Bian Y. "Bringing strong ties back in: indirect ties, network bridges, and job searches in China". *American Sociological Review*, 1997, 62 (3): 366–385.

网络的内在一部分。

（一）基于弱关系的开放获取资源共享模型

正因为 OA 社会网络存在上述多种弱关系，所以可以充分利用这些弱关系来实施与提升 OA 资源共享（如图 5.2 所示）。图 5.2 简要描述了三位 OA 行动者（A_i、A_j、A_n）、三类 OA 资源（R_i、R_m、R_n）之间的共享关系。其中，$r_{R_{i_1}-R_{n_1}}$ 代表 OA 资源 R_{i_1} 与 OA 资源 R_{n_1} 之间的弱关系，$r_{A_i-R_{i_1}}$ 代表 OA 行动者 A_i 与 OA 资源 R_{i_1} 之间的弱关系，$r_{A_i-A_j}$ 代表 OA 行动者 A_i 与 OA 行动者 A_j 之间的弱关系；其他符号有类似含义。

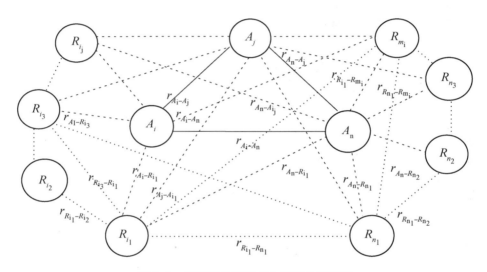

图 5.2 基于弱关系的 OA 资源共享模型

（二）基于弱关系的 OA 资源共享行为的理论分析

从触发因素来看，基于弱关系的 OA 资源共享包括 OA 文献下载、OA 文献引用、OA 文献超链接、OA 媒介互连、OA 出版、OA 平台共用等资源共享行为。这里，提出研究假设 H3——利用 OA 中的弱关系，可以促进 OA 资源共享行为。

1. 基于 OA 文献下载的资源共享

OA 文献下载是指将互联网上的 OA 文献以有线或无线方式下载并保存到本地或远程存储器上的一种行为。在互联网领域，论文下载量是反映研究影响力的一项重要测评指标。① 它既是网络信息资源的基本属性,也是网络计量学的基本考察指标,对于论文或期刊的评价能够提供定量的依据。② OA文献下载既是OA活动中的一个重要环节,也是一种常见的资源共享行为。这种资源共享主要体现在如下3个方面:①OA文献下载意味着OA行动者对相关OA文献的一种认可、需求或偏好,往往代表被下载的OA文献在某种程度上能够满足行动者的某种需要。比如,可能与行动者的研究方向有关,或具有学术参考价值,或带来某种兴趣等,从而在OA行动者与OA文献之间建立了弱连接,为OA资源共享奠定了情感或利益基础。②OA文献下载可反映OA文献的受利用程度,与该文献被阅读的次数呈高度正相关关系③,而文献被更多的阅读即代表得到更多的资源共享。③文献下载与文献引用是紧密关联的④,特别是从整体角度来看,OA文献下载频次与被引频次之间呈正相关趋势,前者侧重于测评OA文献的外部评估指标(组织度、可识别性、可获得性、传播速率),后者侧重于评价OA文献的内在质量⑤,但两者都可促进OA资源共享。因此,可以得出如下研究假设:

H3A:OA文献下载可以促进OA资源共享。

2. 基于OA文献引用的资源共享

现有研究文献指出,最有可能被学术文献引用的是网络资源。⑥ OA文献是一类重要的网络资源。OA文献引用无疑是最直接、最形象的资源共享方式,它实质上在OA文献、OA媒介(如OA期刊)、OA作者之间形成了一种OA文献引用网络。这种引用网络包含多种弱关系,如OA文献之间的引用与被引用关系、OA期刊之间的引用与被引用关系、OA作者之间的引用与被引用关系等。这些引用与被引用关系在大多数情况下是一种弱关系而非强关系。比如,作者A引用作者B的论文,并不意味着在此两人间存在强关系,他们也许根本不认识。OA文献引用实质上在引用文献与被引文献

---

① Sharma H P. "Download plus citation counts—a useful indicator to measure research impact". *Current Science*, 2007, 92 (7): 873.
② 参见郭强、赵瑾、刘思源等《科技论文下载次数的统计性质研究》,载《情报科学》2009年第5期,第692页。
③ 参见郭强、赵瑾、刘思源等《下载次数与被引次数的统计关系研究》,载《图书馆理论与实践》2010年第9期,第30页。
④ Daniel E. "The relationship between citations and number of downloads in decision support systems". *Decision Support Systems*, 2008, 45 (4): 972.
⑤ 参见牛昱昕、宗乾进、袁勤俭《开放存取论文下载与引用情况计量研究》,载《中国图书馆学报》2012年第4期,第125页。
⑥ Kumar B T S, Kumar K S M. "Persistence and half-life of URL citations cited in LIS open access journals". *Aslib Proceedings: New Information Perspectives*, 2012, 64 (4): 406.

之间构建一条彼此连接起来的链路,从而把相关文献关联起来。个人可以利用这条链路按图索骥,挖掘与发现个人感兴趣的一系列文献及其来源与相关作者。因此,可以得出如下研究假设:

H3B1:OA 文献之间的引用关系可以促进 OA 资源共享;

H3B2:OA 媒介(如 OA 期刊)之间的引用关系可以促进 OA 资源共享;

H3B3:OA 作者之间的引用关系可以促进 OA 资源共享。

3. 基于 OA 文献超链接的资源共享

超链接能把一个网页与同一个网站或另一个网站上的网页连接起来。单击该链接就相当于指示浏览器依照该命令调取链接所指向的信息,使浏览器移至同一网页内的某个位置,或打开一个新的网页(或新的网站中的网页)。OA 文献超链接可以很好地体现相同或相近学科专业知识的关联性,并在 OA 文献单元(如篇名、作者、作者单位、关键词、主题词、标题、某个观点、某条数据、引文、参考文献等)上实现 OA 文献之间的连接,即在 OA 文献之间建立弱关系,从而促进 OA 资源共享。作为致力于推进在线学术资源相互链接的方便性和有效性的非营利性组织,CrossRef[①] 利用数字对象标识符(DOI)实现了不同出版商出版的在线学术资源之间高效而可靠的交叉链接;开放教育资源共享空间(OER Commons)通过每天搜寻因特网寻找开放教育资源,并与之建立链接,提供了大量的高质量开放教育资源,这些链接的开放教育资源大都是其他机构、大学或作者创造、开发、收藏和维护的。[②]

在图 5.2 中,基于 OA 文献超链接的资源共享既可以发生在同类 OA 资源如 R_{i_1} 与 R_{i_2} 之间,也可以发生在不同类 OA 资源如 R_{i_1} 与 R_{m_i} 之间。从同类 OA 资源 R_{i_1} 与 R_{i_2} 的弱关系来看,存在如下两种资源共享方式:①通过 R_{i_1} 与 R_{i_2} 文献单元的超链接而使两者直接关联起来;②若 R_{i_1} 与 R_{i_2} 之间不存在超链接关系,但第三方 OA 资源 R_{i_3} 与 R_{i_1}、R_{i_2} 都建立了超链接,那么,R_{i_1} 与 R_{i_2} 可以通过 R_{i_3} 的中介作用间接关联起来。这两种情形同样存在于异类 OA 资源 R_{i_1} 与 R_{n_1};不过,在第二种方式中,具有中介作用的第三方 OA 资源 R_{m_i},既可以是某个 OA 期刊、OA 知识库,也可以是某篇 OA 文献或网页。因此,可以得出如下研究假设:

---

① Franklin J. "Open access to scientific and technical information: the state of the art". *Information Services & Use*, 2003, 23 (2/3): 67-86.

② 参见宫淑红、胡贝贝、盛欣《共享开放教育资源的门户——ISKME 组织的 OER Commons 项目评析》,载《现代教育技术》2011 年第 6 期,第 9-12 页。

H3C1：OA 文献超链接可以在相同学科之间促进 OA 资源共享；

H3C2：OA 文献超链接可以在相近学科之间促进 OA 资源共享；

H3C3：OA 文献超链接可以在不同（或跨）学科之间促进 OA 资源共享。

4. 基于 OA 媒介互连的资源共享

OA 媒介是指刊发或存储 OA 文献的媒体或载体，如 OA 期刊、学科知识库、机构知识库、OA 网站等。OA 媒介不同于单独的某篇 OA 论文或报告，而是相关 OA 文献的集合。这种 OA 媒介可能是 OA 社会网络中的某个中心节点，可以与 OA 文献、作者、其他 OA 期刊与 OA 知识库形成广泛的弱连接。

在图 5.2 中，假设 R_{n_1}、R_{n_2} 是两个不同的 OA 期刊，R_{m_i} 是某个机构知识库，节点 R_{n_1} 分别通过 $r_{R_{n_1}-R_{n_2}}$、$r_{R_{n_1}-R_{m_i}}$、$r_{A_n-R_{n_1}}$、$r_{A_i-R_{n_1}}$、$r_{R_{i_1}-R_{n_1}}$ 与节点 R_{n_2}、R_{m_i}、A_n、A_i、R_{i_1} 关联起来，其中，$r_{R_{n_1}-R_{n_2}}$、$r_{R_{n_1}-R_{m_i}}$ 分别代表 OA 期刊之间、OA 期刊与机构知识库之间的互连关系。这种互连关系的发生可以有如下三种方式：①某个 OA 出版商所辖的多种 OA 期刊的互连。例如，《信息技术与图书馆》（Information Technology and Libraries）在其主页上通过"浏览"栏目中的"其他期刊"与波士顿学院（Boston College）出版的其他七种 OA 期刊连接起来，从而方便人们访问与共享波士顿学院提供的 OA 期刊资源。②某个 OA 期刊与相同或相近学科其他期刊的互连。例如，《信息科学与技术协会公报》（Bulletin of the Association for Information Science and Technology）在其主页上直接与《信息科学与技术年评（ARIST）》《美国信息科学与技术协会杂志（JASIST）》两个期刊关联起来。③某个 OA 期刊与机构知识库的互连，如《图书资讯学刊》在其主页上通过"收录单位"栏目中的"DOAJ"与 DOAJ 网站连接起来。上述三种方式的媒介互连实质上为这些 OA 期刊论文建立了弱连接，而这种弱关系可以帮助人们查找与共享 OA 文献资源。因此，可以得出如下研究假设：

H3D1：OA 媒介与 OA 文献的弱连接可以促进 OA 资源共享；

H3D2：OA 媒介与 OA 作者的弱连接可以促进 OA 资源共享；

H3D3：OA 媒介之间的弱连接可以促进 OA 资源共享。

5. 基于 OA 出版的资源共享

OA 出版不仅打破了传统信息资源共享的时空限制，缩短了成果出版周期，提高了信息资源共享的效率，而且降低了信息资源的获取成本，扩大了信息资源利用范围，提高了信息资源共享的效益。除了上述三种方式外，OA 出版还可以运用著作权许可使用协议和同行评议来促进资源共享。

OA 著作权许可使用协议，如 CCL、GFDL、OPL、OCL、DSL、CDL 等，可以在 OA 作者和使用者之间建立弱连接，实现资源共享。CCL 是目前使用最广泛的 OA 著作权许可使用协议，可以应用在被著作权法保护的所有作品上，包括书籍、文章、照片、影片、录像、歌曲、演说、设计、教科书、课件、网络站点、博客以及其他音频或视频作品等。当越来越多的作者成为 OA 社会网络的不同节点，并采用 CCL 进行 OA 出版时，就会在不同节点之间产生多种方式的关系和资源共享行为，比如，作品和演绎作品的复制、发行、展览、表演、放映、广播或传播等，从而显著提高 OA 资源共享规模与效果。

同行评议是由从事该领域或接近该领域的专家来评定一项研究工作的学术水平或重要性的一种方法。同行评议成为 OA 的一个基本特征，是 OA 期刊实施论文质量控制的常用方法。事实上，交互式 OA 同行评议是以评审专家资源共享为基础的。它可以利用 OA 社会网络进行公开、互动、及时的同行评议活动，大幅度减少同行评议的时间。一般情况下，评审专家在审稿时需要核查文章中引用的信息源，这时不得不逐个检查参考文献。当遇到很难获取的文献时，传统方式的同行评议往往是评审专家需要通过馆际互借等手段来获取文献，这就增加了同行评议的时间，使出版周期相应地延长许多。同时，由于通过馆际互借来获取文献并不是免费的，这就增加了评审专家的评阅成本，从而影响或制约同行评议效果。然而，由于 OA 比馆际互借等传统资源共享方式具有巨大的优势，特别是当论文中的所有参考文献都提供引文链接时，评审专家就可以无障碍、无成本地查阅相关参考文献[1]，由此显著提高同行评议效率。除此之外，OA 同行评议可以利用其公开、互动优势来提升 OA 资源共享。这主要包括：①共享专家评审信息。即，分享作者和审稿人的身份信息，以保证评审过程相对透明、公正。例如，BioMed Central 的所有期刊在同行评议时，要求评议者签署他们的评议意见，而且评议过程的每个阶段的文件（论文提交版本、评议报告、作者的回复）都与正式发表的文章一起张贴在网站上。②共享公众先期审阅。即，OA 期刊（如《大气化学与物理学》）将拟发表的论文公布于众，公众可以在规定时间内发表意见，随后，评审专家或者编委参考这些意见进行进一步审阅，读者的意见可作为参考或者同文章一起发表。③共享读者互动意见。即，OA 期刊利用 OA 同行评议系统将论文免费提供给读者阅读和利用，同时收集与整合

---

[1] 参见李麟、初景利《开放存取出版模式及发展策略》，载《中国科技期刊研究》2006 年第 3 期，第 343 页。

读者对每篇 OA 论文的意见，以此作为文章推荐、议题讨论、评判等级的标准。① ④共享出版后同行评议。即，为同行提供已出版成果的事后评论。例如，Faculty of 1000（F1000）要求其成员对其发表的文章提供简短评论和等级划分，并将文章评论整合成专题，供相关人员参考。基于上述分析，可以得出如下研究假设：

H3E1：OA 出版利用著作权许可使用协议可以促进 OA 资源共享；

H3E2：OA 出版利用同行评议可以促进 OA 资源共享。

6. 基于 OA 平台共用的资源共享

一个成功的 OA 平台，如 BioMed Central、OpenDOAR、ROAR、DOAJ、中国科技论文在线，可以作为整个 OA 社会网络中的某个中心节点，在 OA 资源之间建立广泛的联系，这些联系既包含一些强关系（如 OA 期刊论文与其来源期刊的关系），也包含更多的弱关系，如不同类型 OA 资源之间的联系。用户通过这个 OA 平台，可以更方便、快捷地获取相关 OA 资源，从而加速与提升 OA 资源共享。这里仅以 OpenDOAR 为例来作简单说明。

OpenDOAR 是一个把学术 OA 研究资源库进行列表与分类的计划，旨在为那些寻找特殊类型或专门的知识库的用户提供全球最全面和权威的资源库列表与利用，在全球范围内推动 OA 运动的发展。OpenDOAR 可从如下几方面促进资源共享：①可作为整个 OA 社会网络中的一个中心节点，与全球范围内 120 个国家或地区的近 3000 个 OA 学术资源库（分节点）通过网络链接起来，使这些 OA 学术资源库建立彼此之间的弱连接。②能够提供统一、集成的检索界面，用户可以利用学科主题、内容类型、资源库类型、国别、语言、软件等途径检索 OpenDOAR 所链接的各种学术资源，显著提高这些学术资源的利用率。③扩展了 OA 资源用户范围，既适合那些希望在专门的知识库中查找原始研究论文的用户使用，也适合诸如搜索引擎等第三方服务使用。④明确了可供共享的 OA 学术资源来源，即只在那些对学术研究者有使用价值的且包含 OA 思想的全文资源的网站上选择性地收集与提供信息，把存在存取控制、阻止资源直接利用的其他网站都排除在外，它们不能被列入 OpenDOAR 的常见原因是：网站经常无法访问；网站是一个电子期刊；网站不包含 OA 资料；网站仅提供元数据（书目）参考信息，或只链接到外部网站；网站实际上是馆藏目录或本地可访问的电子图书的资源库；即使是免费提供，网站仍需要登录才能访问任何资料；网站是需要订阅访问的专有

---

① 参见张倩、张宏翔《基于质量和时效兼顾的数字出版同行评议新行为研究》，载《编辑学报》2012 年第 6 期，第 512 页。

的数据库或杂志。①⑤明确了可供共享的 OA 学术资源类型,主要包括论文、图书及章节、工作报告和文件、多媒体及视听资料、参考书目、学习资料、数据库、软件等,涉及综合性多学科、技术、计算机网络、科学、商业和经济学、医药卫生、社会科学、历史和考古、图书馆和信息科学、政治法律、物理学和天文学等学科大类。上述资源共享优势使 OpenDOAR 和 ROAR、DOAJ 一起成为共享全球 OA 学术资源的主要平台。

基于上述分析,可以得出如下研究假设:

H3F1:OA 平台可作为 OA 社会网络中的一个中心节点来促进 OA 资源共享;

H3F2:OA 平台通过组织与提供有价值的 OA 学术资源,可以促进 OA 资源共享;

H3F3:OA 平台通过提供统一集成的检索界面,可以促进 OA 资源共享。

(三) 基于弱关系的 OA 资源共享行为的实证研究

这里运用调查问卷数据和 SPSS 软件来对上述研究假设进行实证分析。

1. 问卷设计与数据收集

以上述 15 个研究假设作为调查问题设计一份"基于社会网络关系的开放获取资源共享与合作行为调查问卷"(参见附录 C)。这次问卷调查综合采用发送问卷的网站地址链接、电子邮件和发放纸质问卷等方式进行,调查对象主要是 OA 行动者,包括科研工作者、大学教师、图书馆与档案馆工作人员、机构知识库创建者、OA 期刊出版社人员、图书情报档案专业研究生等。调查日期是 2014 年 6 月至 9 月。调查问题采用五分制李克特量表法,对每个问题的判断程度分为五个等级,即完全同意、基本同意、不能确定、基本不同意、完全不同意,分别对应于统计分析中的 5、4、3、2、1。用上述三种方式共发放 250 份问卷,收到 216 份答卷,剔除 55 份无效的有关"基于弱关系的 OA 资源共享行为"的问卷,得到有效问卷 161 份。无效问卷的评判标准是:①问卷填答不完整;②发放给同一机构的问卷,有明显的雷同现象;③出现明显乱填、错填。

2. 数据处理和分析

运用 SPSS 19.0 进行定量分析,主要包括效度分析、信度分析、因子分析。

---

① About OpenDOAR[EB/OL].[2015-08-26]. http://opendoar.org/about.html.

（1）效度分析。效度分析可以检验问卷设计的正确性和有效性。表5.5显示，各题项与总分的相关性值均达到显著水平，即显著性为0.000，且各相关性系数均在0.491至0.643之间，表明各题项与总分的相关性较高。由此说明调查问卷具有较高的效度，适合于做实证分析。

表 5.5　题项与总分的相关性分析

		H3A	H3B1	H3B2	H3B3	H3C1	H3C2	H3C3	H3D1
前15项总分	Pearson相关性	0.539**	0.578**	0.531**	0.505**	0.510**	0.568**	0.491**	0.642**
	显著性（双侧）	0.000	0.000	0.000	0.000	0.000	0.000	0.000	0.000
	N（数量）	161	161	161	161	161	161	161	161
		H3D2	H3D3	H3E1	H3E2	H3F1	H3F2	H3F3	—
前15项总分	Pearson相关性	0.622**	0.643**	0.612**	0.596**	0.517**	0.499**	0.574**	—
	显著性（双侧）	0.000	0.000	0.000	0.000	0.000	0.000	0.000	—
	N（数量）	161	161	161	161	161	161	161	—

**．在.01水平（双侧）上显著相关。

（2）信度分析。信度检验采用克隆巴赫α(Cronbach α) 系数来进行验证。本问卷信度分析的克隆巴赫α系数为0.843＞0.800，所以这是一份信度较好的调查问卷。不过，在表5.6所示的"校正的题项总计相关性"中，V7值为0.363＜0.400，且与0.400有较大差距，所以不满足信度要求，故宜删除，才做因子分析。

表5.6　题项总计统计量

题项	题项已删除的刻度均值	题项已删除的刻度方差 v	校正的题项总计相关性	题项已删除的克隆巴赫α值
H3A	64.14	20.186	0.455	0.834
H3B1	64.06	20.266	0.508	0.832
H3B2	64.24	20.156	0.442	0.835
H3B3	64.30	19.963	0.398	0.838
H3C1	64.12	20.455	0.429	0.836

续表 5.6

题项	题项已删除的刻度均值	题项已删除的刻度方差 γ	校正的题项总计相关性	题项已删除的克隆巴赫α值
H3C2	64.17	19.865	0.480	0.833
H3C3	64.34	19.714	0.363	0.842
H3D1	64.26	19.207	0.556	0.828
H3D2	64.31	19.365	0.535	0.829
H3D3	64.29	19.195	0.557	0.828
H3E1	64.30	19.286	0.518	0.830
H3E2	64.22	19.725	0.512	0.831
H3F1	64.09	20.410	0.435	0.835
H3F2	64.09	20.455	0.414	0.836
H3F3	64.11	19.950	0.492	0.832

（3）因子分析。

1）KMO 和 Bartlett 检验。删除 H3C3 题项后，对 14 个指标进行 KMO 检验和 Bartlett 检验，得到表 5.7 所示的结果。此处 KMO 值为 0.848，大于 0.80，且显著性概率 P 值为 0.000＜0.05，表明题项间相关性较大，有共同因子存在，适合做因子分析。

表 5.7　总体 KMO 和 Bartlett 检验

取样足够度的 Kaiser-Meyer-Olkin 度量		0.848
Bartlett 的球形度检验	近似卡方值	519.969
	自由度	78
	显著性	0.000

采用主成分分析法萃取因子，筛选特征值大于 1 的特征根，得到 3 个因子（见表5.8），其累积总方差解释量为 51.186%，满足大于 50% 的要求。其旋转成分矩阵见表 5.9，其中因子 1 包括 5 个题项 H3D1、H3D2、H3D3、H3E1、H3E2，可命名为"OA 媒介互连与出版"；因子 2 包括 6 个题项 H3A、H3B1、H3B2、H3B3、H3C1、H3C2，可命名为"OA 文献下载、引用与链接"；因子 3 为包括 3 个题项 H3F1、H3F2、H3F3，可命名"OA 平台共用"。

表5.8 解释的总方差

成分	初始特征值			提取平方和载入		
	合计	方差的%	累积%	合计	方差的%	累积%
1	4.636	33.117	33.117	4.636	33.117	33.117
2	1.365	9.746	42.863	1.365	9.746	42.863
3	1.165	8.323	51.186	1.165	8.323	51.186
4	.899	6.423	57.609			
…	…	…	…			
14	.326	2.331	100.000			

表5.9 旋转成分矩阵[a]

题项	因子成分		
	OA 媒介互连与出版	OA 文献下载、引用与链接	OA 平台共用
H3E1	0.770	0.171	0.020
H3D3	0.746	0.177	0.131
H3D1	0.645	0.034	0.459
H3E2	0.625	0.182	0.154
H3D2	0.608	0.237	0.240
H3A	0.144	0.716	0.074
H3C1	−0.062	0.632	0.408
H3B3	0.284	0.627	−0.145
H3B1	0.161	0.615	0.281
H3C2	0.158	0.522	0.313
H3B2	0.278	0.509	0.144
H3F2	0.116	0.119	0.722
H3F3	0.230	0.163	0.686
H3F1	0.172	0.180	0.617

注：提取方法是主成分分析，旋转法是具有 Kaiser 标准化的正交旋转法，a 旋转在6次迭代后收敛。

2）因子信度检验。"OA 媒介互连与出版""OA 文献下载、引用与链接""OA 平台共用"3 个因子的克隆巴赫α值分别是 0.784、0.723、0.618，均大于 0.600（见表 5.10），满足信度检验要求。而且，这 3 个因子包含的各题项对应的"校正的题项总计相关性"都在 0.400 以上，各题项对应的"题项已删除的克隆巴赫α值"都没有超过该因子对应的α值。由此可知，所有研究假设除 V7 题项以外都得到验证，其命题是成立的。

表 5.10　因子信度检验

信度指标 \ 因子	OA 媒介互连与出版	OA 文献下载、引用与链接	OA 平台共用
克隆巴赫α系数	0.784	0.723	0.618
以标准化项目为准的克隆巴赫α系数	0.783	0.731	0.619
题项数量	5	6	3

（4）小结。上述实证研究证明，利用 OA 文献下载、OA 文献引用、OA 文献超链接、OA 媒介互连、OA 出版与 OA 平台共用等各种 OA 活动中包含的弱关系，可以促进 OA 资源共享。事实上，与生俱来的 OA 优势，比如，降低用户获取学术信息的成本，方便用户更快速地获取最新的学术研究成果，打破传统学术出版商的垄断行为，实现科研成果出版的多元化，缩短科研成果的出版周期，加速科学研究与学术交流，都是建立在 OA 行动者与 OA 资源的各种关系基础之上的。因此，通过开发、建立、拓展与利用 OA 行动者之间、OA 资源之间以及 OA 行动者与 OA 资源之间的各种弱关系，包括 OA 文献下载关系、OA 文献引用关系、OA 文献超链接关系、OA 媒介互连关系、OA 出版关系、OA 平台共用关系，可以进一步提升 OA 资源共享。

四、基于强关系的开放获取合作概念模型与行为解析

OA 中的强关系可直接影响 OA 行动者之间的合作行为。为便于解析这些合作行为，可以利用基于强关系的 OA 合作概念模型作初步分析。

（一）基于强关系的开放获取合作概念模型

利用 OA 社会网络，并结合 OA 中的多种强关系，可以构建基于强关系

的 OA 合作概念模型（如图 5.3 所示）。图 5.3 简要描述了 3 位 OA 行动者（A_1、A_2、A_3）、三类 OA 资源或媒介（R_i、R_j、R_n）在 4 个规模不等的 OA 社会网络（即 4 个椭圆覆盖的区域）之间的合作关系。这些 OA 社会网络可以通过节点之间的各种强关系有效关联起来，从而为 OA 合作行为奠定基础。需要强调的是，OA 合作实质上是处于 OA 社会网络不同节点的各类 OA 行动者或 OA 资源或 OA 媒介之间的合作，而非不同 OA 子网络本身的合作。某个节点可以凭借其网络位置或关系归属于不同的 OA 社会网络。

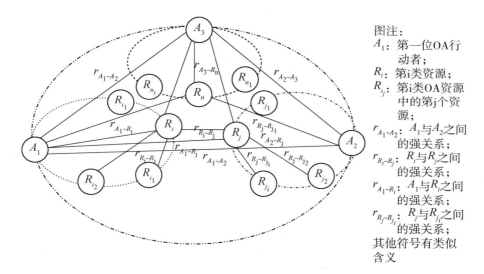

图 5.3　基于强关系的 OA 合作概念模型

（二）基于强关系的开放获取合作行为的理论分析

从社会网络关系来看，OA 出版、OA 资源组织、OA 资源保存、OA 平台共用都涉及不同类型强关系的 OA 合作行为。

1. 基于强关系的 OA 出版

在 OA 出版中，OA 行动者可以利用著作权许可使用、出版经费资助、质量控制等方面的强关系来进行合作出版。著作权许可使用，又称为授权使用，是指著作权人将其著作财产权中的某项或某几项权利，以签订合同的形式授权他人在一定期限、一定地域范围内以一定的方式进行使用的一种著作权利用方式。目前，各种著作权许可使用协议，如 CCL、OPL、OCL、DSL、CDL 等，在作者与出版者之间建立起强关系，它能够明确双方在 OA 出版上的权利与义务，并达到一种双赢的平衡，使双方充分认识到自身以及对方的权利要求，在保护自己合法权利的同时也给予对方权利以足够的尊重，最终保证 OA 合作出版的顺利进行。比如，生物医学中心和科学公共图书馆的作者完全拥有自己作品的著作权，但同时通过非专有许可协议授予出版商一种非排他的使用权。学术期刊出版与学术资源联盟（Scholarly Publishing and Academic Resources Coalition）还利用"作者权利补遗（author addendum）"方式，支持作者将希望保留的某些重要权利（比如自存档）附加在出版者的出版协议中。这种模式使作者享有了磋商权，避免了格式合同对其权利的制约，更有利于双方的合作出版。在图 5.3 中，若定义 $r_{A_1-R_i}$ 是 OA 行动者 A_1 与 OA 媒介 R_i 所签订的 OA 出版著作权许可使用协议，那么 $r_{A_1-R_i}$ 实质上就在 OA 行动者 A_1 与 OA 媒介 R_i 之间建立了一种合作出版的强关系，这种强关系是保证 OA 出版的必要条件之一；类似的情况可以发生在其他 OA 行动者与 OA 媒介之间，从而使 OA 出版活动层出不穷。

从出版经费来看，OA 出版大多数情况下是需要收取出版费用的。除了作者从项目或课题经费中自付出版费用以外，也可由第三方资助 OA 出版费用。例如，开放社会研究所（Open Society Institute）基金会可以为发展中国家的科研人员在 PLOS 期刊上发表研究成果提供出版费用的资助。在图 5.3 中，定义 A_1、A_2 分别为某位作者和出版资助方（第三方），R_j 为某个 OA 期刊，那么，节点 A_1、A_2、R_j 之间的关系，即 $r_{A_1-A_2}$、$r_{A_2-R_j}$、$r_{A_1-R_j}$ 分别代表第三方与作者的资助关系、第三方与 OA 期刊社的财务关系、作者与 OA 期刊社的出版关系，它们把 3 个节点紧密联系起来，形成一个三角闭合回路，即三元社会网络。正是依靠三元社会网络节点之间的强关系，才能最终保证在 A_1、A_2、R_j 之间实施 OA 合作出版。

从 OA 出版质量控制来看，主要是沿用传统的学术期刊同行评议制度。OA 使交互式网上同行评议成为可能，特别是当论文中的所有参考文献都提供引文链接时，评议专家就可以无障碍、无成本地查阅相关参考文献，由此显著提高同行评议质量与效率。目前，生物医学中心刊登的所有研究论文均需经过严格的同行评议，并采用论文被引次数和编辑、同行评议意见相结合的方式来评估每篇论文的相对重要性，即进行质量控制。在此过程中，OA 期刊社实质上是利用了本身与评议专家的强关系来实现的。在图 5.3 中，定义 A_1 是某位同行评议专家，R_i 为某个 OA 期刊，那么 A_1 与 R_i 之间的关系 $r_{A_1-R_i}$ 就是同行评议专家与该期刊的合作关系，它是一种强关系，据此，A_1 就能对将要发表在 R_i 上的某篇论文 R_{ij} 进行同行评议。相反，若缺少这种强关系，A_1 不会对 R_{ij} 进行同行评议。这反映在图 5.3 中的 A_1、R_i、R_{ij} 三个节点没有形成三元闭合回路，A_1 只有利用 $r_{A_1-R_i}$ 才能对 R_{ij} 产生作用。

基于上述分析，可以得出如下研究假设：

H4A1：OA 行动者可以利用 OA 作者与 OA 出版者之间的著作权许可使用协议关系促进 OA 合作出版；

H4A2：OA 行动者可以利用第三方机构提供的 OA 出版资助关系促进 OA 合作出版；

H4A3：OA 行动者可以利用交互式网上同行评议关系促进 OA 合作出版。

2. 基于强关系的 OA 资源组织

OA 期刊、OA 知识库（包括学科知识库、机构知识库）、OA 目录、OA 门户、e 印本文库、免费数字图书馆、开放网络数据库等是目前常见的 OA 资源组织方式。当某种 OA 资源以上述某种方式进行组织时，必须遵循已定义或通用的 OA 协议、OA 元数据标准等。OA 协议与 OA 元数据标准能够在 OA 行动者与 OA 资源之间、OA 资源与 OA 资源之间建立强关系，促进 OA 资源组织行为的发生。

正如前面所说，OA 著作权许可使用协议可以在 OA 作者与 OA 资源组织者/出版者之间建立强连接关系，这种强关系也是进行 OA 资源组织的基础。作为一类 OA 著作权许可使用协议，开放内容许可协议，如 OCL、GFDL、CCL、创作资料库许可协议、反数字版权管理许可协议、开放游戏许可协议、数字同行出版许可协议等，它们都以著作权法为基础，保留精神权利，让渡部分经济权利，规定了 OA 资源所有者与 OA 资源组织者/出版者之间的权利与义务。比如，CCL 明确规定：每一种许可协议都能帮助作者保留其著作权，宣告他人的合理使用、首次销售及自由表达的权利不受许可协议的影响；每一种许可协议皆要求被许可人：①得到授权人的同意才能从事原被禁止的行为，例如，商业性使用，创作演绎作品；②在所有授权人作品的复制品中完整地保留所有著作权声明；③使授权人作品的复制品皆能链接到原作品所适用的许可协议上；④不得改变许可协议的条款；⑤不得使用技术手段来限制其他被许可人对原作品的合法使用。它还规定：只要被许可人遵守授权人所选择的许可协议的条件，则每项许可协议皆允许被许可人：①复制授权人的作品；②发行授权人的作品的复制品；③展览或表演授权人的作品；④通过信息网络传播授权人的作品（比如网络广播）；⑤逐字地将原作品转换成另一种形式。[①] 这种许可协议及其相关规定，实质上在 OA 资源所有者与 OA 资源组织者/出版者之间确立了资源组织的强关系，不仅可

[①] 所有许可协议都包含的基本权利和限制[EB/OL]. [2015-08-26]. http://creativecommons.net.cn/licenses/licenses_right/.

以为 OA 资源组织提供法律保障，而且规范了 OA 行动者的资源组织行为，从而增强 OA 资源的组织。

OA 行动者也可以利用 OAI-PMH 这种强关系来进行 OA 资源组织。目前，OA 领域已经有很多元数据标准，如 DC 元数据标准、MARC 元数据标准、EAD 元数据标准等。为确保元数据的互操作，不仅要考虑拟采用的元数据是否使用广泛，更重要的是该元数据必须支持 OAI-PMH。OAI-PMH 协议是一个在分布式网络化环境中获取元数据信息的标准化协议。① 遵守 OAI-PMH 协议就是按照 OAI 的元数据标记协议以统一的方式对存档文章的重要信息进行标记（如作者、标题、时间等项），从而使 OA 资源建立内在的强关系，然后搜索引擎可以利用这种强关系从所有的资源里对元数据进行采集，并以合适的方式显示给用户。OAI-PMH 协议最大的好处是实现元数据的互操作，便于服务提供者自动批量采集各 OA 资源的元数据，在此基础上促进 OA 资源的重组、揭示，促进 OA 资源的发现、检索与利用。② 例如，由于 DOAJ 遵循 OAI-PMH 协议，任何 OA 资源的服务提供者都可以从 DOAJ 网站采集期刊元数据，如刊名、ISSN、EISSN、主题、出版者、国家、语言、关键词、起始年、与 DOAJ 的关联信息，甚至部分期刊论文的元数据，如作者、题名、刊名、关键词和摘要。又如，OpenDOAR 支持 OAI-PMH 协议，服务提供者可以通过采集元数据有效地实现不同 OA 知识库的统一检索。此外，arXiv、CogPrints、ABC、OAIster、NSDL、公共医学中心等 OA 系统也利用 OAI-PMH 协议来支持其 OA 资源组织与利用。利用 OAI-PMH 在 OA 资源间建立的强关系，可以增强 OA 资源组织行为。

基于上述分析，可以得出如下研究假设：

H4B1：OA 作者与 OA 出版者之间的著作权许可使用协议能够促进 OA 资源的合作组织；

H4B2：利用 OAI-PMH 能够促进 OA 资源的合作组织。

3. 基于强关系的 OA 资源保存

OA 资源保存是 OA 的一个关键问题，它不仅需要保存研究人员的论文资料、科研过程的其他记录，如教学课件、实验数据与报告等，而且还要涉及技术应用、资金支持、数字权益保护等诸多问题。许多 OA 项目都由多个机构共同建设，对 OA 资源进行合作保存。这既有利于促进资源共享与跨机

---

① The OAI Executive. The open archives initiative protocol for metadata harvesting[EB/OL].[2017-01-11]. http://www.openarchives.org/OAI/openarchivesprotocol.html.

② 参见黄如花、刘贵玉《开放存取资源元数据管理的对策》，载《情报理论与实践》2009 年第 10 期，第 7 页。

构的学术合作，也有利于明确各机构的保存任务和责任，协调不同组织和利益相关者之间的关系，制定统一的行为标准，降低保存的成本与风险。[①] 从社会网络关系角度来看，OA 资源的合作保存是基于 OA 资源合作保存主体之间的权利与义务进行分工合作的。这些权利与义务对于不同 OA 资源合作保存主体，如政府机构、各类文献机构、出版商、商业性组织、非营利性机构、个人等，虽然是不同的，但是常常在各保存主体之间已经达成共识或形成协议，即形成了强关系。例如，政府机构在 OA 资源合作保存中可以发挥倡导者、领导者与监督者的作用；可以从国家、地区层面制定 OA 资源保存政策法规、技术方法与标准规范，为 OA 资源保存提供制度保障；也可以从总体上、全局上规划 OA 资源保存方案，为 OA 资源保存提供相应的财力、物力与人力支持；还可统筹安排与协调各机构的 OA 资源保存工作，并予以长期监督。例如，美国国会 2003 年通过"公共获取科学法案"的立法提案，支持对公共资金资助的科学研究成果的开放获取；2004 年 7 月，美国众议院建议美国国家卫生院将其资助的研究成果以 OA 方式保存于公共医学中心。

各类文献机构（主要是指各种类型的图书馆与各级情报所或情报中心）是 OA 资源合作保存的组织者、领导者、协调者与实施者，其中国家图书馆和其他国家级文献机构在 OA 资源合作保存中起到组织、领导与协调作用，应该担负起研发 OA 资源保存技术与方法、建设 OA 资源保存标准规范、建立数字资源呈缴制度和国家级 OA 知识库的重任。例如，澳大利亚国家图书馆于 1996 年联合其他 9 个澳大利亚图书馆及文化组织开展网络信息资源的合作保存项目 PANDORA（Preserving and Accessing Networked Documentary Resources of Australia），力求创建一个国家图书馆主导、各个相关机构分担协作的网络出版物合作保存系统。目前，澳大利亚各州图书馆、文化收藏机构、大学、政府机构以及多家海外收藏机构都参与该项目。

此外，出版商、商业性组织、非营利性机构、个人都可在 OA 资源合作保存中履行其不同的角色，如 OA 资源的生产者或提供者、OA 资源保存的组织者与实施者。在图 5.3 中，若定义 R_n 为 OA 合作保存资源，A_1、A_2、A_3 为 OA 合作保存的三方，那么，可利用预先定义的 $r_{A_1-R_n}$、$r_{A_2-R_n}$、$r_{A_3-R_n}$ 来确定三方在 OA 合作保存中的权利与义务，并同时利用 $r_{A_1-A_2}$、$r_{A_1-A_3}$、$r_{A_2-A_3}$ 分别确定 A_1 与 A_2、A_1 与 A_3、A_2 与 A_3 在 OA 合作保存中的关系，从而在图 5.3 所示的整个 OA 社会网络中形成一种资源合作保存机制。

[①] 参见黄如花、胡文琴《开放存取资源长期保存政策的调查与分析》，载《图书与情报》2009 年第 5 期，第 74 页。

基于上述分析，可以得出如下研究假设：

H4C1：不同 OA 资源合作保存主体的权利关系能够促进 OA 资源的合作保存；

H4C2：不同 OA 资源合作保存主体的义务关系能够促进 OA 资源的合作保存。

4. 基于强关系的 OA 平台共用

各种 OA 平台可分别作为 OA 社会网络中的某个中心节点，与其他 OA 资源、OA 行动者建立广泛的联系，如 OA 资源的来源与提供关系、集成检索关系、分类统计与排序关系等。这些联系构成 OA 社会网络中的强关系，它们能够为用户提供方便快捷的 OA 资源利用通道，增强 OA 行动者之间的合作，显著提升 OA 资源的利用效果。基于强关系的 OA 平台共用通常表现在：

（1）基于 OA 资源来源与提供关系的平台共用。许多 OA 平台，如 DOAJ、ROAR、OpenDOAR 等，能够收集来自全球不同地方的相关 OA 资源，通过网址的链接，把 OA 资源集成到同一个平台内，从而为用户提供数量庞大、内容丰富的 OA 资源。不过，这些资源的著作权并不归这些 OA 平台所有，但 OA 平台拥有这些资源的传播权、链接权与使用权。换句话说，这些 OA 平台拥有的不是实体 OA 资源，而是虚拟 OA 资源，并能为用户获取实体 OA 资源提供其来源与通道，由此便在这个 OA 平台与 OA 资源之间建立一种资源来源与提供关系。在更广的 OA 社会网络中，当更多的不同 OA 资源（某个节点）与此 OA 平台建立这种 OA 资源来源与提供关系时，该 OA 平台就会成为越来越重要的某个中心节点，同时也能够彰显更广泛的 OA 资源共用关系。例如，由于 DOAJ 能够吸纳越来越多的 OA 期刊资源，并与这些 OA 期刊确立合作利用关系，才使得 DOAJ 成为目前共享全球 OA 学术资源的主要平台之一。因此，利用 OA 平台与其 OA 资源之间建立的资源来源与提供关系，可以增强 OA 平台共用行为。

（2）基于 OA 资源集成检索关系的平台共用。依赖于不同 OA 资源与 OA 平台之间的链接关系，许多 OA 平台可以实现对 OA 资源的集成检索与利用。这种集成检索实质上是基于独立的 OA 资源（分节点）与 OA 平台（中心节点）的内在关联即强关系而发生的。利用这种强关系，用户不仅可以通过同一个检索界面来获取分布在各地的 OA 资源，而且可以根据各自所需，更有目的性、更高效地利用各种 OA 资源，显著提高 OA 资源合作共用的效益。例如，OpenDOAR 目前能够提供对 2348 个机构知识库的统一、集成的检索界面，可以利用学科主题、内容类型、资源库类型、国别、语言、软件等途径进行集成检索；ROAR 也能够提供对分布在世界各地的 3469 个机构知识库按照 ROAR 身份证件、主页、OAI-PMH 接口、注册、标题、描述、知识库类型、出生日期、国别、软件、主题等途径进行集成检索。因此，OA 平台通过提供 OA 资源集成检索关系可以增强 OA 平台共用行为。

（3）基于 OA 资源分类统计与排序关系的平台共用。许多 OA 平台不仅仅提供 OA 资源的链接、检索与利用服务，还可以利用其定义的栏目对 OA 资源进行分类、统计与排序，由此在各 OA 资源（分节点）与 OA 平台（中心节点）之间构造更多的关联，这些关联可以在更深层次揭示 OA 资源之间的强关系与整体利用效果。例如，OpenDOAR 能够按照 16 种方式，即洲、各洲知识库组织、国别、国家知识库组织、知识库软件、知识库类型、知识库经营现状、最常见内容类型、最常见语言、主题、元数据再利用政策等级、数据再利用政策等级、内容政策等级、提交政策等级、保存政策等级、OpenDOAR 数据库增长，提供 OA 资源的分类统计与利用情况。中国科技论文在线能够利用"在线首发论文""一周热门新增论文""一月热门优秀论文""优秀学者及主要论著""名家推荐精品论文""自荐学者及主要论著"等栏目提供 OA 资源的分类统计与利用情况。因此，利用 OA 平台所提供的 OA 资源分类统计与排序关系，可以增强 OA 平台共用行为。

基于上述分析，可以得出如下研究假设：

H4D1：利用 OA 平台中的资源来源与提供关系，可以增强 OA 平台共用行为；

H4D2：利用 OA 平台中的资源集成检索关系，可以增强 OA 平台共用行为；

H4D3：利用 OA 平台中的资源分类统计与排序关系，可以增强 OA 平台共用行为。

（三）基于强关系的开放获取合作行为的实证研究

这里运用调查问卷数据和 SPSS 软件来对上述研究假设进行实证分析。

1. 问卷设计与数据收集

基于上述研究假设设计了 10 个调查问题作为"基于社会网络关系的开放获取资源共享与合作行为调查问卷"（参见附录 C）的一部分。如同前面所述，这次问卷调查共发放 250 份问卷，收到 216 份答卷，剔除 48 份无效问卷后，最终得到 168 份与"基于强关系的开放获取合作行为"相关的有效答卷。作为无效问卷的评判标准是：①问卷填答不完整，有 1 题及 1 题以上未作答的情况；②出现明显错填、乱填的情况；③同一 IP 地址返回的完全相同答卷的情况。

2. 数据处理与分析

运用 SPSS 19.0 统计分析软件从效度分析、信度分析、因子分析来验证上述研究命题。

（1）效度检验。调查问卷只有具有较高的效度，才能保证调查结果的准确性。表 5.11 数据显示，所有题项与其总分的相关均达到显著水平，即显著性（双侧）都为 0.000，而且相关系数在 0.554 与 0.639 之间，满足效度要求，适合于作实证分析。

表 5.11 题项与其总分的相关性

		H4A1	H4A2	H4A3	H4B1	H4B2	H4C1	H4AC2	H4D1	H4D2	H4D3
前10项总分	Pearson 相关性	0.639**	0.576**	0.617**	0.575**	0.595**	0.647**	0.584**	0.575**	0.577**	0.554**
	显著性（双侧）	0	0	0	0	0	0	0	0	0	0
	N（数量）	168	168	168	168	168	168	168	168	168	168

**. 在 .01 水平（双侧）上显著相关。

（2）信度检验。一般来说，调查问卷的信度越高，调查结果越可信。本次调查的总量表克隆巴赫α(Cronbach α) 系数为 0.795，接近于 0.8 的较高信度水平。另外，表 5.12 所示的"题项总计统计量"中"校正的题项总计相关性"都在 0.4 以上，"题项已删除的克隆巴赫α值"在 0.768 与 0.782 之间，都小于 0.795，说明调查问卷内部一致性较好，总体信度较高。

表 5.12 题项总计统计量

题项	题项已删除的刻度均值	题项已删除的刻度方差	校正的题项总计相关性	题项已删除的克隆巴赫α值
H4A1	40.13	10.749	0.519	0.771
H4A2	40.13	11.037	0.443	0.780
H4A3	40.13	10.876	0.495	0.774
H4B1	40.05	11.177	0.453	0.779

续表 5.12

题项	题项已删除的刻度均值	题项已删除的刻度方差	校正的题项总计相关性	题项已删除的克隆巴赫α值
H4B2	40.04	11.029	0.472	0.777
H4C1	40.10	10.841	0.537	0.769
H4C2	40.01	11.114	0.461	0.778
H4D1	40.20	10.941	0.434	0.782
H4D2	40.20	10.929	0.436	0.781
H4D3	40.05	11.207	0.424	0.782

（3）因子分析。

1）KMO 和 Bartlett 检验。从表 5.13 所示的 KMO 和 Bartlett 的检验来看，KMO 的值为 0.763，显著性概率 P 值为 $0.000 < 0.05$，即说明总量表的相关矩阵间有共同因素存在，适合进行因子分析。

表 5.13 KMO 和 Bartlett 的检验

取样足够度的 Kaiser-Meyer-Olkin 度量		0.763
巴特拉特的球形度检验（Bartlett 检验）	近似卡方值	1781.049
	自由度	45
	显著性	0.000

运用主成分分析法并提取特征值大于 1 的因子后，得到 3 个共同因子。这 3 个共同因子可以解释的总方差为 87.724%（见表 5.14），远大于 50.0% 的要求。3 个共同因子的旋转成分矩阵见表 5.15。表 5.15 数据显示，3 个因子包含的因子负荷量均大于 0.400，即说明各题项与所在因子的相关性满足要求。因子 1 包含 4 个题项 H4B1、H4B2、H4C1、H4C2，可命名为"OA 资源组织与合作"；因子 2 包含 3 个题项 H4A1、H4A2、H4A3，可命名为"OA 合作出版"；因子 3 包含 3 个题项 H4D1、H4D2、H4D3，可命名为"OA 平台共用"。

表 5.14 解释的总方差

成分	初始特征值			提取平方和载入		
	合计	方差的%	累积%	合计	方差的%	累积%
1	3.593	35.928	35.928	3.593	35.928	35.928
2	3.158	31.585	67.512	3.158	31.585	67.512
3	2.021	20.211	87.724	2.021	20.211	87.724
4	0.454	4.536	92.26			
…	…	…	…			
10	0.041	0.411	100			

表 5.15 旋转成分矩阵[a]

变量	成分		
	OA 资源组织与合作	OA 合作出版	OA 平台共用
H4C1	0.949	0.070	0.034
H4B2	0.931	−0.007	0.034
H4C2	0.931	−0.011	0.017
H4B1	0.913	0.049	−0.036
H4A1	0.047	0.958	0.137
H4A2	0.012	0.951	0.064
H4A3	0.026	0.935	0.145
H4D2	0.011	0.076	0.960
H4D1	−0.006	0.092	0.958
H4D3	0.030	0.159	0.817

注：提取方法是主成分分析，旋转法是具有 Kaiser 标准化的正交旋转法，a 旋转在 4 次迭代后收敛。

2）因子信度检验。因子分析的结果要通过信度检验才具有可靠性。3 个共同因子的克隆巴赫α系数都在 0.910 以上（见表 5.16），由此说明 3 个共同因子的各个变量具有很高的可信度，即表示因子分析的结果是有效的。而且，这 3 个共同因子包含的各题项对应的"校正的题项总计相关性"都在 0.400 以上，各题项对应的"题项已删除的克隆巴赫α值"没有超过该因子对应的α值。所以，原有研究假设都得到验证，是成立的。

表 5.16　因子信度检验

信度指标＼因子	OA 资源组织与合作	OA 合作出版	OA 平台共用
克隆巴赫α系数	0.949	0.953	0.910
以标准化项目为准的克隆巴赫α系数	0.949	0.953	0.908
题项数量	4	3	3

（4）小结。社会网络中的强关系是 OA 行动者进行合作的基础。它一旦建立起来，就可以帮助 OA 行动者获取关键信息，促进知识转移，减少机会风险，并为相互之间的合作创造有利条件。上述研究证实，OA 行动者可以利用著作权许可使用协议、出版经费资助、交互式网上同行评议等方面的强关系来进行合作出版，也可以利用 OA 协议与 OA 元数据标准在 OA 行动者与 OA 资源之间、OA 资源与 OA 资源之间所建立的强关系来促进 OA 资源组织，还可以利用不同 OA 资源合作保存主体的权利与义务所确立的强关系来增强 OA 资源保存，以及利用 OA 资源的来源与提供关系、集成检索关系、分类统计与排序关系等多种强关系来增强 OA 平台共用。因此，OA 行动者应该广泛建立与充分利用各种强关系来积极参与和促进 OA 运动的进一步发展。

第六章　开放获取控制机制
——基于结构洞理论的分析

结构洞理论（参见第二章）指出，结构洞是社会网络中普遍存在的现象。结构洞可以为行动者或网络带来好处，使占据中心位置、连接两个行动者的第三方扮演"中间人"或"桥"角色，可以获得更多更新的非重复信息，获得信息利益与控制利益两大优势。[①] 现有研究表明，结构洞可以在初期增强个体学习程度[②]；结构洞对公司随后的创新有正面和负面的影响[③]；通过组织内社会网络的结构洞分析可以找到影响整个社会网络隐性知识共享的障碍和瓶颈[④]；结构洞中的"桥"理论能够解决科技资源共享中存在的协调能力不足、共享渠道不畅通的问题，可以提高内部科技资源共享的传递效率，实现大型科技资源使用的内部协调，降低科研团队获取共享资源的成本。[⑤] 同样，结构洞可影响 OA 活动。然而，如何管理与控制 OA 活动，使每个 OA 行动者都能从中受益，以及如何使 OA 的投资回报最大化，这都涉及 OA 的控制问题。结构洞理论可用来解释 OA 的控制问题。

一、结构洞理论与开放获取的关系

结构洞理论无疑是一种开放性的网络理论[⑥]，而 OA 活动本身可以形成

---

① 参见盛亚、范栋梁《结构洞分类理论及其在创新网络中的应用》，载《科学学研究》2009年第9期，第1407页。
② Vincenzo F D, HEMPHÄLÄ J, Magnusson M, et al. "Exploring the role of structural holes in learning：An empirical study of Swedish pharmacies". *Journal of Knowledge Management*, 2012, 16 (4)：576.
③ Ahuga G. "Collaboration networks, structural holes, and innovation：A longitudinal study". *Administrative Science Quarterly*, 2000, 45 (3)：425.
④ 参见姜鑫《基于"结构洞"视角的组织社会网络内隐性知识共享研究》，载《情报资料工作》2012年第1期，第36页。
⑤ 参见刘广为、杨雅芬、张文德《科技资源共享中"桥"的应用——基于人际网络"结构洞"理论的研究》，载《图书情报工作》2009年第20期，第61页。
⑥ 参见白小瑜《从社会网络的"洞"中获利——伯特的"结构洞"理论评析》，载《重庆邮电大学学报（社会科学版）》2009年第4期，第101页。

OA 社会网络。因此，两者具有内在的紧密联系。这主要体现在如下两方面：

第一，结构洞理论可以通过影响结构化社会关系来影响 OA 活动。OA 社会网络如同多数社会网络一样是异质的，其中一个重要原因就是 OA 社会网络是由不同身份、不同地位的行动者组成的。这些行动者在 OA 社会网络存在多种多样的结构化社会关系，如前面所说的供求关系、信息交流关系、关联关系、信任关系、友谊关系、合作关系等。这些关系不仅在内容与强度上不同，而且通常是不对称地发生相互作用，从而使 OA 行动者形成多种不同的活动圈子，如不同研究主题或学科的 OA 群体，或形成规模不等的 OA 网络，如由亲朋好友组成的密集个体网络。由于这些结构化关系与 OA 社会网络都是动态变化的，所以可以通过影响 OA 结构化社会关系来实现 OA 的控制。

第二，结构洞理论可以通过社会关系的结构化来影响 OA 活动。一般情况下，社会关系的结构化可形成不同的社会网络及其群体、边界和交叉联系，而群体密度、群体界限的严密性和群体内外联系模式决定了资源流动的方式。OA 活动看似完全自主与自由，但是 OA 要求行动者必须遵循一些基本的规范，这些规范可能由 OA 社会网络中的某个中心节点如 OA 出版商或协会建立，往往涉及 OA 出版费用、对保证学术成果质量或遵守相关知识产权的承诺以及合理使用 OA 资源的条件等。个人只有遵循这些规范，并与该中心节点建立关联，才能使自己成为整个 OA 社会网络中的一个分支节点，并与其他节点建立更广泛的联系。在此过程中，某个人可以同时加入几个不同的 OA 社会网络，与其他 OA 行动者的关系有些是紧密的，有些是稀疏的，在资源流向上有的是单向的，有的是双向互动的，这主要取决于个人所占据的网络位置的重要性和与其他行动者关联的强度。这种情况同样适用于 OA 社会网络的某个组织或机构。因此，可以通过影响不同 OA 行动者及其 OA 社会网络位置与关系，实现 OA 的控制。

二、开放获取社会网络结构模式与结构洞

OA 社会网络存在多种类型的结构洞，这些结构洞可影响 OA 行为的发生。

（一）OA 社会网络结构模式

图 6.1 简述了由相对独立的 6 个群体 I、J、K、L、M、N 所组成的 OA

社会网络。这6个群体分别代表整个OA社会网络中的6个子网络，并呈现如下六种网络结构模式：①链式结构，它是一种从某个节点开始逐一传递给下一个节点而非多个节点的OA社会网络，如L群体网络；②星形结构，它是以某个节点为核心向外辐射而连接起来的OA社会网络，如N群体网络；③环形结构，它是节点首尾相连但不能两两互连的OA社会网络，如M群体网络；④网状结构，它是节点两两互连而形成的一种的OA社会网络，如I群体网络；⑤层级结构，又名为树形结构，它是一种从某个节点开始逐级扩散传递给下一层级节点而形成的OA社会网络，如K群体网络；⑥混合结构，它是由上述两种或两种以上网络结构模式所组成的综合性OA社会网络，如J群体网络。

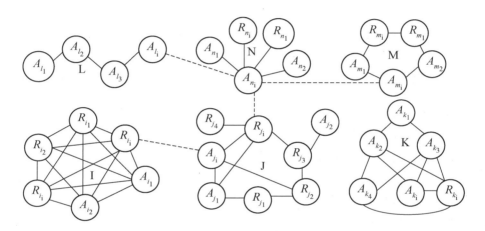

图6.1　OA社会网络和结构洞

注：A_{n_i}：第n群OA行动者中的第i位行动者；R_n：第n类OA资源；R_{n_i}：第n类OA资源中的第i个资源。实线代表节点之间的强关系，虚线代表节点之间的弱关系，其他符号存在类似含义。

（二）OA社会网络中的结构洞和"桥"及"中间人"

1. OA社会网络中的结构洞

OA社会网络存在各种各样的结构洞。依据节点所在群体范围的大小，该节点产生的结构洞的数量会有明显差异。例如，图6.1 A_{l_i} 在单独的L群体中仅仅占据2个结构洞 $A_{l_i}A_{l_1}$、$A_{l_i}A_{l_2}$；A_{l_i} 在由L群体和N群体组成的共同群体中占据如下6个结构洞：$A_{l_i}A_{l_1}$、$A_{l_i}A_{l_2}$、$A_{l_i}A_{n_1}$、$A_{l_i}R_{n_i}$、$A_{l_i}R_{n_1}$、$A_{l_i}A_{n_2}$。I群体实际上是一个封闭的网络，网络中每个行动者或每种资源所获得的信息基本上是对等的、重复的，故在I群体内不存在结构洞。但若I群体与J群体或 N 群体共同组成一个局部 OA 社会网络时，I 群体节点与 J 群体或 N 群体节点之间就存在许多结构洞。

所有这些结构洞可分为如下几种类型：①同一群体内不同 OA 行动者之间的结构洞，如 J 群体中 A_{j_1} 与 A_{j_2} 之间的洞。②同一群体内不同 OA 资源之间的结构洞，如 J 群体中 R_{j_2} 与 R_{j_4} 之间的洞。③同一群体内 OA 行动者与 OA 资源之间的结构洞，如 J 群体中 A_{j_1} 与 R_{j_3} 之间的洞。④不同群体 OA 行动者之间的结构洞，如 N 群体中 A_{n_i} 与 J 群体中 A_{j_i} 之间的洞。⑤不同群体 OA 资源之间的结构洞，如 N 群体中 R_{n_i} 与 J 群体中 R_{j_i} 之间的洞。⑥不同群体 OA 行动者与 OA 资源之间的结构洞，如 N 群体中 A_{n_i} 与 J 群体中 R_{j_3} 之间的洞。

基于上述分析，可以提出如下研究假设：

H5A1：OA 资源之间存在无数个结构洞；

H5A2：OA 作者之间存在无数个结构洞；

H5A3：OA 用户之间存在无数个结构洞；

H5A4：OA 资源组织者之间存在无数个结构洞；

H5A5：OA 资源评审专家之间存在无数个结构洞；

H5A6：OA 资源、OA 作者、OA 用户、资源组织者、OA 资源评审专家两两之间存在无数个结构洞；

H5A7：结构洞可影响 OA 行为（如 OA 资源共享、OA 文献引用、OA 出版、OA 资源整合与利用等）。

2. OA 社会网络中的"桥"

OA 社会网络中的结构洞代表 OA 节点之间的非重复关系。一方面，结构洞占据者是 OA 社会网络中信息资源流动的"阀门"，影响与控制信息资源的流动，且能获得 OA 社会网络中的多种非重复资源，并有可能成为 OA 社会网络的中心节点；另一方面，对于结构洞两边关系断裂的行动者而言，结构洞的存在无形增加了他们的距离，给他们信息资源共享带来了困难，不能较好地开展交流和合作。这里需要联合发挥"桥"和"中间人"的作用。

"桥"是提供网络图形中两节点之间唯一路径的一条边（或线）。[①] 换句话说，如果删除连接网络图形中节点 A 和节点 B 的连线，将使 A 和 B 分隔成两个不同部分，那么该连线就是"桥"。"桥"一方面可以带来中介利益（包括信息利益与控制利益）；另一方面也会夹杂在两个群体之间，行为

---

① Granovetter M S. "The strength of weak ties". *American Journal of Sociology*, 1973, 78 (6): 1364.

受到限制。在图 6.1 中，A_{l_1} 与 A_{l_2}、A_{l_2} 与 A_{l_3}、A_{l_3} 与 A_{l_i} 之间的 3 条连线就是 3 个"桥"。

3. OA 社会网络中的"中间人"

"中间人"是连接结构洞两端个体的第三方。该"中间人"可以发挥如下五种角色的作用：①协调者（coordinator）。协调者是在一个团体中可以获得信息流通及操控双方的利益，但同时受到该团体规范约束的第三方，如图 6.2（a）中的 A_2。②中介者（broker）。中介者是可以获得信息流通及操控双方的利益，但不在受控方团体中，且不受该团体规范约束的第三方，如图 6.2（b）中的 A_2。③守门人（gate keeper）。守门人是在某团体中与外界联系且操控该团体的对外信息交流的重要通道或节点，如图 6.2（c）中的 A_2。④代理人（representative）。代理人是一个团体的对外代表，控制了对外协调的门槛，如图 6.2（d）中的 A_2。⑤联络者（liaison）。联络者是可以操控两个团体且不受其规范约束的第三方，如图 6.2（e）中的 A_2。[①]

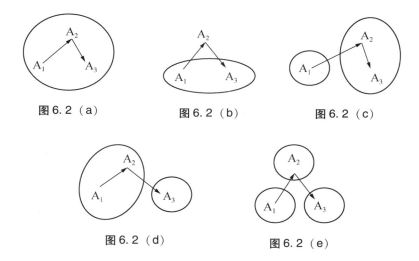

图 6.2（a）　　　图 6.2（b）　　　图 6.2（c）

图 6.2（d）　　　图 6.2（e）

三、基于结构洞的开放获取控制行为的理论分析

OA 社会网络中的结构洞可以影响 OA 资源共享、OA 文献引用、OA 出版、OA 资源整合与利用等 OA 行为。

---

① 参见罗家德《社会网分析讲义》，社会科学文献出版社 2005 年版，第 160－161 页。

（一）结构洞对 OA 资源共享的影响分析

正因为结构洞存在于 OA 社会网络不同节点之间，所以，位于不同节点的 OA 资源在资源共享过程中就会受此结构洞的影响或控制。首先，OA 社会网络中的结构洞的存在使 OA 资源共享成为必然。例如，在三层结构的 OA 社会网络［见图 6.3（a）、图 6.3（b）］中，节点 A、B、C、D 相互关联，于是它们在第一层次形成一种封闭网络。这时，位于这些节点位置的 OA 资源就可以在无须第三方帮助的情况下直接互通资源；换句话说，在封闭的 OA 社会网络中，由于不同 OA 资源之间不存在结构洞，本身已经融为一体，无须额外的资源共享。相反，在图 6.3（b）中，节点 1 与节点 2、3、4、5 之间是一种开放网络，节点 2、3、4、5 相互之间存在结构洞，这时位于这些节点的 OA 资源本身不能相互共享，需要某种"中介"才能实现资源共享。这就是说，结构洞的存在增强了 OA 资源共享的动力，并使之成为必然。

其次，OA 社会网络中的结构洞成就了 OA 社会网络中的"中间人"，使 OA 资源共享成为可能。正如结构洞理论所言，结构洞能为其占据者同时拥有来自结构洞两边的异质信息，利用信息差异，将所获信息进行提炼、加工与整合，使信息得到再次分配、流动和共享，使结构洞占据者成为 OA 社会网络中的"中间人"，能够提供更多的信息利益和控制利益，包括访问与共享 OA 资源。例如，在图 6.3（a）中，节点 E、F、G 之间存在 3 个结构洞，位于这些节点的 OA 资源只有通过占据这些结构洞的节点 B 才能实现整合、共享与利用。这种现象常常出现于 OA 用户事先并不知道其所需的 OA 资源存在哪里，但若这些 OA 资源如通过某个 OA 平台（如 DOAJ）集中起来，那么这些原来彼此分离且不能共享的 OA 资源就可以实现更大范围的资源共享。这时，该 OA 平台（如 DOAJ）就发挥了"中间人"作用，使 OA 资源共享变为现实。当然，结构洞占据者可以是不同 OA 行动者，也可以是不同 OA 资源的集成者，如 OA 平台、OA 知识库、学科知识库或机构知识库等。

基于上述分析，理出如下研究假设：

H5B1：结构洞使 OA 行动者有通过某平台分享其 OA 资源的需求；

H5B2：结构洞促使 OA 行动者彼此之间形成资源共享关系；

H5B3：结构洞促使单个的 OA 资源聚集起来形成综合的 OA 资源库；

H5B4：结构洞促使分离的 OA 资源聚集起来形成融合的 OA 知识库；

H5B5：结构洞促使不同学科的 OA 资源聚集起来形成 OA 多学科知识

H5B6：结构洞促使不同机构的 OA 资源聚集起来形成 OA 跨机构知识库。

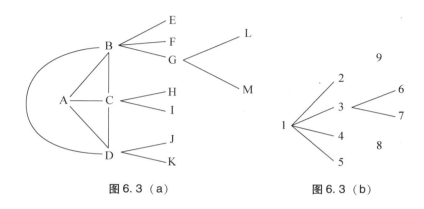

图 6.3（a）　　　　　　　图 6.3（b）

（二）结构洞对 OA 文献引用的影响分析

OA 文献引用网络是一种有向网络，该网络中存在许多结构洞与"桥"。结构洞和"桥"可以影响与控制 OA 文献引用行为。

不同 OA 文献在 OA 文献引用网络中所处的网络位置往往是不同的，与之关联的 OA 文献或多或少，这就形成 OA 文献之间的结构洞。例如，在图 6.4（a）所示的链式引用网络中，$r_{R_{n_1}-R_{n_2}}$ 代表 R_{n_2} 引用 R_{n_1}，是 R_{n_1} 与 R_{n_2} 之间的"桥"；$r_{R_{n_2}-R_{n_3}}$ 代表 R_{n_3} 引用 R_{n_2}，是 R_{n_2} 与 R_{n_3} 之间的"桥"。R_{n_2} 虽然作为"中间人"把 R_{n_1} 与 R_{n_3} 连接起来，但是 R_{n_1}、R_{n_2}、R_{n_3} 分别处于"初级关系人""次级关系人"和"第三级关系人"位置，这样，R_{n_1} 与 R_{n_3} 并非结构等位，又由于 R_{n_1} 与 R_{n_3} 没有直接联系，所以，R_{n_1} 与 R_{n_3} 之间存在结构洞。这个结构洞的存在是决定 R_{n_1}、R_{n_2}、R_{n_3} 三者之间构成链式引用关系的必要条件。否则，若 R_{n_3} 直接引用 R_{n_1} [见图 6.4（b）]，那么 R_{n_3} 与 R_{n_2} 处于结构等位状态且存在某种程度的重复关系，R_{n_1}、R_{n_2}、R_{n_3} 三者之间就不存在结构洞，而呈现交叉引用而非链式引用形状。正因为交叉引用中 3 个节点之间没有结构洞，所以 R_{n_3} 与 R_{n_1}、R_{n_2} 都有比较大的冗余关系（如学术论文在观点上大同小异，不利于学术创新）。相反，在存在结构洞的图 6.4（a）中，R_{n_2} 可以发挥"中间人"的控制作用，这包括：①吸收与利用初级关系人 R_{n_1} 中的观点与数据；②通过知识转化与知识螺旋创造新的知识，不断壮大知识资本；③向第三级关系人转移新的知识，促进知识交流与利用。在此过程中，

"桥"$r_{R_{n_1}-R_{n_2}}$ 与 $r_{R_{n_2}-R_{n_3}}$ 可以通过为各级关系人提供知识资源的供求关系、知识交流渠道、知识"筛选"过程而发挥 OA 协调者的作用，并最终实现文献引证的目的，从而使处于链式引用网络上游节点的 OA 文献对处于下游节点的 OA 文献产生影响。

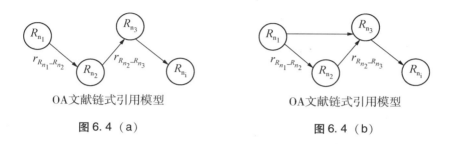

OA文献链式引用模型

图 6.4（a）   图 6.4（b）

OA 文献链式引用是一种很特殊的情形，大多数 OA 文献引用可能呈现星形结构、等级结构或混合结构等复杂形态（如图 6.5 所示）。随着 OA 文献引用网络规模的扩大，结构洞的数量显著增加。比如，R_{j_k} 占据 3 个初级结构洞（即 $R_{j_1}R_{j_2}$、$R_{j_1}R_{j_3}$、$R_{j_2}R_{j_3}$）、10 个次级结构洞（$R_{j_k}R_{j_{1_1}}$、$R_{j_k}R_{j_{2_1}}$、$R_{j_k}R_{j_{2_2}}$、$R_{j_k}R_{j_{2_i}}$、$R_{j_{1_1}}R_{j_{2_1}}$、$R_{j_{1_1}}R_{j_{2_2}}$、$R_{j_{1_1}}R_{j_{2_i}}$、$R_{j_{2_1}}R_{j_{2_2}}$、$R_{j_{2_1}}R_{j_{2_i}}$、$R_{j_{2_2}}R_{j_{2_i}}$）和数个三级结构洞（略），这与图 6.4（a）中 R_{n_1} 仅仅占据 2 个结构洞（即 $R_{n_1}R_{n_3}$、$R_{n_1}R_{n_i}$）相比增加了许多。这意味着 R_{j_k} 在此网络中可以创造更多的社会资本，即带来更多的信息利益（如更多的被引关系和更高的引用率）和控制利益（如对更多引用文献产生影响）。这时，R_{j_1} 和 R_{j_2} 就充当了"中间人"角色，起到 OA 中介者作用，即通过引用 R_{j_k}（用 $r_{R_{j_k}-R_{j_1}}$ 表示）把 R_{j_k} 的观念或思想融入 R_{j_1} 文献中，为 $R_{j_{1_1}}$ 引用 R_{j_1} 提供了更多的源信息，最终实现 R_{j_k} 文献中的观念或思想向 R_{j_1} 文献的传承。这种情况同样发生在 R_{j_2} 节点。因此，在 OA 文献引用网络中，某节点与其他节点的连接数量越多，结构洞存在的可能性就越大；节点占据结构洞的数量越多，该节点对其他节点的控制权力越大；反之亦然。

基于上述分析，可以提出如下研究假设：

H5C1：结构洞可以促使 OA 文献形成链式引用关系；

H5C2：结构洞可以促使 OA 文献通过"引用"实现知识传承；

H5C3：结构洞可以促使 OA 文献通过"引用"实现知识创新；

H5C4：结构洞可以促使某些 OA 文献成为"OA 核心文献"；

H5C5：结构洞可以促使某些 OA 作者成为"OA 核心作者"；

H5C6：结构洞可以促使某些 OA 机构成为"OA 核心机构"。

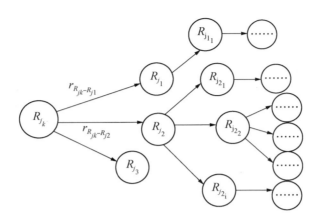

图 6.5　OA 文献引用一般模型

（三）结构洞对 OA 出版的影响分析

OA 出版网络节点之间可能存在多种多样的结构洞与相互关系，如著作权许可使用关系、同行评议关系等，它们可以影响与控制 OA 出版行为。常见的多种著作权许可使用协议，如 CCL、OPL、OCL、DSL、CDL 等，可以明确 OA 作者与 OA 出版者之间的责、权、利关系，直接影响与控制 OA 出版行为。例如，在图 6.6 所示的 OA 出版网络中，A_a 与 A_p 通过签订 OA 出版协议，在两者之间建立合作出版关系。这个合作出版关系是 OA 作者与 OA 出版者之间的"桥"（即 $r_{A_a-A_p}$），既可以把原不属于 OA 出版者的作品引入出版范围，增加 OA 文献资源，使 A_p 能够发挥 OA 中介者的作用；也可以根据 OA 出版协议来控制外部文献资源是否能够和如何成为 OA 文献，使 A_p 能够发挥"OA 守门人"的作用。相反，若缺少"桥"$r_{A_a-A_p}$ 的存在，A_a 与 A_p 就是彼此分离、没有关联的两个 OA 行动者，从而不可能存在 OA 出版。因此，在 OA 出版网络中，可以利用著作权许可使用协议在 OA 作者与 OA 出版者之间所起到的"桥"的作用来有效控制 OA 出版行为。

从同行评议关系来看，OA 完全与传统同行评议是一致的。在开放网络环境下，OA 出版者依靠其交互的网络出版平台可以把评议专家和 OA 用户观点纳入同行评议过程，并充分利用各种反馈来改善 OA 出版质量。在此过程中，出版者刊载的 OA 文献不但要经过严格的同行评议，还要将文献的评议过程公开，包括在网络上发布文献的初稿、评议专家的意见和签名、作者的修改稿以及最终稿，通过各方意见的公开化使评议过程更有效率，并提高透明度。读者也可以直接阅读评议报告，共同参与评议工作，从而帮助 OA

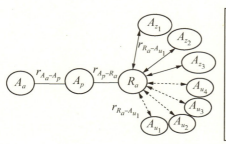

图 6.6 OA 出版网络模型

出版者广泛吸纳其他人的观点来提高评议质量。这样，在作者、编辑、评议专家和读者之间形成一种交互式 OA 出版模式（如图 6.7 所示）。① 在出版第一阶段，作者在向编辑部投稿后，论文及时以"讨论稿"方式出现在该刊论坛中；然后，这些论文要经过 4～8 周的交互式公共讨论，同行评议专家意见和其他感兴趣的读者评论以及作者的答复全部随同"讨论稿"公布出来。随后进入交互式 OA 出版的第二阶段，此时以传统期刊的相同方式完成原稿修订和同行评议，有时需要几轮评议与修订，直至最后版本的论文在期刊上发表出来。为提供持续的评议记录和确保作者的出版优先，每个"讨论稿"和交互式评论都被永久保存下来，且是单独可引用的。

上述质量控制方法可用结构洞理论来解释。在图 6.6 中，A_a 与同行评议专家（如 A_{z_1}、A_{z_2} 等）和读者（如 A_{u_1}、A_{u_2} 等）之间存在 7 个结构洞（即 $A_aA_{z_1}$、$A_aA_{z_2}$、$A_aA_{z_3}$、$A_aA_{u_1}$、$A_aA_{u_2}$、$A_aA_{u_3}$、$A_aA_{u_4}$），而传统同行评议模式（不包含图 6.6 中双向虚箭头标记部分）A_a 仅仅占据 3 个结构洞（即 $A_aA_{z_1}$、$A_aA_{z_2}$、$A_aA_{z_3}$）。这些结构洞的存在以及数量的变化可以影响 OA 出版行为。不管是传统同行评议还是开放同行评议，OA 出版网络存在结构洞是毋庸置疑的。结构洞 $A_aA_{z_1}$ 一方面说明 A_a 无法直接与同行评议专家 A_{z_1} 打交道，另一方面暗示着 A_a 与 A_{z_1} 要发生关联就必须利用"中间人"——A_p。A_p 不仅为 A_a 与 A_{z_1} 之间搭建一座"桥梁"、建立一个通道，而且它可以及时收集评议专家的意见和智慧，并反馈给 A_a，发挥 OA 中介者、OA 联络者作用，帮助 A_a 获取 OA 出版网络中的信息利益；同时利用自身所处的"中间人"位置，控制哪些 OA 资源可以在 OA 出版网络中流通，比如，只有通过同行评

---

① PöSCHL U. "Interactive open access publishing and peer review: the effectiveness and perspectives of transparency and self-regulation in scientific communication and evaluation". *Liber Quarterly*, 2010, 19 (3/4): 295.

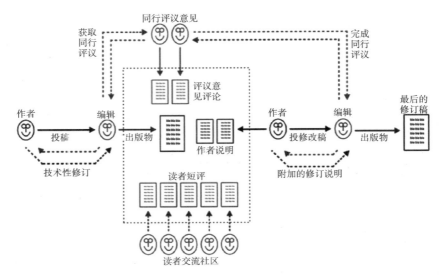

图 6.7 交互式 OA 出版模型

议的 OA 文献才能有资格出版,从而帮助 OA 出版网络获得控制利益,提高 OA 文献发表质量。

结构洞数量的变化意味着 OA 出版可利用更多的资源,特别是在交互式开放同行评议情形下,A_a 与无数读者之间是存在大量结构洞的,这时,A_p 除了利用同行评议专家的智慧外,还可广泛利用读者对 OA 文献的看法与意见,并把这些信息反馈给 A_a。这种交互式同行评议和公共讨论不仅有利于原稿(或讨论稿)提供自由的言论,快速传播新颖的结果与原始的观点,而且可以为高质量论文提供直接反馈,包括一些关键的评论、争议、错误与补充信息,阻止或减少隐藏的障碍和剽窃机会,揭示论文中的缺陷,阻止某些不合格论文的投稿,帮助避免或减少无效投稿所造成的时间与精力的浪费,最终使 OA 出版网络和 OA 行动者(如 A_a 和 A_p)获得尽可能多的信息利益与控制利益。因此,利用同行评议过程中 OA 出版网络的结构洞,可以有效控制 OA 出版行为。基于上述分析,可以得出如下研究假设:

H5D1:OA 出版者与 OA 作者通过签订"著作权许可使用协议",可以减少他们之间的结构洞,增强彼此的合作,从而促进 OA 出版;

H5D2:OA 出版者与 OA 作者所在机构通过签订"机构出版协议",可以减少 OA 资源获取成本,增强所在机构的合作,从而促进 OA 出版;

H5D3:OA 出版者与同行评议专家通过建立同行评议关系,增强彼此的合作,从而促进 OA 出版;

H5D4：OA 出版者利用匿名的同行评议，可以提高 OA 出版质量；

H5D5：OA 出版者利用开放网络环境下读者对投稿论文的评估或反馈意见，可以提高 OA 出版质量。

（四）结构洞对 OA 资源整合和利用的影响分析

OA 资源整合平台，如 OpenDOAR、ROAR、Open J-Gate、arXiv、E-LIS、中国科技论文在线等，都是 OA 社会网络中的一个中心节点。用户通过该中心节点能够与其他节点即某个 OA 期刊或某篇 OA 文献建立广泛的连接，而这些 OA 期刊或 OA 文献又利用相互链接关系、媒介互连关系、文献引用与被引关系、机构或作者合作关系等，在更多 OA 资源之间、OA 行动者之间触发深层次的直接或间接联系，从而在整个 OA 社会网络产生越来越多的结构洞。这些结构洞可以对 OA 资源整合行为产生影响。这可以用 OA 资源整合前后的 OA 网络［如图 6.8（a）、图 6.8（b）、图 6.8（c）所示］来作说明。

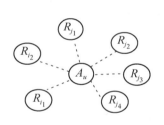

图注：
A_u：OA用户；A_c：OA资源整合平台；
A_{p_i}：第i类OA资源提供者；
R_{i_1}：第一个i类OA资源；
$r_{A_u - A_{p_i}}$：A_u 与 A_{p_i} 之间的OA资源利用关系；
$r_{A_u - A_c}$：A_u 与 A_c 之间的OA资源利用关系；
$r_{A_c - A_{p_i}}$：A_c 与 A_{p_i} 之间的OA资源整合关系；
实线表示强关系；虚线表示弱关系

图 6.8（a） 分散独立资源组成的 OA 网络

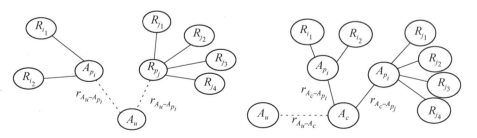

图 6.8（b） 两类资源整合前的 OA 网络　　图 6.8（c） 两类资源整合后的 OA 网络

OA 资源整合前的 OA 网络与 OA 资源整合后的 OA 网络是完全不同的。从 OA 资源使用角度来看，简单的 OA 网络是由彼此分离、各自独立的 OA 资源和 OA 用户组成的网络［如图 6.8（a）所示］。由于这些 OA 资源（如 R_{i_1}、R_{i_2} 等）之间存在结构洞，且 A_u 与它们没有强关系，即不存在连接这些资源的第三方，所以 A_u 要想利用这些 OA 资源，必须分别与这六种 OA 资源打交道，即维持 6 个初级关系人。这种 OA 资源利用成本很高，效率却非常低，主要是因为网络中虽然存在许多结构洞，但是没有"桥"，所以结构洞不能产生较高的回报率。也就是说，在由分散独立的 OA 资源与 OA 用户组成的 OA 网络中，结构洞对 OA 的控制程度很低。在现实的 OA 活动中，这种情形出现较少。而图 6.8（b）和图 6.8（c）所示的情形比较常见。

在图 6.8（b）中，假设 A_u 能利用两类 OA 资源 R_i（如机构知识库资料）和 R_j（如 OA 期刊论文），它们分别由两个分散且没有关联的 OA 资源提供者 A_{p_i}（即机构知识库）和 A_{p_j}（即 OA 期刊）提供。A_u 在此网络占据如下三类共 7 个结构洞：① A_{p_i} 与 A_{p_j} 之间的结构洞——$A_{p_i}A_{p_j}$；② A_u 与 A_{p_i} 所提供的资源 R_{i_1}、R_{i_2} 之间的 2 个结构洞——$A_uR_{i_1}$ 和 $A_uR_{i_2}$；③ A_u 与 A_{p_j} 所提供的资源 R_{j_1}、R_{j_2}、R_{j_3}、R_{j_4} 之间的 4 个结构洞——$A_uR_{j_1}$、$A_uR_{j_2}$、$A_uR_{j_3}$、$A_uR_{j_4}$。

与图 6.6（a）相比，A_u 在利用 OA 资源过程中只要与 2 个初级关系人即 A_{p_i} 和 A_{p_j} 打交道，降低了 OA 资源利用的成本。这主要因为 A_{p_i} 和 A_{p_j} 分别在此网络中扮演"中间人"角色，发挥了 OA 中介者、OA 守门人的作用，可以分别影响 A_u 对 R_i 和 R_j 两类 OA 资源的访问与利用。不过，由于 A_{p_i} 和 A_{p_j} 相对独立、彼此分离，且没有把两者有效连接起来的第三方（即"桥"），因而在此网络 A_u 还必须与 2 个初级关系人分别打交道，才能有效利用 R_i 和 R_j 两类 OA 资源；也正因为 A_{p_i}、A_{p_j} 之间缺少"桥"，不能在 R_i 和 R_j 之间形成联动机制。所以 A_u 使用 OA 资源仍不方便，OA 资源利用效率不会太高。

然而，当利用 OA 资源整合平台 A_c 对 A_{p_i} 与 A_{p_j} 实现有效整合后［如图 6.8（c）］，OA 资源利用有了很大变化。A_c 成为 A_u 唯一的初级关系人。这时，A_u 拥有 2 个初级结构洞——$A_uA_{p_i}$ 和 $A_uA_{p_j}$ 以及 6 个次级结构洞——$A_uR_{i_1}$、$A_uR_{i_2}$、$A_uR_{j_1}$、$A_uR_{j_2}$、$A_uR_{j_3}$、$A_uR_{j_4}$。不过，资源整合后的 OA 网络消除了 A_{p_i} 与 A_{p_j} 之间的结构洞，因为它们通过相同的联系人 A_c 使彼此建立某种关联，这实质上为更高效地利用 OA 资源创造了有利条件。$r_{A_c\text{-}A_{p_i}}$、$r_{A_c\text{-}A_{p_j}}$ 分别代表 A_c 对 R_i 和 R_j 资源的整合关系，也是分别连接 A_c 与 A_{p_i}、A_c 与 A_{p_j} 的"桥"。这 2 个"桥"成就了"中间人"——A_c，并使它发挥如下重要作用：①OA 协调者，帮助 A_u 利用同一平台（即 A_c）访问不同类型的 OA 资源。②OA 中介者，可以吸纳群体外信息（如 A_u 访问请求）并提供给群体内成员（如 A_{p_i}、

A_{p_j}); ③OA 守门人利用统一接口拒绝非法利用内部资源（如 R_{i_1} 或 R_{j_1}）的外部请求；④OA 代理人统一对外提供 OA 资源，并控制其信息存取或交流通道。这样，A_u 只需与 1 个初级关系人 A_c 发生关系，使得 A_u 付出的时间和精力更少了，提高了 A_u 收集和利用 OA 资源的效率。因此，利用 OA 社会网络中的结构洞可以有效控制 OA 资源整合，并显著提高 OA 资源利用效率。

基于上述分析，可以得出如下研究假设：

H5E1：通过 OA 学科知识库来减少相同学科 OA 资源之间的间断关系（即结构洞），可以促进相同学科 OA 资源的整合与利用；

H5E2：通过 OA 学科知识库来减少不同学科 OA 资源之间的间断关系（即结构洞），可以促进不同学科 OA 资源的整合与利用；

H5E3：通过 OA 机构知识库来减少同一机构 OA 资源之间的间断关系（即结构洞），可以促进该机构 OA 资源的整合与利用；

H5E4：通过 OA 机构知识库来减少不同机构 OA 资源之间的间断关系（即结构洞），可以促进不同机构 OA 资源的整合与利用；

H5E5：通过 OA 期刊库来减少 OA 期刊资源之间的间断关系（即结构洞），可以促进 OA 期刊资源的整合与利用；

H5E6：通过 OA 资源综合平台（如 DOAJ、OpenDOAR 等）来减少 OA 资源之间的间断关系（即结构洞），可以促进 OA 资源的整合与利用。

四、基于结构洞的开放获取控制行为的实证研究

这里运用调查问卷数据和 SPSS 软件来对上述研究假设进行实证分析。

（一）问卷设计与数据收集

以上述 30 个研究假设作为调查问题设计一份"基于结构洞理论的开放获取行为的调查问卷"（参见附录 D）。这次问卷调查综合采用问卷星网上调查、发送电子邮件和发放纸质问卷方式进行，调查对象主要是 OA 行动者，包括科研工作者、大学教师、图书馆工作人员、图书情报档案专业研究生等。调查日期是 2015 年 3 月至 5 月。用上述三种方式共得到 265 份问卷（其中包括 85 份纸质问卷），剔除 55 份无效答卷，得到有效问卷 210 份。无效问卷的评判标准是：①问卷填答不完整；②问卷答题结果几乎完全相同。调查问题采用五分制李克特量表法，对每个问题的判断程度分为五个等级，即完全同意、基本同意、不能确定、基本不同意、完全不同意，分别对应于统计分析中的 5、4、3、2、1。

(二) 数据处理和分析

运用 SPSS 19.0 统计分析软件从效度分析、信度分析、因子分析来验证上述研究命题。

1. 效度分析

调查问卷只有具有较高的效度，才能保证调查结果的准确性。这里采用各命题与其总分的相关性来检验此次调查的效度（见表6.1）。表6.1 数据显示，所有命题与其总分的相关系数在 0.635 与 0.802 之间，显著性（双侧）数值在 0.01 水平上均为 0.000，即表示各命题与其总分显著相关，满足效度要求，适合于作实证分析。

表6.1　各命题与其总分的相关性

		H5A1	H5A2	H5A3	H5A4	H5A5	H5A6	H5A7	H5B1	H5B2	H5B3
30项总分	Pearson	0.699**	0.728**	0.772**	0.669**	0.668**	0.702**	0.635**	0.760**	0.792**	0.734**
	显著性（双侧）	0.000	0.000	0.000	0.000	0.000	0.000	0.000	0.000	0.000	0.000
	N	210	210	210	210	210	210	210	210	210	210
		H5B4	H5B5	H5B6	H5C1	H5C2	H5C3	H5C4	H5C5	H5C6	H5D1
30项总分	Pearson	0.756**	0.774**	0.802**	0.746**	0.734**	0.729**	0.762**	0.759**	0.744**	0.687**
	显著性（双侧）	0.000	0.000	0.000	0.000	0.000	0.000	0.000	0.000	0.000	0.000
	N	210	210	210	210	210	210	210	210	210	210
		H5D2	H5D3	H5D4	H5D5	H5E1	H5E2	H5E3	H5E4	H5E5	H5E6
30项总分	Pearson	0.745**	0.671**	0.668**	0.650**	0.797**	0.796**	0.776**	0.751**	0.758**	0.690**
	显著性（双侧）	0.000	0.000	0.000	0.000	0.000	0.000	0.000	0.000	0.000	0.000
	N	210	210	210	210	210	210	210	210	210	210

注：** 在 0.01 水平（双侧）上显著相关。

2. 信度分析

本次调查 30 项的总量表克隆巴赫α(Cronbach α) 系数为 0.970，达到很高信度水平。而且，"题项总计统计量"（见表 6.2）数据中各题项的"校正的题项总计相关性"都大于 0.4，"题项已删除的克隆巴赫α值"数值都小于 0.970，这说明调查问卷内部一致性较好，总体信度较高。

表 6.2 题项总计统计量

题项	题项已删除的刻度均值	题项已删除的刻度方差 γ	校正的题项总计相关性	题项已删除的克隆巴赫α值
H5A1	107.85	460.774	0.670	0.969
H5A2	107.83	459.300	0.701	0.969
H5A3	107.78	459.145	0.750	0.969
H5A4	107.85	469.710	0.645	0.969
H5A5	107.84	469.239	0.643	0.969
H5A6	107.75	467.751	0.679	0.969
H5A7	107.59	467.602	0.605	0.969
H5B1	107.75	463.398	0.740	0.969
H5B2	107.92	458.700	0.772	0.968
H5B3	107.71	467.548	0.714	0.969
H5B4	107.78	467.035	0.737	0.969
H5B5	107.83	463.814	0.755	0.968
H5B6	107.81	462.358	0.785	0.968
H5C1	107.82	461.563	0.723	0.969
H5C2	107.71	462.795	0.710	0.969
H5C3	107.86	465.678	0.707	0.969
H5C4	107.63	464.181	0.742	0.969
H5C5	107.62	468.513	0.742	0.969
H5C6	107.65	463.644	0.723	0.969
H5D1	107.90	469.632	0.664	0.969
H5D2	107.79	464.149	0.724	0.969
H5D3	107.83	470.254	0.647	0.969
H5D4	107.72	468.883	0.642	0.969
H5D5	107.72	470.186	0.624	0.969

续表 6.2

题项	题项已删除的刻度均值	题项已删除的刻度方差 γ	校正的题项总计相关性	题项已删除的克隆巴赫α值
H5E1	107.75	459.948	0.779	0.968
H5E2	107.87	461.140	0.778	0.968
H5E3	107.68	463.870	0.758	0.968
H5E4	107.66	465.767	0.731	0.969
H5E5	107.65	465.350	0.738	0.969
H5E6	107.58	466.814	0.665	0.969

3. 因子分析

从表 6.3 所示的 KMO 和 Bartlett 的检验来看，KMO 的值为 0.923，显著性概率 P 值为 $0.000 < 0.05$，即说明总量表的相关矩阵间有共同因素存在，适合进行因子分析。

表 6.3　KMO 和 Bartlett 的检验

取样足够度的 Kaiser-Meyer-Olkin 度量		0.923
巴特拉特的球形度检验（Bartlett 检验）	近似卡方值	2667.259
	自由度	435
	显著性	0.000

采用主成分——相关性矩阵分析法萃取因子，筛选特征值大于 1 的特征根，得到 3 个共同因子，其累积总方差解释量为 62.826%（见表 6.4），满足大于 50% 的要求。

表 6.4　解释的总方差

成分	初始特征值			提取平方和载入		
	合计	方差的 %	累积 %	合计	方差的 %	累积 %
1	16.140	53.800	53.800	16.140	53.800	53.800
2	1.555	5.185	58.985	1.555	5.185	58.985
3	1.152	3.841	62.826	1.152	3.841	62.826
4	0.981	3.269	66.095			
…	…	…	…			
30	0.073	0.242	100.000			

3个共同因子的旋转成分矩阵见表6.5。表6.5数据显示，3个因子包含的因子负荷量均大于0.400，即说明各题项与所在因子的相关性满足要求。因子1包括H5B1、H5B3、H5B4、H5B5、H5B6、H5C4、H5C5、H5C6、H5E5、H5E6共10个题项，可命名为"结构洞对OA资源共享的影响"；因子2包括H5B2、H5C1、H5C2、H5C3、H5D1、H5D2、H5D3、H5D4、H5D5、H5E1、H5E2、H5E3、H5E4共13个题项，可命名为"结构洞对OA文献引用、OA出版、OA资源整合的影响"；因子3包括H5A1、H5A2、H5A3、H5A4、H5A5、H5A6、H5A7共7个题项，可命名为"OA社会网络要素之间存在无数结构洞"。

表6.5 旋转成分矩阵[a]

题项	成　分		
	结构洞对OA资源共享的影响	结构洞对OA文献引用、OA出版、OA资源整合的影响	OA社会网络要素之间存在无数结构洞
H5B3	0.741	0.247	0.273
H5B6	0.736	0.364	0.275
H5C5	0.704	0.288	0.316
H5C4	0.699	0.289	0.325
H5B5	0.690	0.303	0.343
H5C6	0.644	0.356	0.274
H5B4	0.627	0.431	0.233
H5B1	0.614	0.332	0.365
H5E5	0.556	0.533	0.202
H5E6	0.519	0.469	0.183
H5D2	0.367	0.724	0.174
H5D3	0.184	0.717	0.249
H5D5	0.168	0.694	0.250
H5C3	0.280	0.653	0.320
H5E4	0.425	0.632	0.222
H5E2	0.426	0.626	0.316
H5E3	0.449	0.609	0.274
H5C2	0.318	0.608	0.334
H5E1	0.420	0.561	0.398
H5D4	0.396	0.551	0.188

续表6.5

题项	成分		
	结构洞对 OA 资源共享的影响	结构洞对 OA 文献引用、OA 出版、OA 资源整合的影响	OA 社会网络要素之间存在无数结构洞
H5B2	0.413	0.519	0.439
H5D1	0.378	0.456	0.355
H5C1	0.429	0.434	0.425
H5A2	0.233	0.267	0.796
H5A1	0.222	0.291	0.729
H5A4	0.367	0.109	0.721
H5A3	0.409	0.245	0.709
H5A5	0.232	0.266	0.696
H5A7	0.131	0.360	0.634
H5A6	0.410	0.267	0.558

注：提取方法是主成分分析，旋转法是具有 Kaiser 标准化的正交旋转法，a 旋转在 7 次迭代后收敛。

4. 因子信度检验

上述 3 个共同因子的克隆巴赫α系数均在 0.903 以上（见表 6.6），且 3 个共同因子包含的各题项对应的"校正的题项总计相关性"都在 0.400 以上，各题项对应的"题项已删除的克隆巴赫α值"都没有超过该因子对应的α值，由此说明 3 个共同因子的各个变量具有较高的可信度，即表示因子分析的结果是有效的。

表6.6 因子信度检验

信度指标 \ 因子	结构洞对 OA 资源共享的影响	结构洞对 OA 文献引用、OA 出版、OA 资源整合的影响	OA 社会网络要素之间存在无数结构洞
克隆巴赫α系数	0.937	0.941	0.903
以标准化项目为准的克隆巴赫α系数	0.938	0.941	0.904
题项数量	10	13	7

5. 小结

通过前面的实证分析，可以得知原有的 30 个研究假设得到验证，是成立的（见表6.7）。

表 6.7　研究假设及其验证结果汇总

题项	研究假设	是否得到验证	所在因子
H5A1	OA 资源之间存在无数个结构洞	是	OA 社会网络要素之间存在无数结构洞
H5A2	OA 作者之间存在无数个结构洞	是	
H5A3	OA 用户之间存在无数个结构洞	是	
H5A4	OA 资源组织者之间存在无数个结构洞	是	
H5A5	OA 资源评审专家之间存在无数个结构洞	是	
H5A6	OA 资源、OA 作者、OA 用户、资源组织者、OA 资源评审专家两两之间存在无数个结构洞	是	
H5A7	结构洞可影响 OA 行为（如 OA 资源共享、OA 文献引用、OA 出版、OA 资源整合与利用等）	是	
H5B1	结构洞使 OA 行动者有通过某平台分享其 OA 资源的需求	是	结构洞对 OA 资源共享的影响
H5B3	结构洞促使单个的 OA 资源聚集起来形成综合的 OA 资源库	是	
H5B4	结构洞促使分离的 OA 资源聚集起来形成融合的 OA 知识库	是	
H5B5	结构洞促使不同学科的 OA 资源聚集起来形成 OA 多学科知识库	是	
H5B6	结构洞促使不同机构的 OA 资源聚集起来形成 OA 跨机构知识库	是	
H5C4	结构洞可以促使某些 OA 文献成为"OA 核心文献"	是	
H5C5	结构洞可以促使某些 OA 作者成为"OA 核心作者"	是	
H5C6	结构洞可以促使某些 OA 机构成为"OA 核心机构"	是	
H5E5	通过 OA 期刊库来减少 OA 期刊资源之间的间断关系（即结构洞），可以促进 OA 期刊资源的整合与利用	是	
H5E6	通过 OA 资源综合平台（如 DOAJ、OpenDOAR 等）来减少 OA 资源之间的间断关系（即结构洞），可以促进 OA 资源的整合与利用	是	

续表6.7

题项	研究假设	是否得到验证	所在因子
H5B2	结构洞促使OA行动者彼此之间形成资源共享关系	是	
H5C1	结构洞可以促使OA文献形成链式引用关系	是	
H5C2	结构洞可以促使OA文献通过"引用"实现知识传承	是	
H5C3	结构洞可以促使OA文献通过"引用"实现知识创新	是	
H5D1	OA出版者与OA作者通过签订"著作权许可使用协议",可以减少他们之间的结构洞,增强彼此的合作,从而促进OA出版	是	结构洞对OA文献引用、OA出版、OA资源整合的影响
H5D2	OA出版者与OA作者所在机构通过签订"机构出版协议",可以减少OA资源获取成本,增强所在机构的合作,从而促进OA出版	是	
H5D3	OA出版者与同行评议专家通过建立同行评议关系,增强彼此的合作,从而促进OA出版	是	
H5D4	OA出版者利用匿名的同行评议,可以提高OA出版质量	是	
H5D5	OA出版者利用开放网络环境下读者对投稿论文的评估或反馈意见,可以提高OA出版质量	是	
H5E1	通过OA学科知识库来减少相同学科OA资源之间的间断关系(即结构洞),可以促进相同学科OA资源的整合与利用	是	
H5E2	通过OA学科知识库来减少不同学科OA资源之间的间断关系(即结构洞),可以促进不同学科OA资源的整合与利用	是	
H5E3	通过OA机构知识库来减少同一机构OA资源之间的间断关系(即结构洞),可以促进该机构OA资源的整合与利用	是	
H5E4	通过OA机构知识库来减少不同机构OA资源之间的间断关系(即结构洞),可以促进不同机构OA资源的整合与利用	是	

五、结构洞视角下提升开放获取控制行为的对策

上述实证研究初步证明，OA 社会网络存在无数的结构洞，这些结构洞可以影响与控制 OA 活动，包括 OA 资源共享、OA 文献引用、OA 出版、OA 资源整合等。因此，可以采取如下对策来提升开放获取控制行为。

（一）不断丰富和壮大 OA 资源，形成更大规模的 OA 社会网络

OA 社会网络规模与其结构洞数量大小存在正相关关系。只有当某个 OA 社会网络拥有足够多的 OA 资源时，才有可能存在一定规模的结构洞，这些结构洞通过其有效规模、效率、约束性、等级度、中心度等属性可以影响各种 OA 行为。一般认为，OA 社会网络规模越大，其拥有的结构洞越多；OA 社会网络中的结构洞越多，对 OA 资源的共享、引用、出版、整合与利用等行为影响越大。因此，为增强 OA 资源共享效果，需要更多的 OA 行动者加入 OA 资源共享队伍，并贡献其 OA 资源，从而不断扩大 OA 社会网络规模。国内许多机构和组织、出版商和一批科学研究者积极支持和身体力行 OA。例如，中国科学院构建了中国科学院机构知识库网格（CAS IR GRID），中国科技信息研究所与国家科技图书文献中心联合建设了中国预印本服务系统，中国科学院主办、中国科技出版传媒股份有限公司承办了中国科技期刊开放获取平台（China Open Access Journals，COAJ），教育部科技发展中心主办了中国科技论文在线，它们成为国内 OA 运动和提供 OA 资源的主力军。然而，目前大多数个人仍未作为 OA 行动者贡献其 OA 资源，往往停留在旁观者或一般用户的层次。这就需要更多的个人或机构加入 OA 社会网络，积极为促进 OA 资源共享提供越来越多的 OA 资源。

（二）优化 OA 资源配置，构建全球高效的 OA 平台

优化 OA 资源配置就是要通过建立各具特色的 OA 资源，减少甚至消除 OA 资源间的重复建设，构建更多非冗余关系的 OA 资源整合平台，由此提升整个 OA 社会网络资源的整合效率、利用率与引用率。因此，OA 行动者（包括个人、机构或组织）不仅要加入到 OA 资源建设队伍之中，而且应该使各具特色的 OA 资源得到有效整合，使这些资源能够在知识或概念、语义或语用、多语种、多学科、跨地区（或跨国籍）上实现关联，从而构建全球高效的 OA 资源整合平台。这种 OA 资源整合平台既丰富了整个 OA 社会网络中的 OA 资源，使更多的 OA 资源有机会被更多的用户利用，也有助于

实现更多 OA 资源之间结构洞的桥接，充分发挥该平台作为"中间人"（或"桥"）的作用，为提高 OA 资源引用或利用提供更多契机。

为构建全球高效的 OA 资源整合平台，OA 行动者首先必须认识建设这种平台的重要意义，要为平台建设给予启动资金、人才、技术与设备的支持。其次，建立全国性或国际性的 OA 平台，鼓励个人或机构加入该平台（而非建立独立的 OA 平台），使该平台真正成为世界各地 OA 用户提供 OA 资源，从而更好地促进 OA 资源共享与利用。如上所述，尽管目前国内已经初步建立了几大 OA 平台，但是这些平台与国外 OA 资源关联不够紧密，其中一些 OA 资源并没有加入国际知名的 OA 平台（如 DOAJ、OpenDOAR 等），中文 OA 资源在世界 OA 资源中的份额和影响力并不显著。因此，国内仍需加大 OA 平台建设力度。再次，需要对相关 OA 资源进行有效的组织，使其成为类目清晰、准确无误、无缝链接的资源体系，充分发挥结构洞在 OA 社会网络中的信息利益与控制利益。最后，鼓励个人、科研机构、高校、政府、出版商等 OA 行动者之间加强合作，减少 OA 资源和 OA 资源整合平台的重复建设，最大可能地实现 OA 资源的有效整合与高效利用。

（三）实现更多 OA 社会网络中结构洞的桥接

在一定规模或规模较大的 OA 社会网络中，往往存在较多的结构洞。某节点占据的结构洞位置、桥接结构洞的数量都对该节点的资源共享与利用（如引用）有正相关关系，所以，需要实现更多 OA 资源之间、OA 资源与 OA 行动者之间、OA 行动者相互之间结构洞的桥接。OA 资源之间结构洞的桥接，即让原来没有关联的 OA 资源通过某个（或某些）"中间人"实现连接。例如，在图 6.3（b）中，节点 2、3、4、5 之间存在结构洞，若没有节点 1 所起到的"中间人"作用，那么，位于节点 2、3、4、5 上的资源就不可能得到共享和利用。当这种情况出现在更大规模的 OA 社会网络中时，更多的中心节点（即"中间人"）就可以把无数分离或独立的末端节点连接起来，从而在原本没有关联的不同 OA 资源之间搭建相通的"桥"，使大量的 OA 资源能够得到广泛的共享与利用。又如，在图 6.9（a）所示的 OA 文献引用网络中，R_{3_1} 作为"中间人"使 R_2 和 R_{4_1} 关联起来，即在 R_2、R_{3_1}、R_{4_1} 之间形成链式引用网络。R_{3_2} 作为"中间人"使 R_2 分别与 R_{4_2}、R_{4_3}、R_{4_4} 关联起来，但 R_{3_1} 与 R_{3_2} 之间存在结构洞 $R_{3_1}R_{3_2}$，因此，R_{3_1} 与 R_{3_2} 之间不存在任何引用关系。然而，在图 6.9（b）所示的 OA 文献引用网络中，当 R_{3_1} 与 R_{3_2} 之间因存在引用关系而不存在结构洞时，R_{3_2} 能够被更多的 OA 文献所引用，这时，R_{3_2} 往往拥有更高的引用率，也就说明 R_{3_2} 得到更多的共享与利用。

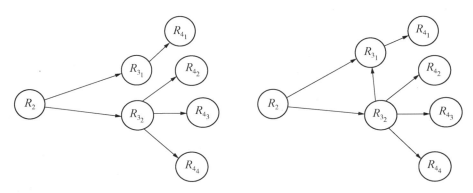

图6.9（a）　某个OA文献引用网络　　　图6.9（b）　某个OA文献引用网络

通过桥接OA资源与OA行动者之间或OA行动者相互之间的结构洞也可更好地提升OA行为。这里以OA出版网络为例来作说明。从理论分析来看，在OA出版网络中，OA出版者相对OA作者或OA用户来说，往往是占据较多结构洞的行动者。由于OA作者与OA用户之间存在结构洞，OA用户若欲获得OA文献，就需OA出版者把OA作者及其作品与OA用户联系起来。这时，OA作者、OA用户与OA出版者之间的连接方式是不同的，可能有多种多样，如OA作者与OA出版者之间的出版关系、OA作者与OA文献的产权关系、OA用户与OA出版者的合作关系等，但目的趋同，都是为了实现OA出版。在此过程中，OA出版者扮演了极其重要的角色，它不仅成为OA作者与OA用户、同行评议之间的中介，即桥接OA作者与OA用户、同行评议之间的结构洞，而且通过组织外部同行评议专家、OA用户对OA作者提交的OA文献进行评议、编辑与出版，进一步在外部同行评议专家之间、OA用户之间搭建了"桥梁"，使OA出版者可以借鉴外部力量（即同行评议专家、OA用户）优化OA出版。这种理论分析可以用图论来做进一步说明。

在图6.6所示的OA出版网络中，OA作者（A_a）与同行评议专家（A_{z_1}、A_{z_2}、A_{z_3}）、OA用户（A_{u_1}、A_{u_2}、A_{u_3}、A_{u_4}）之间都存在结构洞；OA出版者（A_p）也与同行评议专家（A_{z_1}、A_{z_2}、A_{z_3}）、OA用户（A_{u_1}、A_{u_2}、A_{u_3}、A_{u_4}）之间都存在结构洞；同行评议专家（A_{z_1}、A_{z_2}、A_{z_3}）相互之间、OA用户（A_{u_1}、A_{u_2}、A_{u_3}、A_{u_4}）相互之间同样存在多个结构洞。此时，待出版的OA文献（R_a）把同行评议专家（A_{z_1}、A_{z_2}、A_{z_3}）与OA出版者（A_p）桥接起来，同时也把OA用户（A_{u_1}、A_{u_2}、A_{u_3}、A_{u_4}）与OA出版者（A_p）桥接起来，还把OA作者（A_a）与同行评议专家（A_{z_1}、A_{z_2}、A_{z_3}）、

OA 用户（A_{u_1}、A_{u_2}、A_{u_3}、A_{u_4}）分别通过 OA 出版者（A_p）桥接起来。这样就可实现基于同行评议专家与广大 OA 读者相结合的同行评审，从而为保证 OA 文献（R_a）的出版质量提供支持。这是因为，待出版的 OA 文献（R_a）事实上成为同行评议专家（A_{z_1}、A_{z_2}、A_{z_3}）之间、OA 用户（A_{u_1}、A_{u_2}、A_{u_3}、A_{u_4}）之间的"中间人"，基于不同同行评议专家（A_{z_1}、A_{z_2}、A_{z_3}）和 OA 用户（A_{u_1}、A_{u_2}、A_{u_3}、A_{u_4}）对该 OA 文献（R_a）的评审意见，OA 出版者（A_p）就可与 OA 作者（A_a）进行反复沟通，督促 OA 作者（A_a）不断完善论文质量。这种类似的情况也可发生在其他 OA 行为之中。

总之，通过某些关键节点（如大型 OA 出版商、OA 知识库、DOAJ、DOAB 等）桥接 OA 资源之间、OA 资源与 OA 行动者之间、OA 行动者相互之间的结构洞，可以提升 OA 行为效果。

第七章　社会网络视角下的 OA 期刊评价机制

开放获取（OA）期刊作为最重要的一种 OA 资源，其评价问题引起了国内外学者的普遍关注。OA 期刊不同于传统期刊，有其独特的评价机制。这种评价机制完全可以吸收和利用传统期刊评价的合理要素与方法，同时又创新传统期刊评价机制。目前，已经有许多成果探讨了 OA 期刊评价问题，但鲜有文献能够结合社会网络分析指标和引文分析指标建立一套全新的 OA 期刊评价指标体系。正因为如此，本章将在综述现有 OA 期刊评价研究成果的基础上，基于社会网络分析指标和引文分析指标来构建 OA 期刊评价机制。

一、OA 期刊评价研究综述

目前，OA 期刊评价研究主要涉及 OA 期刊评价指标、评价指标体系和评价方法三方面。

（一）OA 期刊评价指标研究

OA 期刊评价指标主要涉及 OA 期刊学术含量、学术影响力、网络影响力、学术绩效几个方面。OA 期刊学术含量的主要评价指标包括载文量、篇均作者数、发文国家地区广度、篇均作者机构数、篇均作者参考文献数、网络文献量和网站总网页数等网络指标。[1]

OA 期刊学术影响力的评价指标主要包括期刊影响因子（impact factor, IF）[2]、被引频次[3]、即时因子（immediacy index）、被引半衰期、平均引文率（mean citing rate）、可引用论文数（citable docs.）、载文量（total

---

[1] 参见袁顺波、华薇娜《基于引文与网络链接的开放存取期刊学术影响力评价》，载《大学图书馆学报》2010 年第 6 期，第 107 – 113 页。

[2] Alexander T. "Steady impact factor growth for MDPI open access journals". *Molecules*, 2012 (17): 10971 – 10973.

[3] Asefeh A. "A citation analysis of Iranian journals to open access (OA) articles and journals". *Scientometrics*, 2010 (82): 487 – 494.

docs.)、h 指数、SJR①、链接数、网络影响因子（web impact factors，WIF）和网页排名（page rank）等。其中，影响因子是指期刊前两年发表论文在统计当年被引用的总次数与该刊前两年发表论文数的比值，影响因子越大，期刊的学术影响力和作用也越大。被引频次是指一定时间段内期刊所载的全部论文被引用的总次数，反映了期刊刊载的论文在某一时期被引用的数量。即时因子是期刊当年发表论文的被引频次与当年发表论文总量的比例，可反映论文发表当年平均被引用的频率，可衡量期刊被引用的迅速程度。被引半衰期是指该期刊在当年总被引频次中，其较新的一半是在多长时间中发表的，是测试期刊老化速度的一种指标。② 某期刊的 h 指数是指该期刊在一定期间内发表的论文至少有 h 篇的被引频次不低于 h 次，其余论文的被引频次不大于 h 次。其计算方法是：将某刊某年刊载的所有论文按总被引频次由高到低排列，当某篇论文的序号大于其被引频次时，用这个序号减去 1 就是该刊该年的 h 指数。SJR 采用 Google PageRank 算法，可以免费在 SCImago Journal & Rank 平台上查询。网络影响因子是链接数除以该网站所拥有的网页数。

在评价 OA 期刊网络影响力时，网络文献量、网页数、站内链接数、网络引文量、链接数、外部链接数、网络影响因子、外部网络影响因子、IP 访问量、页面浏览量、人均页面浏览量这 11 个是常用评价指标。其中，网络文献量是指在一定统计周期内期刊网上的论文数量，其值越大，说明 OA 期刊资源丰富、影响面广，受众广泛。网页数是 OA 期刊网站信息量大小的一个评价指标，其值越大，其被检索和利用的概率就越大。站内链接数是指针对某网站范围内搜索得到的与该网站存在链接的网页数，反映了网站内部结构的完备性。网络引文量是指在一定统计周期内谷歌学术搜索（Google Scholar，GS）中 OA 期刊论文的被引频次，它克服了 ISI 传统引文受其选择期刊的限制，能更广泛地反映 OA 期刊的网络学术影响力。链接数是 OA 期刊网站被自身网站（为信息组织和导航需要）链接或被其他网站或网页链接的网页总数，反映了网站被链接数目的多少。外部链接数是指针对某 OA 期刊网站范围外搜索得到的与该 OA 期刊网站存在链接的网页数，能更好地反映网站建设的质量。IP 访问量是指在一定统计周期内（如每天、每周、每月）访问某一网站的 IP 数量。页面浏览量或点击量，是指在一定统计周期内任何访问者浏览的页面总数。人均页面浏览量是指在一定周期内，统计

---

① 参见赵铁汉、黄颖《开放获取期刊学术影响力评价研究》，载《情报科学》2011 年第 6 期，第 874 页。

② 参见胡德华《开放存取期刊质量研究》，科学出版社 2011 年版，第 19 – 20 页。

样本访问该网站的各次访问中不连续重复的页面浏览数总和除以该统计周期有效样本总量的值，反映访问者对网站信息感兴趣的程度，即网站"黏性"。①

OA 期刊学术绩效评价指标包括 h 指数、相对 h 指数、hc 指数、g 指数、被引频次和他引频次、期刊影响因子、平均被引率和平均他引率、成功率指数（SRI）等。其中，相对 h 指数 = 被评价期刊某年的 h 指数/该年刊载的论文数，其变化趋势反映了 OA 期刊学术绩效的稳定性和活跃性。hc 指数比 h 指数更能反映期刊的当前影响力，可以作为 h 指数评价的重要补充。② g 指数是用来测评作者以往贡献的指标，确定方法是：将某作者论文按被引频次由高到低排列后，前 g 篇论文的累计被引频次大于或等于 g^2，而前（g + 1）篇论文的累计被引频次则小于 $(g + 1)^2$，这时的序号就被定义为 g 指数。g 值越大，表明作者的学术成就越大。这一指数考虑了被确定为 h 指数绩效核心的文献被引次数的变化对其后期刊效应的影响，体现了知识的积累性和继承性，比 h 指数更能准确反映期刊的持久影响力。他引频次是一定时间段内期刊所刊载的全部论文被其他期刊引用的总次数（排除自引后的被引频次），反映了期刊的外向影响力。平均被引率是指在给定时间内期刊所刊载的全部论文平均被引用的概率，即平均被引率 = 被引频次/载文量。成功率指数是一种基于期刊规模和 h 指数的期刊质量新指数，它消除了学科差异，适用于不同学科间的期刊比较。$SRI = 10log_2 h/log_2 N$，其中 h 为 h 指数，N 为期刊的论文数。③

另外，研究发现，OA 期刊网站性能指标（是指期刊网站的稳定性、易用性、检索效率、过刊回溯的完整性等）和 SJR（Scimago Journal Rank，是基于引文来源信息对期刊进行排名的文献计量指标）④、特征因子（eigenfactor，主要是指特征向量中心度）⑤ 也可用于 OA 期刊质量评价。一些作者属性指标，如作者的年龄、性别、合著数量、作者级别和名望、以往成果、社会关系、地理位置及个别国籍等可能会影响 OA 期刊的质量与影响力；一些读者属性指标，如读者浏览数量、早期阅读习惯与正确引用行为等也会影响

---

① 参见胡德华《开放存取期刊质量研究》，科学出版社 2011 年版，第 43 - 44 页。
② 参见胡德华《生物医学类开放存取期刊学术质量评价及评价体系研究》，中南大学 2009 年博士学位论文，第 97 - 98 页。
③ 同①，第 71 - 72 页。
④ 参见夏莉霞、方卿《国外开放存取期刊的质量评价与控制研究综述》，载《信息资源管理学报》2011 年第 2 期，第 51 页。
⑤ 参见韩鹏鸣《基于特征因子的开放存取期刊学术影响力评价研究》，载《图书馆工作与研究》2011 年第 8 期，第 29 页。

OA 期刊的威望；一些 OA 期刊指标，如期刊的声誉、使用语种、期刊发行量、被权威数据库收录的数量、是否经过严格的同行评议等也将影响 OA 期刊质量；一些论文的结构与组织指标，如论文主题的信息量、论文篇幅长度、文章类型、论文图表数量、参考文献数量等也可以影响 OA 期刊质量；一些机构属性指标，如研究机构的权威性和基金来源等也可能影响 OA 期刊论文质量。[1]

（二）OA 期刊评价指标体系研究

可以参考传统期刊学术水平评价指标来确定 OA 期刊评价指标体系。[2]如今涌现了如下几类 OA 期刊评价指标体系。

（1）基于主要指标和次要指标的二维评价指标体系，其中，主要指标包括被引频次和点击率，次要指标包括论文年限、论文引用与点击的持续性、每篇论文的作者数量、获取渠道数量、论文页数、论文类型、作者的研究生涯年限、作者的自引数量、每位作者论文被引/点击数量、作者类型等。[3]

另一种二维评价指标体系是由定性指标与定量指标构成，其中，定性指标包括科研人员属性指标、文章格式规范性、是否同行评议、出版机构性质、编辑加工水平、论文格式、文章可获取性、网站性能；定量指标包括平均引文率、自引率、他引率、出版周期、载文量、基金论文比、海外论文比、总被引频次、影响因子、及时因子、h 指数、链接流行度、网络述及。[4]

（2）基于 OA 期刊形式评价、内容评价和效用评价的三维评价指标体系。其中，形式评价是指评价主体对评价客体内含知识的外部特征的评价，可分为生产能力（含载文量/年、发稿时滞、篇均引文数、著录规范 4 个评价指标）、学术影响力（含总被引频次、影响因子、即年指数、影响广度、被引半衰期、期刊 h 指数 6 个评价指标）、网络传播力（含出版周期、检索入口数目、访问量/年、开放的程度、被重要数据库收录、网络影响因子 6 个评价指标）3 个层次；内容评价是指评价主体对评价客体内含知识的本身特征的评价，由同行专家通过直接观察、阅读、讨论来进行，可从学术创新性、学术影响力、学术可靠性 3 方面按照由高到低的五级评价等级来进行评

---

[1] 参见李贺、周金娉《国外开放获取期刊研究综述》，载《图书情报工作》2013 年第 9 期，第 138 页。
[2] 参见陈晋《开放获取十年》，国家图书馆出版社 2012 年版，第 122 – 123 页。
[3] Cho S R. "New evaluation indexes for articles and authors' academic achievements based on open access resources". *Scientometrics*, 2008, 77 (1): 96.
[4] 参见李亚芳《学术型开放存取期刊的质量评估》，山西大学 2012 年硕士学位论文，第 63 页。

价；效用评价是指实践、时间、历史对评价客体实际作用、价值的验证或最终评价，可从学习工作效用、知识或技能的效用、信息获取的效用三方面按照由高到低的五级评价等级来进行评价。①

（3）基于学术含量指标、期刊被引指标、网络影响力指标、其他指标的四维评价指标体系。其中，学术含量指标包括载文量、平均引文数、平均作者数、机构分布数、基金论文比等；期刊被引指标包括即年指标、影响因子、二次文献转载或收录、总被引频次、学科影响指标、他引率、被引半衰期、学科扩散指标、h 指数；网络影响力指标主要是 Web 即年下载量；其他指标是指期刊论文的规范化、期刊格式内容的规范化、网络发表的规范化等情况。②

（4）基于学术信息含量、被收录情况、信息发布质量、版权政策、学术影响力的五维评价指标体系。其中，学术信息含量评价指标有首发论文数、其他文章数、国际论文比；信息发布质量评价指标有访问性能、导航和检索功能、元数据；学术影响力评价指标有 WOS 引用影响力、GS 引用影响力、h 指数。③

另一种五维评价指标体系是由 OA 期刊的学术含量、学术影响力、网站丰余度、网络影响力、学术绩效 5 个一级评价指标构成的，并结合权重与二级指标，形成 OA 期刊学术质量综合评价指标体系（见表 7.1）。

表 7.1　OA 期刊学术质量综合评价指标体系④

一级指标	权重	二级指标	权重
C 学术含量	0.2013	C1 发文国家地区广度 C2 篇均作者机构数 C3 篇均参考文献数	0.0366 0.0183 0.1464
F 学术影响力	0.4675	F1 影响因子 F2 即年指数 F3 总被引频次 F4 平均被引率 F5 他引率 F6 权威数据库收摘量	0.1985 0.1068 0.0573 0.0161 0.0315 0.0573

---

① 参见叶继元、陈铭《开放存取期刊学术质量"全评价"体系研究——以"中国科技论文在线优秀期刊"为例》，载《图书与情报》2013 年第 2 期，第 86 页。
② 参见李姗姗等《开放存取期刊的质量评价研究》，载《图书馆杂志》2006 年第 6 期。
③ 参见蒋静《开放存取期刊综合评价指标体系研究》，华东师范大学 2011 年硕士学位论文。
④ 参见胡德华《开放存取期刊质量研究》，科学出版社 2011 年版，第 158 页。

续表 7.1

一级指标	权重	二级指标	权重
S 网站丰余度	0.0492	S1 网络文献量 S2 站内链接数	0.0410 0.0082
W 网络影响力	0.1857	W1 网络引文量 W2 外部链接数 W3 总网络影响因子 W4 外部网络影响因子 W5 IP 访问量 W6 页面浏览量	0.0274 0.0081 0.0092 0.0754 0.0452 0.0203
J 学术绩效	0.0963	J1 h 指数 J2 g 指数 J3 hc 指数	0.0096 0.0289 0.0578

（5）基于传统引文率、网络引文率、链接流行度、网络述及、载文量及网站性能指标及其权重（分别是 0.06、0.48、0.225、0.156、0.045、0.035）构成的六维评价指标体系。其中，传统引文率指 OA 期刊论文被 SCI 来源期刊论文引用的总次数与载文量的比值；网络引文率指以 Google Scholar 作为检索工具统计期刊论文在其索引库中的被引率；链接流行度指 OA 期刊网站在广义的网络环境中被网站链接的次数；网络述及是指 OA 期刊名称在网络中的 Web 页面上出现的总次数；载文量是指 OA 期刊发布在期刊网站上的论文数量，网站性能指标主要是指期刊网站的稳定性、易用性、检索效率、过刊回溯完整性等。[①]

（6）基于作者、读者、期刊自身、论文、机构、网站、网络影响力的七维评价指标体系。其中，作者评价指标有作者合作度、作者学术地位、作者国籍分布、作者以往成果；读者评价指标有读者全文下载、读者页面浏览、读者摘要阅读、读者 IP 访问；期刊自身评价指标有载文数量、引用频次、出版周期、编委构成、国外编委、被数据库收录情况；论文评价指标有论文研究领域、论文篇幅长度、论文题目特征、论文参考文献、论文篇均图表、论文类型广度；机构评价指标有机构数量、机构声望、机构国家广度；网络评价指标有网络界面、网站功能、网站系统；网络影响力评价指标有网

[①] 参见张红芹、黄水清《开放获取期刊质量评价的指标体系构建与评价实践——以化学类期刊为例》，载《情报理论与实践》2008 年第 3 期，第 387 页。

络文献、网络引文、网页数量、外部链接、网络影响因子、站内链接。[①]

另一种七维评价指标体系是由 OA 期刊作者影响力、OA 期刊读者影响力、OA 期刊机构影响力、OA 期刊网站影响力、OA 期刊影响力、OA 期刊论文影响力、OA 期刊网络影响力 7 个一级指标构成。其中，OA 期刊作者影响力指标包括 OA 期刊作者合著数量、作者以往成果数量、作者国籍分布 3 个二级指标；OA 期刊读者影响力指标包括读者 OA 期刊全文下载数量、读者页面浏览数量、读者 IP 访问量 3 个二级指标；OA 期刊机构影响力指标包括 OA 期刊研究机构数量、研究机构声望、机构国家广度 3 个二级指标；OA 期刊网站影响力指标包括 OA 期刊界面友好度、功能实用度、系统稳定度 3 个二级指标；OA 期刊影响力指标包括 OA 期刊被收录数据库数量、被引频次、海外编委比例 3 个二级指标；OA 期刊论文影响力指标包括论文篇幅长度、论文参考文献数量、论文题目特征、论文图表数量 4 个二级指标；OA 期刊网络影响力指标包括 OA 期刊网络文献量、网页数量、外部链接数量 3 个二级指标。[②]

（三）OA 期刊评价方法研究

目前，OA 期刊评价方法主要包括引文分析法、网络链接分析法、同行评议法、社会网络分析法等。

1. 引文分析法

引文分析法是利用各种数学和统计学方法以及比较、归纳、抽象、概括等逻辑方法对科技论文、著作、期刊等评价对象的引用与被引用情况进行研究，揭示其数量特征和内在规律的一种文献计量分析方法。[③] 1972 年，尤金·加菲尔德（Eugene Garfield）提出引文分析可作为期刊评价的一种工具。[④] 常用的传统引文分析法指标包括 IF、被引频次、自引率、他引率、共引、h 指数及被引半衰期等。一般情况下，学者们往往以 DOAJ 数据库、SSCI 及 ISI 期刊引文报告为数据来源，对 OA 期刊的学科分布、影响因子、即时因子、引用影响及即时因子与影响因子排名等进行分析比较和 OA 期刊评

---

① 参见胡德华、常小婉《开放存取期刊论文质量和影响力的评价研究》，载《图书情报工作》2008 年第 2 期，第 61 - 64 页。
② 参见周金娉《开放存取期刊学术影响力研究》，吉林大学 2013 年博士学位论文，第 113 - 114 页。
③ 参见陶雯、胡德华、曲艳吉等《开放存取期刊质量评价方法研究》，载《图书情报工作》2006 年第 10 期，第 73 页。
④ Garfield E. "Citation analysis as a tool in journal evaluation". Science, 1972, 178 (4060): 471 - 479.

价，由此发现OA期刊与传统期刊相比具有更大的引文优势。[①]

2. 网络链接分析法

网络链接分析法已被成功运用于评价网站的质量、期刊和大学以及图书馆等学术机构的权威性等众多领域。网络影响因子（WIF）是计量学中的影响因子（IF）在网络上的应用。WIF可测度网站吸引链接的能力，是计量网络影响力的重要指标，可应用于评价网站和网页资源、网站建设和管理、评价电子核心期刊等方面。[②] WIF与链接数之间存在显著的相关性[③]；IF与WIF之间存在意义相关关系，IF高的OA期刊网站会吸引更多的外部链接，其WIF也高。[④] 通过统计网站的外部链接数和网页被链接数，链接分析方法可用来评价OA期刊质量。不过，也有学者认为，IF同网站链接数或网页链接数并非显著相关。[⑤] 网络链接分析法在评价OA期刊质量时，存在如下局限性：①受网站时限性的影响，网页更新速度很快，统计OA期刊的数据不够稳定；②对互联网上收录的OA期刊或转变为OA模式的传统学术期刊的网站进行全面的评价时，因为有些期刊的网址已更换或不复存在而不适用，从而导致通过网络链接分析法收集的数据的准确性不高，影响OA期刊的质量评价。[⑥]

3. 同行评议法

同行评议法（peer review）也可以用于OA期刊质量的评价。[⑦] 它可以利用专家对参评期刊阅读后的感知认同（如学术水平、有用性、声誉、发表难度等）来进行评价[⑧]，也可以将学者对期刊的主观评价和期刊的文献计

---

① Antelman K. "Do open-access articles have a greater citation impact" *College & Research Libraries*. 2004, 65 (5): 372 – 382.

② 参见孙建军、李江《网络信息计量理论、工具与应用》，科学出版社2009年版，第137页。

③ 参见袁顺波、华薇娜《基于引文与网络链接的开放存取期刊学术影响力评价》，载《大学图书馆学报》2010年第6期，第113页。

④ Smith A G. "Citations and links as a measure of effectiveness of on line LIS journals". *International Federation of Library Association Institution IFLA Journal*, 2005, 31 (1): 76 – 84.

⑤ Harter S, Ford C. "Web-based analysis of E-journal impact: Approaches, problems, and issues". *Journal of the American Society for Information Science*, 2000, 51 (13): 1159 – 1176.

⑥ 参见陶雯、胡德华、曲艳吉等《开放存取期刊质量评价方法研究》，载《图书情报工作》2006年第10期，第73页。

⑦ Bence V, Oppenheim C. "The influence of peer review on the research assessment exercise". *Journal of Information Science*, 2004, 30 (4): 347 – 368.

⑧ Catling J C, Mason V L, Upton D. "Quality is in the eye of the beholder? An evaluation of impact factors and perception of journal prestige in the UK". *Scientometrics*, 2009, 81 (1): 1 – 13.

量指标得分进行加权处理而得出主客观结合的综合评价结果。①

4. 社会网络分析法

社会网络分析法作为一种较新的研究方法被国内外学者用来研究作者、文献之间由于引用关系而形成的网络。以期刊论文为节点，论文之间的引证关系为联系，可构成引文网络。利用中心性分析对学术期刊进行评价时，可以通过计算学科内部期刊的点入度、点出度、特征向量、权利指数等，分析期刊在学科内部交流中所处的中心地位，找出学科权威核心期刊；也可以在不同学科期刊的引用整体网络中，计算期刊的中间中心度、"中间人"角色，分析期刊的中间中心性，找出在学科交叉研究中起桥梁作用的主要期刊。② 从中心性角度对期刊进行中心程度评价，可以避免影响因子、h指数等只考虑引文数量而忽略引文质量的不足之处。

利用核心－边缘结构分析，可计算各期刊的核心度，并在此基础上构建核心－边缘结构模型，从而分析出哪些期刊居于核心地位，区分核心期刊、半核心期刊和非核心期刊。③ 目前，学者利用核心－边缘结构对多学科期刊引文网络④、国际科学合作网络⑤、学术博客交流网络⑥等问题进行了分析，划分出了各网络的核心区域和非核心区域，也可使各学科期刊分层可视化，弥补现有期刊质量评价中的各种统计指标的不足，打破"核心"与"非核心"的二元划分方式。⑦

（四）OA 期刊评价存在的问题

在利用传统期刊评价指标和评价方法对 OA 期刊进行评价时，目前存在如下诸多问题。

1. 同行评议法面临的问题

OA 期刊同行评议法仍面临一些问题：①OA 期刊质量保障问题。由于

---

① 参见朱敬一、许松根、于若蓉《国内经济学相关期刊排序》，载《国科会人文暨社会科学研究汇刊》1997 年第 3 期，第 445 – 473 页。
② 参见李长玲、支岭、纪雪《基于中心性分析的学科期刊地位评价——以情报学等 3 学科为例》，载《情报理论与实践》2012 年第 6 期，第 49 – 53 页。
③ 参见刘军《社会网络分析导论》，社会科学文献出版社 2004 年版，第 287 页。
④ 参见闵红平、刘虹、郑彦宁等《基于 CSSCI 的多学科引文网络期刊核心——边缘结构分析》，载《西南民族大学学报》2013 年第 2 期，第 233 – 236 页。
⑤ 参见魏晓俊《基于核心－边缘结构的国际科技合作网络分析——以纳米科技（1996—2004年）为例》，载《图书情报工作》2006 年第 12 期，第 35 – 38 页、70 页。
⑥ 参见张玥、朱庆华《学术博客交流网络的核心－边缘结构分析实证研究》，载《图书情报工作》2009 年第 12 期，第 25 – 29 页。
⑦ 参见宋歌《经济学期刊互引网络的核心－边缘结构分析》，载《情报学报》2011 年第 1 期，第 93 – 101 页。

OA 期刊出版快捷、成本低廉，在这种情况下，未必能在保障经济的前提下真正履行高质量的同行评审，并保持编辑的完整性和期刊的高质量。②由于同行评审人自身的水平与倾向性等主观因素，可能使同行评议法用于 OA 期刊评价并非尽善尽美，在很多时候需要和别的评价方法综合起来进行评价，才能获得理想的评价效果。①

2. SCI 数据库覆盖面与语言偏好问题

长期以来，ISI 是用来跟踪期刊引文的知名国际多学科数据库，然而，绝大多数不同学科的 OA 期刊至今并未收录在 ISI 数据库中，从而出现 SCI 数据库覆盖面与语言偏好问题、收集引文的时间框架设置问题、计算算法问题、负面引用问题、期刊出版商对某类型论文的偏好问题、跨学科引用行为问题、期刊编辑可能施加的影响问题等②，严重影响 OA 期刊评价。

3. 引文分析法的不足问题

引文分析法可用来评价 OA 期刊质量，但也存在不少缺陷：①引文评价分析的数据来源主要是 ISI 的 Web of Science，但后者只收录了大约 1/5 的 OA 期刊，Web of Science 对英文文献的偏好以及测算方法有偏颇，导致基础数据不够全面、准确。②影响因子是对前两年论文被引情况分析的结果，不完全适应 OA 期刊及时出版、快速传播的特点等。③ IF 评估 OA 期刊的有效性问题受到质疑，迫使研究者努力改进 IF 的算法，或开发其他计算期刊引文的技术来测评 OA 期刊的影响，如期刊学科影响力得分（Journal to Field Impact Score，JFIS)④、调整的 IF⑤、选择不同引文窗口⑥、被引半衰期 IF⑦、

---

① 参见徐芳《开放存取学术期刊质量评价方法的比较分析》，载《图书馆杂志》2012 年第 1 期，第 29 页。

② Mukherjee B. "Do open-access journals in library and information science have any scholarly impact? A bibliometric study of selected open-access journals using Google Scholar". *Journal of the American Society for Information Science and Technology*，2009，60（3）：581.

③ 参见夏莉霞、方卿《国外开放存取期刊的质量评价与控制研究综述》，载《信息资源管理学报》2011 年第 2 期，第 49 – 54 页。

④ Leeuwen T N, Moed HF. "Development and application of journal impact measures in the Dutch science system". *Scientometrics*，2002，53（2）：249 – 266.

⑤ AsaI I. "Adjusted age distribution and its application to impact factor and immediacy index". *Journal of the American Society for Information Science*，1981，32（3）：172 – 174.

⑥ Glanzel W, Schoepflin U. "A bibliometric study on aging and reception processes of scientific literature". *Journal of Information Science*，1995，21（1）：37 – 53.

⑦ Sombatsompop N, Markpin T, Premkamolnetr N. "A modified method for calculating the impact factors of journals in ISI Journal Citation Reports：Polymer Science Category in 1997 – 2001". *Scientometrics*，2004，60（2）：217 – 235.

百分数 IF[①]、学科 IF[②]、重整化 IF[③]、IF 平均分数[④]等。③由于 OA 期刊地域分布和国别的差异，将势必导致发展中国家的 OA 期刊的影响因子偏低，从而对发展中国家非英语语种 OA 期刊评价有失公正。[⑤]

二、基于社会网络分析与引文分析相结合的 OA 期刊评价机制

由于社会网络分析法和引文分析法都可用来进行 OA 期刊评价，但同时两者单独使用时存在某些不足之处，因此，可以综合利用社会网络分析指标和引文分析指标来构建两者相结合的 OA 期刊评价指标体系，从而更加科学有效地进行 OA 期刊评价。

（一）OA 期刊评价指标初选

这里运用文献资料优选法来收集 OA 期刊质量评价指标。文献资料优选法是全面查阅有关评价指标设计的文献资料，分析各指标的优缺点并加以取舍的一种基本方法。本文选取 CNKI 数据库，以"主题" = "开放存取期刊"或"OA 期刊"和"主题" = "评价"作为组合检索式检索该数据库，得到 98 篇文献。对该 98 篇论文中涉及的 OA 期刊质量评价指标进行汇总，对各指标使用频度进行统计。以本文所确定的评价指标选取原则为依据，去除不符合评价指标选取原则和使用频度较低的评价指标后，所确定待用的评价指标共 22 个（见表 7.2）。

[①] Rousseau R. "Median and percentile impact factors: A set of new indicators". *Scientometrics*, 2005, 63 (3): 431 – 441.

[②] Hirst G. "Discipline impact factor: A method for determining core journal lists". *Journal of the American Society for Information Science*, 1978, 29 (4): 171 – 172.

[③] Ramírez A M, Garcia E O, Rio J A D. "Renormalized impact factor". *Scientometrics*, 2000, 47 (1): 3 – 9.

[④] Sombatsompop N, Markpin T. "Making an equality of ISI impact factors for different subject fields". *Journal of the American Society for Information Science and Technology*, 2005, 56 (7): 676 – 683.

[⑤] 参见徐芳《开放存取学术期刊质量评价方法的比较分析》，载《图书馆杂志》2012 年第 5 期，第 30 页。

表 7.2 我国现有 OA 期刊质量评价指标

评价指标	相近指标	频度
影响因子	平均影响因子、下载影响因子	15
总被引频次	被引频次	12
平均被引率		9
载文量		8
即年指数	即年指数、平均即年指数	7
h 指数		6
页面访问量/年	读者页面浏览量指标	6
网络影响因子	总网络影响因子、外部网络影响因子	6
被重要数据库收录		5
参考文献数量	参考文献数量、篇均引文数	4
网络链接数量	总网络链接数量、站内网络链接数量	4
网络引文率		3
链接流行度		3
网络述及		3
影响广度	作者国籍分布、期刊机构国家广度	3
机构分布数	篇均作者机构分部数	3
网页数量		2
Web 即年下载量	读者全文下载指标	2
他引率		1
检索入口数目		1
g 指数		1
hc 指数		1

从表 7.2 可以看出，现今 OA 期刊质量评价指标使用频度较高的依然是传统期刊质量评价指标，如影响因子、总被引频次、平均被引率、载文量等。除此之外的指标，主要集中于对 OA 期刊网络特性的评价，这也体现了 OA 期刊作为网络期刊的特性。

(二) OA 期刊评价指标优化及权重确定

基于上述评价指标，引入社会网络分析的点度中心度[①]、中间中心度[②]、核心度[③]来进行优化设计 OA 期刊评价指标体系。为确定 OA 最终评价指标，主要通过两轮专家咨询来筛选 OA 期刊评价指标。所调查的专家均为国内外在信息计量、OA 方面有较深造诣的学者。

1. OA 期刊评价指标优化的第一轮筛选

利用表 7.2 中的 22 个 OA 期刊评价指标及其在 OA 期刊评价中的作用，提取出 4 个一级指标，分别为信息含量、地理范围、信息利用和学术影响力。各一级指标下包含若干二级指标，从而初步构建了 OA 期刊质量评价指标体系，采用李克特量表（Likert Scale）设计了第一轮《引入社会网络分析的开放存取期刊质量评价指标咨询问卷》（见附录 E），以对各二级指标的重要性进行判断。

首轮被调查对象是国内外在信息计量、OA 方面深入研究的 28 位学者。调查时间是从 2014 年 8 月 20 日到 2014 年 10 月 5 日，共回收 14 份有效答卷（其中国外专家答卷 1 份，中国台湾专家答卷 1 份，其余为中国大陆学者答卷）。14 份答卷的统计分析结果见表 7.3。

[①] 点度中心度（point centrality），既可分为绝对点度中心度和相对点度中心度，前者是指与某节点有直接联系的节点的个数，后者是指某节点的绝对中心度与网络中该节点的最大可能的度数之比；也可分为出度中心度和入度中心度，前者是指点出度与该节点最大可能度（网络节点总数 -1）的比值，后者是指点入度与该节点最大可能度（网络节点总数 -1）的比值。

[②] 中间中心度（betweenness centrality），是指一个行动者通过在其他行动者之间相连的最短路径上占据"中间人"的位置，为网络中其他行动者充当潜在"中介"角色的程度，它测量的是行动者对资源控制的程度。如果与某一节点相连的其他节点必须通过该节点才能够与另一节点相连，这样的情况越多，该节点的中间中心度越强。

[③] 核心度（coreness），是对行动者在社会网络中处于什么位置（核心、半边缘、边缘）的一个量化认识；或者说，核心度是用一种简明的关系图式来表示不同行动者在社会网络中的不同位置。基于各节点的核心度测量可判断每个行动者在网络中的相对位置——核心或半边缘或边缘位置。

表7.3 OA期刊评价指标优化的第一轮调查结果

一级指标	二级指标	重要性判断					前两项所占比例（%）	后两项所占比例（%）
		非常重要	比较重要	一般重要	不重要	完全不必要		
信息含量	年均载文量	2	6	3	3	0	57.14	21.43
	网页数量	0	4	5	3	2	28.57	35.71
	篇均参考文献数量	1	3	7	3	0	28.57	21.43
地理范围	作者国籍广度	0	3	7	4	0	21.43	28.57
	篇均作者机构数	0	4	6	3	1	28.57	28.57
信息利用	检索入口数目	2	6	4	2	0	57.14	14.29
	页面访问量/年	2	7	4	1	0	64.29	7.14
	Web即年下载量	7	5	2	0	0	85.17	0.00
学术影响力	影响因子	6	6	1	1	0	85.17	7.14
	总被引频次	6	8	0	0	0	100.00	0.00
	平均被引率	9	3	2	0	0	85.17	0.00
	他引率	8	5	1	0	0	92.86	0.00
	即年指数	3	8	2	0	1	78.57	7.14
	网络影响因子	8	5	0	0	1	92.86	7.14
	网络被引频次	7	6	1	0	0	92.86	0.00
	网络链接数	4	9	1	0	0	92.86	0.00
	外部链接数	4	8	2	0	0	78.57	0.00
	点度中心度	4	6	4	0	0	71.43	0.00
	出度中心度	2	6	6	0	0	57.14	0.00
	入度中心度	3	6	5	0	0	64.29	0.00
	中间中心度	4	5	5	0	0	64.29	0.00
	核心度	5	7	0	0	2	85.17	14.29
	h指数	6	6	2	0	0	85.17	0.00
	hc指数	4	8	2	0	0	85.17	0.00
	g指数	5	8	1	0	0	92.86	0.00
	增加m指数							

利用表 7.2 调查数据，剔除"非常重要"与"比较重要"两项占比小于 50%，且"不重要""完全不必要"两项占比大于 20% 的指标。这样，剔除的二级指标有年均载文量、网页数量、篇均参考文献数量、作者国籍广度和篇均作者机构数，剔除的一级指标为地理范围和信息含量。同时，根据专家的建议及综合分析，将 OA 期刊质量评价一级指标划分为"信息利用""期刊内容""引文网络"和"期刊网站"，并增加二级指标"m 指数"（即 h 指数与期刊出版年限的比值），由此形成 4 个一级指标和 21 个二级指标的 OA 期刊质量评价指标体系。

2. OA 期刊评价指标优化的第二轮筛选

（1）第二轮问卷设计。基于第一轮问卷调查结果，重构了由 4 个一级指标和 21 个二级指标的 OA 期刊评价指标组成的第二轮调查问卷（见附录 F）。第二轮问卷依表 7.4 重要性评分标准，对一级指标、二级指标及其权重进行判断。

表 7.4　OA 期刊评价指标重要性评分标准

重要性级别	含义
0	不需要该指标
1	需要但不重要
3	一般重要
5	比较重要
7	非常重要
9	绝对重要
2，4，6，8	两相邻程度的中间值

（2）问卷结果分析。通过历时 3 周（从 2014 年 11 月 7 日到 2014 年 11 月 29 日）的问卷调查，发出的 14 份专家问卷中回收 10 份。对该 10 份问卷进行定量统计分析，结果见表 7.5。其中，前四项比例值为各指标评 0～3 分的专家数占所有专家人数的比例，后三项比例值为各指标评 7～9 分的专家数占所有专家人数的比例。

表 7.5 OA 期刊评价指标优化的第二轮调查结果

指标		最小分值	最大分值	前四项的比例（%）	后三项的比例（%）	均值	方差
二级指标	检索入口数目	3	9	40	50	5.5	2.505549
	页面访问量/年	3	8	10	50	5.8	1.619328
	Web 即年下载量	2	7	30	50	6.2	1.032796
	影响因子	5	9	0	70	7.9	1.595131
	总被引频次	5	9	0	70	7.3	1.946507
	平均被引率	2	9	10	50	6.5	2.173067
	他引率	6	9	0	70	7.2	1.135292
	即年指数	4	9	0	60	6.5	1.509231
	网络被引频次	3	9	10	50	6.3	1.702939
	h 指数	5	9	0	70	6.9	1.37032
	hc 指数	3	9	10	70	6.5	1.581139
	g 指数	4	9	0	50	6.3	1.418136
	m 指数	3	9	0	10	5.4	1.173788
	点度中心度	4	9	0	30	6	1.943651
	出度中心度	5	6	0	10	5.3	0.674949
	入度中心度	4	9	0	40	5.9	1.72884
	中间中心度	4	9	0	30	5.5	1.595131
	核心度	3	9	0	40	5.3	1.057507
	网络影响因子	2	8	10	50	6.6	1.897367
	网络链接数	2	8	10	60	6.1	2.024846
	外部链接数	2	8	10	60	6.1	1.911501
一级指标	信息利用	3	9	10	70	6.8	1.873796
	期刊内容	5	9	0	80	7.9	1.449138
	引文网络	4	9	0	70	7.1	1.791957
	期刊网站	2	9	10	60	6.8	1.932184

基于表7.5调查结果，剔除前四项比例大于30%且后三项比例小于20%的指标，即剔除了"检索入口数目""Web即年下载量""m指数"和"出度中心度"4个二级指标。这是因为二级指标"页面访问量/年"的数据获取难度较大，更改为具有等同评价效果的"页面访问量/IP.日"。最终形成了含有4个一级指标和17个二级指标的OA期刊评价指标体系，如图7.1所示。

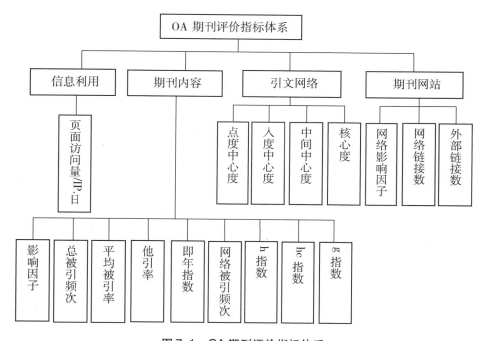

图7.1 OA期刊评价指标体系

其中一级指标的具体含义如下：

1）信息利用。是指OA期刊所含信息资源被用户检索、利用的行为。经文献优选法统计出的可评价与用户信息利用相关的指标一般包括检索入口数目、页面访问量/IP.日、Web即年下载量。通过两轮的专家咨询，最终删除了"检索入口数目"和"Web即年下载量"2个指标。

2）期刊内容指标。是指通过统计期刊所刊载的期刊论文的被利用情况，反映期刊对学术交流和传播影响力的一系列指标。通常用来反映期刊内容的评价指标有影响因子、总被引频次、平均被引率、他引率、即年指数、网络被引频次、h指数、hc指数、g指数等。

3）引文网络指标。是指通过对期刊的互引网络进行评价分析，从而评价期刊在学术交流中的作用及影响力大小的指标。社会网络分析法中的中心性指标和核心度指标，均可从互引网络的角度来评价期刊。其包含的指标有中心性指标和核心度指标。其中，中心性指标包括点度中心度、出度中心度、入度中心度、中间中心度。

4）期刊网站指标。是对 OA 期刊的网站进行评价的系列指标，是 OA 期刊评价区别于传统期刊评价的最主要特征。OA 期刊网站的知名度、被利用情况可以较好地反映出 OA 期刊在学术知识传播中的影响力，因此，对 OA 期刊网站进行评价是 OA 期刊评价的必不可少的部分。期刊网站指标包括网络影响因子、网络链接数和外部链接数。

3. 第二轮评价指标的权重确定

根据第二轮专家对各指标的评分，计算出各指标得分平均值。以各指标平均值为基础，分别构建一级指标和各组二级指标的重要性对比矩阵，并计算出各指标权重。

首先，要构建指标重要性矩阵。以建立一级指标重要性对比矩阵为例，信息利用的平均值为 6.8，期刊内容的平均值为 7.9，引文网络的平均值为 7.1，期刊网站的平均值为 6.8。两指标重要性比值以 1 为基础，均值每相差 0.1，则两者重要性差值增加 0.5。如信息利用与期刊内容的重要性比值为 1/1 +（7.9 - 6.8）×10×0.5 = 0.154，以此计算出一级指标间两两重要性比值，并构建一级指标相对重要性矩阵，见表 7.5。

表 7.5　一级指标相对重要性矩阵

	信息利用（6.8）	期刊内容（7.9）	引文网络（7.1）	期刊网站（6.8）
信息利用（6.8）	1	0.154	0.4	1
期刊内容（7.9）	6.5	1	5	6.5
引文网络（7.1）	2.5	0.2	1	2.5
期刊网站（6.8）	1	0.154	0.4	1

其次，要进行矩阵一致性检验。为避免因人工计算导致矩阵出现各指标重要性比值的不一致，以判断矩阵的平均随机一致性指标 RI（见表 7.6）为依据，对矩阵进行一致性检验。

表7.6　1—9阶平均随机一致性指标 RI 值

阶数	1	2	3	4	5	6	7	8	9
RI	0.00	0.00	0.52	0.89	1.12	1.26	1.36	1.41	1.46

以一级指标重要性对比矩阵为例，在软件 MATLAB 中输入矩阵 A =（1 0.154 0.4 1；6.5 1 5 6.5；2.5 0.2 1 2.5；2.5 0.2 1 2.5；1 0.154 0.4 1）；[x，lumda] = eig（A）；r = abs（sum（lumda））；n = find（r == max（r））；max_lumda_A = lumda（n，n）。可计算出 max_lumda_A 的值为 4.05451。

矩阵满足一致性的条件：

CI =（max_lumda_A − m）/（m − 1），CR = CI/RI，其中 m 为矩阵 A 的阶数。当计算出的 CR < 0.10 时，即判定该矩阵具有满意的一致性。

经计算一级指标重要性对比矩阵的最大特征根 max_lumda_A = 4.05451，CI = 0.0182，CR = 0.0204 < 0.10。因此可判断该矩阵有满意的一致性。

同理，经计算各一级指标下的二级指标间重要性对比矩阵，得出如下结果：

矩阵 B：一级指标"信息利用"下只有一个二级指标，其无须进行一致性检验；

矩阵 C：一级指标"期刊内容"下二级指标间的重要性对比矩阵的 max_lumda_C = 10.1662，CI = 0.1458，CR = 0.0998 < 0.10；

矩阵 D：一级指标"引文网络"下二级指标间的重要性对比矩阵的 max_lumda_D = 4.0324，CI = 0.0108，CR = 0.0121 < 0.10；

矩阵 E：一级指标"期刊网站"下二级指标间的重要性对比矩阵的 max_lumda_D = 3.0007，CI = 0.0004，CR = 0.00067 < 0.10；

即，所有矩阵均满足一致性检验，矩阵无逻辑性错误。

最后，计算指标权重。以各矩阵为基础，按照公式 $W'=\sqrt[m]{a_{i1}\times a_{i2}\times a_{i3}\cdots\times a_{im}}$ 计算各指标初始权重系数。以表7.6一级指标重要性对比矩阵为例，"信息利用"的初始权重系数 $W'_1 = \sqrt[4]{1\times 0.154\times 0.4\times 1}$，同理，$W'_2$（期刊内容）= 3.812，$W'_3$（引文网络）= 1.057，$W'_4$（期刊网站）= 0.498。

依公式 $W_1 = W'_1 / \sum_{i=1}^{m} W'_1$ 对初始权重系数进行归一化处理，得 W_1（信息利用）= 0.0849，W_2（期刊内容）= 0.6500，W_3（引文网络）= 0.1802，W_4（期刊网站）= 0.0849。

同理可计算出二级指标归一化处理的权重系数（见表7.7）。

表 7.7　OA 期刊评价指标体系指标权重

一级指标	二级指标
信息利用（0.0849）	页面访问量/IP.日（0.0849）
期刊内容（0.65）	影响因子（0.2615）
	总被引频次（0.123）
	平均被引率（0.0277）
	他引率（0.103）
	即年指数（0.0277）
	网络被引频次（0.0172）
	h 指数（0.045）
	hc 指数（0.0277）
	g 指数（0.0172）
引文网络（0.1802）	点度中心度（0.0802）
	入度中心度（0.0612）
	中间中心度（0.024）
	核心度（0.015）
期刊网站（0.0849）	网络影响因子（0.054）
	网络链接数（0.0154）
	外部链接数（0.0154）

4. OA 期刊评价模型的确立

由上述评价指标及其权重系数组合起来，用一个图来进行集中描述，可形成 OA 期刊评价模型，其中连接线上标注的数字代表该指标的权重系数（如图 7.2 所示）。

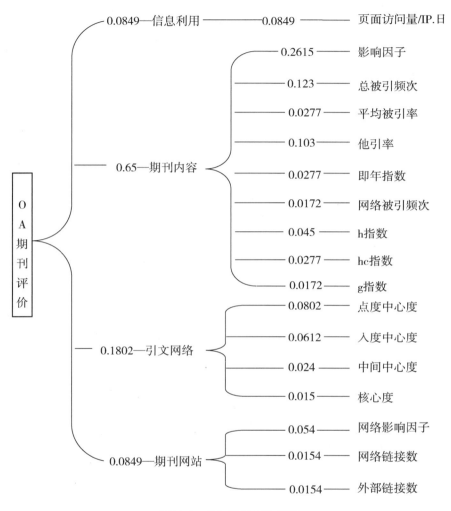

图 7.2 OA 期刊评价模型

(三) OA 期刊评价模型的进一步验证与应用

为验证上述构建的 OA 期刊评价模型的合理性及可行性，选取处于开放存取发展最前沿的国际医学 OA 期刊作为评价样本，通过各期刊评价指标赋值及归一化处理，依指标权重来计算各期刊的综合得分。将样本 OA 期刊的综合得分与 SJR 指数进行相关性分析，以验证该评价模型的可行性。

1. 医学 OA 期刊的筛选及指标赋值

从收录 OA 期刊最全面的 DOAJ 数据库里，选取处于开放存取发展最前沿的国际医学 OA 期刊，采集其出版年至 2012 年的各指标数值（部分指标由于其自身客观原因，指标采集时限为 2015 年）。在依次获取过程中指标数值，层层筛选可作为评价样本的医学 OA 期刊。

（1）医学 OA 期刊筛选。前面构建的 OA 期刊评价指标体系中有 17 个待赋值的二级评价指标。其中影响因子、总被引频次、平均被引率、他引率、即年指数可从 JCR 里获取。计算点度中心度、入度中心度、中间中心度和核心度所需要的引文网络数据来源为 JCR。获取网络影响因子、网络链接数、外部链接数需要 OA 期刊具有独立的网站。网络被引频次、h 指数、hc 指数、g 指数需利用软件 Publish or Perish 计算。

首先将这 1004 种 OA 期刊在期刊引用报告（Journal Citation Reports，简称 JCR）里进行依次检索，获取同被 DOAJ 和 JCR 收录的医学 OA 期刊。从获取的 OA 期刊中，剔除没有独立网站的 OA 期刊和软件 Publish or Perish 中计算不出的网络被引频次、h 指数、hc 指数、g 指数的 OA 期刊。经过层层筛选，最终获取 27 种医学 OA 期刊，作为本次应用研究中的评价样本。

（2）医学 OA 期刊的各评价指标赋值。

第一步，获取相关影响因子、总被引频次、平均被引率、他引率和即年指数。在 JCR 数据库中，选择时间为 2012 年，输入 OA 期刊全称进行检索，即可得到该期刊的影响因子、总被引频次、他引率、即年指数和载文量。以总被引频次除以载文量，即可得到 OA 期刊的平均被引率。

第二步，获取相关点度中心度、入度中心度、中间中心度和核心度。利用 JCR 对每种期刊进行该期刊被其余 26 种期刊引用频次（截至日期 2012 年 12 月 31 日）的检索，最终形成 27 种医学 OA 期刊的引文矩阵，见表 7.8。

表 7.8 医学 OA 期刊引文矩阵

列被行引用	Advances MS	Angle O	Balkan MJ	Biological R	BioMedical EO	Chinese MJ	Croatian MJ	Gaceta S	…
Advances MS	0	0	0	0	0	0	0	0	…
Angle O	0	526	0	0	0	2	0	0	…

续表 7.8

列被行引用	Advances MS	Angle O	Balkan MJ	Biological R	BioMedical EO	Chinese MJ	Croatian MJ	Gaceta S	…
Balkan MJ	0	0	3	0	0	1	0	0	…
Biological R	0	0	0	5	0	0	0	0	…
BioMedical EO	0	0	0	0	27	0	0	0	…
Chinese MJ	0	0	0	2	0	706	2	0	…
Croatian MJ	0	0	2	0	0	0	79	0	…
Gaceta S	0	0	0	0	0	0	0	194	…
Global HA	0	0	0	0	0	0	0	0	…
…	…	…	…	…	…	…	…	…	…

将表 7.8 矩阵导入到软件 UCINET 中，沿 Network→Centrality→Degree 可计算出标准化后的点度中心度、入度中心度；沿 Network→Centrality→Freeman Betweenness→Node Betweenness 可计算出标准化后的中间中心度；沿 Network→Core/Periphery→Continuous 可计算出核心度。

第三步，获取网络被引频次、h 指数、hc 指数和 g 指数。Publish or Perish 软件以 Google Scholar 和 Microsoft Academic Search 为统计源，可提供期刊的网络被引频次、h 指数、hc 指数和 g 指数。由于 Google 服务器已撤离中国大陆，因此本次研究以 Microsoft Academic Search 作为数据统计源。在软件中的 Journal Impact Analysis 功能下，输入期刊全称，并限定年限为"期刊出版年—2012"，点击 Lookup 后，通过软件计算即可得到网络被引频次、h 指数、hc 指数和 g 指数。若软件检索超过 1 万篇文献，则终止检索。因此，对超过 1 万篇文献的期刊要分年度进行检索，再进行累加计算网络被引频次。

第四步，获取网络影响因子、网络链接数和外部链接数。以 Google 为数据统计源，统计网站网页数、网络链接数和外部链接数（具体检索式见表 7.9）。用获取到的外部链接数除以网站网页数计算出网站的网络影响因子。

表 7.9　期刊网站指标检索式（以期刊 *Advances in Medical Sciences* 为例）

指标	检索式
网络链接数	"http://www.advms.pl/"
外部链接数	"http://www.advms.pl/" -site:http://www.advms.pl/
网站网页数	site:http://www.advms.pl

第五步，获取页面访问量/IP. 日。由于 Alexa 能专门发布网站世界排名的网站，提供网站详细流量相关的统计数据，例如网站的影响因子访问量、页面浏览量、人均页面浏览量以及日访问量的变化趋势图等①，且 Alexa 技术统计具备相对公正性和合理性，因此，其对网站测评的结果具有较高的可信度和参考借鉴价值。② 这里，将医学 OA 期刊网站网址依次输入 Alexa 检索框中进行检索，即可获取各医学 OA 期刊网站的页面访问量/IP. 日。

通过上述各方法获取的 27 种医学 OA 期刊各指标实际值见表 7.10。

表 7.10　医学 OA 期刊各指标实际值

期刊序号	页面访问量/IP. 日	影响因子	总被引频次	平均被引率	他引率	即年指数	网络被引频次	h 指数	hc 指数
1	3.500	0.796	379	14.577	1	0.154	146	5	3
2	2.400	1.184	3702	23.884	0.858	0.142	1313	11	6
3	1.300	0.076	10	0.172	0.7	0.017	11	1	1
4	3.500	1.129	798	16.286	0.994	0.102	37744	44	17
5	1.700	1.608	826	9.178	0.963	0.122	2204	20	11
6	1.400	0.901	5269	6.594	0.866	0.113	1384	11	5
7	1.000	1.25	1209	15.908	0.935	0.421	313	6	5
8	1.900	1.116	981	9.000	0.802	0.358	1613	11	6
9	2.000	2.062	325	6.250	0.815	0.385	103	6	4
10	1.100	1.485	323	8.282	0.944	0.179	1529	16	10
11	1.400	2.272	3276	21.273	0.937	0.143	6325	29	18
12	1.500	2.372	1468	13.981	0.808	0.552	1712	17	11

---

① ALEXA[EB/OL].[2015-05-15]. http//www.alexa.com/toolbar.
② 参见胡德华《开放存取期刊质量研究》，科学出版社 2011 年版，第 47 页。

续表 7.10

期刊序号	页面访问量/IP.日	影响因子	总被引频次	平均被引率	他引率	即年指数	网络被引频次	h指数	hc指数
13	1.600	3.577	2551	17.236	0.9	0.27	3599	25	17
14	2.200	0.959	728	5.824	0.867	0.072	1617	15	6
15	1.600	2.458	2253	22.307	0.988	0.396	73548	57	19
16	1.300	1.249	3197	11.178	0.959	0.143	4377	16	9
17	2.600	3.768	2421	16.358	0.792	0.493	6077	35	18
18	1.600	4.351	2590	9.384	0.906	0.511	2828	26	15
19	2.400	3.459	2799	11.151	0.952	0.426	3548	25	13
20	5.000	1.555	1020	10.200	0.885	0.17	2636	18	9
21	1.500	3.774	1956	21.733	0.938	0.356	2908	22	14
22	3.700	9.178	1471	33.432	0.933	0.455	1583	19	11
23	3.750	15.253	14820	128.87	0.976	3.235	30202	71	42
24	1.650	3.73	133246	5.693	0.871	0.407	209894	100	61
25	1.200	1.602	263	5.479	0.494	0.396	207	7	4
26	1.300	1.31	261	9.667	0.966	0.148	6261	25	13
27	1.700	5.657	3084	28.822	0.883	1.505	646	31	18

期刊序号	g指数	点度中心度	入度中心度	中间中心度	核心度	网络影响因子	网络链接数	外部链接数
1	6	0.027	0.027	0	0.001	0.096	14100	97
2	14	0.078	0.068	0	0.002	0.027	17300	529
3	1	0.01	0.001	0.094	0.002	0.004	19700	26
4	58	0.119	0.112	0	0.006	0.136	1760	266
5	29	0.095	0.095	1.346	0.003	0.567	10700	18100
6	13	0.776	0.66	7.966	0.03	0.009	507000	566
7	10	0.126	0.102	4	0.005	0.057	259000	232
8	16	0.065	0.037	0	0.003	0.057	9560	1270
9	6	0.102	0.068	0.179	0.004	0.258	8310	5570
10	25	0.123	0.088	0.051	0.004	0.149	7560	1250
11	44	0.211	0.191	0	0.01	0.188	16800	5160

续表 7.10

期刊序号	g 指数	点度中心度	入度中心度	中间中心度	核心度	网络影响因子	网络链接数	外部链接数
12	26	0.167	0.15	0.103	0.005	0.155	11600	3250
12	38	0.351	0.31	0.607	0.013	0.184	13100	2630
14	23	0.02	0.004	0	0	0.113	150000	4610
15	88	0.511	0.425	0.192	0.022	0.075	90500	2330
16	19	0.391	0.385	0.244	0.014	0.007	9020	124
17	51	0.691	0.378	3.838	0.011	0.076	50900	7420
18	35	0.803	0.589	1.251	0.011	0.131	20900	3310
19	31	0.756	0.681	0.783	0.04	0.272	17400	5190
20	25	0.044	0.034	0	0.001	0.003	12400	37
21	32	0.497	0.368	0.829	0.014	0.046	4640	2710
22	34	0.106	0.061	0.392	0.004	0.083	67300	1420
23	111	4.285	4.285	9.795	0.171	2.374	4420	8428
24	144	8.907	2.185	68.594	0.971	0.518	660000	565000
25	8	0.17	0.011	6.431	0.001	0.449	48200	46700
26	48	0.119	0.068	0.969	0.003	0.156	5680	1470
27	46	1.293	1.256	0.488	0.058	0.354	17900	6910

2. 医学 OA 期刊评价

医学 OA 期刊评价综合得分计算,需首先将各指标实际值进行归一化处理,继而再依各指标权重进行加权运算。

(1) 指标值归一化处理。各指标数值有不同的单位和数据属性,导致不能利用指标实际值来计算医学 OA 期刊的最终综合得分,因此需对各指标数值进行归一化处理。这样,一方面便于数值运算,另一方面可保证各指标具有同等竞争力。本文所用指标归一化数值公式是:

$$P_{A_i} = \frac{A_i - A_{min}}{A_{max} - A_{min}}$$

其中,A_i 为某医学 OA 期刊 A 指标实际值,A_{max} 为 27 种医学 OA 期刊 A 指标实际值中的最大值,A_{min} 为 27 种医学 OA 期刊 A 指标实际值中的最小值。

利用上述公式，可将指标数值的取值范围统一到 [0-1]。各指标数值归一化处理后的取值见表 7.11。

表 7.11 指标实际值归一化处理后的数值

期刊序号	页面访问量/IP.日	影响因子	总被引频次	平均被引率	他引率	即年指数	网络被引频次	h指数	hc指数
1	0.6999	0.0474	0.0028	0.1119	1.0000	0.0426	0.0006	0.0404	0.0333
2	0.4799	0.0730	0.0277	0.1842	0.7194	0.0388	0.0062	0.1010	0.0833
3	0.2599	0.0000	0.0000	0.0000	0.4071	0.0000	0.0000	0.0000	0.0000
4	0.6999	0.0694	0.0059	0.1252	0.9881	0.0264	0.1798	0.4343	0.2667
5	0.3399	0.1009	0.0061	0.0700	0.9269	0.0326	0.0104	0.1919	0.1667
6	0.2799	0.0544	0.0395	0.0499	0.7352	0.0298	0.0065	0.1010	0.0667
7	0.1998	0.0774	0.0090	0.1223	0.8715	0.1255	0.0014	0.0505	0.0667
8	0.3799	0.0685	0.0073	0.0686	0.6087	0.1060	0.0076	0.1010	0.0833
9	0.3999	0.1309	0.0024	0.0472	0.6344	0.1144	0.0004	0.0505	0.0500
10	0.2198	0.0928	0.0023	0.0630	0.8893	0.0503	0.0072	0.1515	0.1500
11	0.2799	0.1447	0.0245	0.1640	0.8755	0.0392	0.0301	0.2828	0.2833
12	0.2999	0.1513	0.0109	0.1073	0.6206	0.1663	0.0081	0.1616	0.1667
13	0.3199	0.2307	0.0191	0.1326	0.8024	0.0786	0.0171	0.2424	0.2667
14	0.4399	0.0582	0.0054	0.0439	0.7372	0.0171	0.0077	0.1414	0.0833
15	0.3199	0.1569	0.0168	0.1720	0.9763	0.1178	0.3504	0.5657	0.3000
16	0.2599	0.0773	0.0239	0.0855	0.9190	0.0392	0.0208	0.1515	0.1333
17	0.5199	0.2433	0.0181	0.1258	0.5889	0.1479	0.0289	0.3434	0.2833
18	0.3199	0.2817	0.0194	0.0716	0.8142	0.1535	0.0134	0.2525	0.2333
19	0.4799	0.2229	0.0209	0.0853	0.9051	0.1271	0.0169	0.2424	0.2000
20	1.0000	0.0975	0.0076	0.0779	0.7727	0.0475	0.0125	0.1717	0.1333
21	0.2999	0.2437	0.0146	0.1675	0.8775	0.1053	0.0138	0.2121	0.2167
22	0.7399	0.5997	0.0110	0.2584	0.8676	0.1361	0.0075	0.1818	0.1667
23	0.7499	1.0000	0.1112	1.0000	0.9526	1.0000	0.1438	0.7071	0.6833
24	0.3299	0.2408	1.0000	0.0429	0.7451	0.1212	1.0000	1.0000	1.0000
25	0.2398	0.1005	0.0019	0.0412	0.0000	0.1178	0.0009	0.0606	0.0500
26	0.2599	0.0813	0.0019	0.0738	0.9328	0.0407	0.0298	0.2424	0.2000
27	0.3399	0.3677	0.0231	0.2226	0.7688	0.4624	0.0030	0.3030	0.2833

续表 7.11

期刊序号	g 指数	点度中心度	入度中心度	中间中心度	核心度	网络影响因子	网络链接数	外部链接数
1	0.0350	0.0019	0.0061	0.0000	0.0010	0.0370	0.0187	0.0002
2	0.0909	0.0076	0.0156	0.0000	0.0021	0.0100	0.0236	0.0009
3	0.0000	0.0000	0.0000	0.0014	0.0021	0.0008	0.0273	0.0000
4	0.3986	0.0123	0.0259	0.0000	0.0062	0.0525	0.0000	0.0005
5	0.1958	0.0096	0.0219	0.0196	0.0031	0.2222	0.0136	0.0320
6	0.0839	0.0861	0.1538	0.1161	0.0309	0.0026	0.7676	0.0010
7	0.0629	0.0130	0.0236	0.0583	0.0051	0.0214	0.3908	0.0004
8	0.1049	0.0062	0.0084	0.0000	0.0031	0.0216	0.0118	0.0022
9	0.0350	0.0103	0.0156	0.0026	0.0041	0.1005	0.0100	0.0098
10	0.1678	0.0127	0.0203	0.0007	0.0041	0.0578	0.0088	0.0022
11	0.3007	0.0226	0.0444	0.0000	0.0103	0.0729	0.0228	0.0091
12	0.1748	0.0176	0.0348	0.0015	0.0051	0.0600	0.0149	0.0057
13	0.2587	0.0383	0.0721	0.0088	0.0134	0.0715	0.0172	0.0046
14	0.1538	0.0011	0.0007	0.0000	0.0000	0.0435	0.2252	0.0081
15	0.6084	0.0563	0.0990	0.0028	0.0227	0.0286	0.1348	0.0041
16	0.1259	0.0428	0.0896	0.0036	0.0144	0.0018	0.0110	0.0002
17	0.3497	0.0765	0.0880	0.0560	0.0113	0.0291	0.0747	0.0131
18	0.2378	0.0891	0.1373	0.0182	0.0113	0.0506	0.0291	0.0058
19	0.2098	0.0838	0.1587	0.0114	0.0412	0.1060	0.0238	0.0092
20	0.1678	0.0038	0.0077	0.0000	0.0010	0.0003	0.0162	0.0001
21	0.2168	0.0547	0.0857	0.0121	0.0144	0.0172	0.0044	0.0048
22	0.2308	0.0108	0.0140	0.0057	0.0041	0.0318	0.0996	0.0025
23	0.7692	0.4805	1.0000	0.1428	0.1761	0.9321	0.0040	0.0149
24	1.0000	1.0000	0.5098	1.0000	1.0000	0.2029	1.0000	1.0000
25	0.0490	0.0180	0.0023	0.0938	0.0010	0.1757	0.0706	0.0826
26	0.3287	0.0123	0.0156	0.0141	0.0031	0.0605	0.0060	0.0026
27	0.3147	0.1442	0.2930	0.0071	0.0597	0.1385	0.0245	0.0122

（2）医学 OA 期刊综合得分计算。依据表 7.8 所示 OA 期刊质量评价指标体系指标权重，与医学 OA 期刊各指标归一化数值进行加权运算，计算医学 OA 期刊综合得分。

期刊 i 的综合得分：$G_i = P_{1_i} * W_1 + P_{2_i} * W_2 + \cdots + P_{17_i} * W_{17}$，其中 P_{1_i} 为期刊 i 的 1 指标归一化数值，W_1 为指标 1 的权重。利用该公式，依次对 27 种医学 OA 期刊进行综合得分计算，计算结果见表 7.12。

表 7.12 医学 OA 期刊综合得分及排序

期刊	综合得分	排名
PLOS Medicine	0.7152	1
PLOSONE	0.5945	2
Particle F T	0.3434	3
Retrovirology	0.2916	4
Journal T M	0.2446	5
Journal B S	0.2438	6
Journal N	0.2349	7
Biological R	0.2267	8
Journal M I R	0.2240	9
Molecular P	0.2196	10
International J B N P A	0.2135	11
Korean J R	0.2100	12
Health Q O	0.1958	13
BioMedical E O	0.1864	14
Advances M S	0.1856	15
Reproductive H	0.1711	16
Journal K M S	0.1659	17
Chinese M J	0.1603	18
Implementation S	0.1601	19
Globalization Health	0.1576	20
Angle O	0.1546	21
Croatian M J	0.1513	22
Global H A	0.1502	23

续表 7.12

期刊	综合得分	排名
Journal A C M P	0.1484	24
Gaceta S	0.1298	25
Radiology O	0.0720	26
Balkan M J	0.0645	27

3. 综合得分与 SJR 指数的相关性检验

为验证所构建的 OA 期刊质量评价指标体系是否适合于 OA 期刊评价，这里选用 SCImago 期刊排名（The SCImago Journal Rank，简称 SJR）作为验证参照对象。SJR 是一种新型的科技期刊评价方法，相对于期刊影响因子，它采用 Google 的 PageRank 算法，赋予高声望期刊的引用以较高的权重，并以此规则迭代计算直到收敛，其评价考虑期刊被引质量而不是绝对数量。[①] SJR 指数与专家评价之间的非参数相关性更强[②]，遵循布拉德福定律和乘幂分布规律，且分布曲线趋势较为稳定，评价结果能从网上免费获取。[③] 因此，这里采集了 27 种医学 OA 期刊 2012 年的 SJR 指数（见表 7.13），并利用 SJR 指数和医学 OA 期刊综合得分的相关分析来验证该体系在 OA 期刊评价中的适用性。

表 7.13 医学 OA 期刊的综合指数和 SJR 指数

期刊（简称）	综合得分	SJR 指数
Advances M S	0.1856	0.257
Angle O	0.1546	0.839
Balkan M J	0.0645	0.156
Biological R	0.2267	0.297
BioMedical E O	0.1864	0.385
Chinese M J	0.1603	0.336

---

① 参见杨庚、刘明政、张旭《SJR 指数研究及其与影响因子的比较分析》，载《情报杂志》2009 年第 11 期，第 27－30 页。
② 参见王一华《基于 IF（JCR）、IF（Scopus）、H 指数、SJR 值、SNIP 值的期刊评价研究》，载《图书情报工作》2011 年第 16 期，第 144－148 页。
③ 参见魏瑞斌《基于 Scopus 的 SJR 指数分布规律研究》，载《现代情报》2011 年第 10 期，第 100－106 页。

续表 7.13

期刊（简称）	综合得分	SJR 指数
Croatian M J	0.1513	0.809
Gaceta S	0.1298	0.328
Global H A	0.1502	0.447
Globalization Health	0.1576	0.933
Health Q O	0.1958	0.895
Implementation S	0.1601	1.544
International J B N P A	0.2135	1.763
Journal A C M P	0.1484	0.36
Journal B S	0.2438	0.734
Journal K M S	0.1659	0.476
Journal M I R	0.2240	1.393
Journal N	0.2349	1.42
Journal T M	0.2446	1.242
Korean J R	0.2100	0.624
Molecular P	0.2196	1.677
Particle F T	0.3434	2.548
PLOS Medicine	0.7152	4.105
PLOS ONE	0.5945	1.512
Radiology O	0.0720	0.314
Reproductive H	0.1711	0.724
Retrovirology	0.2916	1.881

（1）综合得分与 SJR 指数的正态分布检验。使用 SPSS 19.0 将 27 种医学 OA 期刊的综合得分同其在 2012 年的 SJR 指数做相关性分析。[①] 为了选用正确的统计检验方法，首先采用柯斯二氏（Kolmogorov-Smirnov）检验对待检验数据（即期刊综合得分和 SJR 指数）进行正态性检验，检验结果见表 7.14。

---

① 参见余建英、何旭宏《数据统计分析与 SPSS 应用》，人民邮电出版社 2003 年版，第 163 – 186 页。

表 7.14　期刊综合得分与 SJR 指数的柯斯二氏检验

		SJR 指数	综合得分
N		27	27
正态参数 a, b	均值	1.037000	0.222793
	标准差	0.8686998	0.1386322
最极端差别	绝对值	0.177	0.289
	正	0.177	0.289
	负	−0.155	−0.185
Kolmogorov-Smirnov Z		0.921	1.504
渐近显著性（双侧）		0.364	0.022

注：a. 检验分布为正态分布；b. 根据数据计算得到；Z 统计量是指样本分布为标准正态分布的统计量。

由表 7.14 可知，SJR 指数的渐近显著性为 0.364＞0.05，即 SJR 指数符合正态分布；综合得分的渐近显著性为 0.022＜0.05，即综合得分不符合正态分布。所以，在做医学 OA 期刊综合得分与 SJR 指数的相关性分析时应选取非参数的斯皮尔曼（Spearman）检验为宜。

（2）综合得分与 SJR 指数的相关性分析。将医学 OA 期刊的综合得分和其 SJR 指数导入 SPSS，沿"分析→相关→距离"路线，在相关性分析对话框中选取"Spearman 参数"，点击"确定"进行相关性分析，分析结果见表 7.15。

表 7.15　综合得分与 SJR 指数相关性分析

			SJR 指数	综合得分
Spearman 的 rho	SJR 指数	相关系数	1.000	0.662＊＊
		Sig.（双侧）	.	0.000
		N	27	27
	综合得分	相关系数	0.662＊＊	1.000
		Sig.（双侧）	0.000	.
		N	27	27

注：＊＊在置信度（双测）为 0.01 时，相关性是显著的。

由表 7.15 可知，医学 OA 期刊综合得分与 SJR 指数的相关系数为 0.662，在这个数据旁边有两个＊＊，表示用户指定的显著性水平为 0.01

时，统计检验的相伴概率小于等于 0.01（在表格中显示为"0.000"），即两者显著相关。

从综合得分和 SJR 指数来看，*PLOS Medicine*、*PLOS ONE*、*Particle and Fibre Toxicology* 和 *Retrovirology* 等期刊的排名均特别靠前。其中，*PLOS Medicine* 和 *PLOS ONE* 两种期刊，同时都是 PLOS（美国科学公共图书馆 the Public Library of Science 的简称）开放存取的 8 种生命科学与医学领域的期刊。PLOS 在创办 OA 期刊过程中始终坚持 9 个核心原则，这是其高质量和开放存取的保证，因此，PLOS 的期刊已经得到了业界专家的广泛认可，产生了很大影响[①]，*PLOS Medicine* 和 *PLOS ONE* 排名靠前当之无愧。同时，*Balkan Medical Journal* 和 *Gaceta Sanitaria* 的综合得分和 SJR 指数均排在末尾。由此说明表 7.7 构建的 OA 期刊评价指标体系较 SJR 指数评价更加全面、细致，但两者评价角度和方法有差异，导致部分医学 OA 期刊的综合得分排名与 SJR 指数有较大出入，这也说明表 7.7 构建的 OA 期刊质量评价指标体系和图 7.2 所示的 OA 期刊评价模型具有其自身的特征和一定的创新性。

[①] 参见王应宽《开放存取期刊出版：PLOS 案例研究》，载《出版发行研究》2006 年第 5 期，第 59–64 页。

第八章　社会网络视角下的机构知识库评价机制

自开放存取运动兴起以来，机构知识库（Institutional Repository，IR）便在世界范围内迅速发展，但其在不同国家、地区和学科领域所取得的成就有很大差异。到目前为止，美国、英国等国家和地区的多数研究机构、大学已拥有机构知识库且有了较大发展，主要体现在存缴资源量丰富且覆盖各个研究领域、机构知识库具有全球影响力等方面；而我国开放存取运动起步相对较晚，现有机构知识库数量较少但处于蓬勃发展状态。机构知识库以免费、开放、自由的理念成为提供学术资源和促进学术交流的平台，对促进科技发展和学术研究起到很大作用，是当前进行学术资源获取和学术信息交流不可缺少的重要工具。综合运用社会网络理论、文献计量学与网络计量学及其评价指标，构建机构知识库评价体系，可为当前机构知识库建设和利用提供指导，进一步推动我国开放存取运动的发展。

一、机构知识库评价研究综述

目前已对机构知识库评价内容、评价指标体系、评价方法做了大量研究。[1]

（一）机构知识库评价内容研究

机构知识库评价内容研究主要涉及机构知识库系统软件、数字资源管理、机构成员态度、实践建设、影响因素、绩效评价等方面。

1. 机构知识库系统软件评价

机构知识库系统软件主要包括 Digital Commons、DSpace、EPrints、Fedora、Islandora 等，它们在基础结构、前端设计、内容管理与控制、内容发现、出版工具、报告、多媒体、社会功能和通知、互操作、认证、可利用

---

[1] 参见张雅琪、盛小平《国内外机构知识库评价研究进展与评述》，载《图书情报工作》2015 年第 9 期，第 127 – 135 页。

性、保存等方面都存在许多差异。① EPrints 和 DSpace 在数据库结构、操作界面、检索能力、特别功能、软件需求、多语言支持、速度与可靠性、输出选择方面各有侧重。② DSpace 与 ETD-db 相比，两者在功能支持、安装、用户管理、提交程序、存储、浏览与搜索、系统管理与安全方面明显不同。③ DAITSS、DSpace、EPrints、Fedora、Keystone DLS、Greenstone、Archival-Ware、DigiTool、CONTENTdm、VITAL 在功能性、可测量性、可扩展性、互操作性、软件安装及整合、系统性能、系统安全、物理环境、平台支持、满意知识库服务的用户或组织、系统支持、软件开发团体的可靠性、软件开发机构的稳定性、软件发展强度等方面各有其特点。④

机构知识库软件的评价可以运用功能、技术、服务、费用四类指标。⑤满意度、支持度、有效性和有用性是评估机构知识库系统软件可用性的 4 个指标。其中，满意度包括视觉外观、一致性和标准化、系统和真实世界的匹配程度、用户控制和自主化、个性化，支持度包括问题反馈处理、帮助和支持、系统可视化，有效性包括使用便捷性、导航逻辑性、结构有效性，有用性包括功能的灵活性、功能化。⑥ 可以通过对 OA 知识库的体系结构及其数据模型、技术细节、内容管理、用户界面、搜索功能、存档管理的比较研究，实现在没有用户参与的情况下开源机构库软件评估；也可以通过选择具有代表性的用户来参与以用户操作为测试内容的任务，并在适宜地点进行测试，同时采用多种方式记录数据并对其进行分析来实现用户参与的开源机构知识库软件评估。⑦

2. 机构知识库数字资源管理评价

机构知识库数字资源管理评价研究涉及自存储与检索利用两方面。自存

---

① Bankier J G, Gleason K. Institutional repository software comparison[EB/OL]. [2016 – 05 – 01]. https://works.bepress.com/jean_gabriel_bankier/22/download/.

② CHA D L H, Kwok C S Y, Yip S K F. "Changing roles of reference librarians: the Case of the HKUST Institutional Repository". *Reference services review*, 2005, 33 (3): 268 – 282.

③ Jones R D. DSpace and ETD-db Comparative Evaluation[R/OL]. [2016 – 05 – 01]. http://www.era.lib.ed.ac.uk/bitstream/1842/169/1/ComparativeEvaluation.pdf.

④ Marill J L, Luczak E C. Evaluation of digital repository software at the national library of medicine [J/OL]. [2016 – 05 – 01]. http://www.dlib.org/dlib/may09/marill/05marill.html.

⑤ 参见杨思洛、韩淑娟《机构知识库系统软件现状及评价方法》，载《深图通讯》2007 年第 4 期，第 26 – 29 页。

⑥ Kim H H, Kim Y H. "Usability study of digital institutional repositories". *Electronic Library*, 2008, 26 (6): 863 – 881.

⑦ 参见洪梅、马建霞《开源机构库软件可用性评估方法的探讨》，载《现代图书情报技术》2007 年第 12 期，第 8 – 9 页。

储评价指标包括缴存信息、缴存资源规模、作者认可度和支持度、缴存成本、使用情况评估、互操作性、全文可获取性和其他因素。其中，判断自存储成功与否的首要与核心指标为机构知识库收录学术资源的数量。[1][2] 而学术作者的自存储态度及其缴存意愿则会对机构知识库建设产生十分重要的影响。[3] 不同学科领域对自存储没有明显的影响，但协议性代存储模式和强制存储政策可以促进自存储。[4] 科研人员在学科知识库中的自存储经历或行为与机构知识库中的自存储经历或行为并不存在显著相关性。[5] 机构知识库创建者开展的各种培训活动对提高其自存储率的影响有限。[6] 作者对机构知识库的认同度影响其自存储意愿，同时，自存储和"出版单位授权著作权给作者及所属机构"的意愿正相关，"出版单位授权著作权给作者及所属机构"和"提供全文下载"的意愿正相关。[7] 也有学者认为，由于缺乏科学的学术评价体系，致使机构知识库的自存储率较低。[8] 因此，影响教职员自存储的因素主要来自于如下5个方面[9]：①成本，即额外的时间和努力、版权问题；②外部利益，如学术报酬、职业认可、机构认可、可访问性、宣传效用、信用；③内在利益，如利他行为或自我利益；④个人特质，如自存储经验、创作力、职业地位、期刊角色；⑤情景因素，如信任、预印本文化、身份。

利用 Google 和 Google Scholar 搜索引擎，用户都能够检索机构知识库中的数字资源，但通过更复杂的利用服务来访问知识库时，Google Scholar 能

---

[1] Xia J, Li Sun. "Factors to assess self-archiving in institutional repositories". *Serials Review*, 2007, 33 (2): 73–80.

[2] 参见郭清蓉《机构知识库自存储评价体系的构建》，载《情报杂志》2009年第7期，第75–76页。

[3] 参见何燕《我国科研人员潜在自存储行为影响因素研究——以中国科学院科研人员为例》，载《图书馆》2008年第3期，第32–35页。

[4] Xia J. "Assessment of self-archiving in institutional repositories: across disciplines". *The Journal of Academic Librarianship*, 2007, 33 (6): 647–654.

[5] Xia J. "A comparison of subject and institutional repositories in self-archiving practice". *The Journal of Academic Librarianship*, 2008, 34 (6): 494–495.

[6] 参见李欣荣《科学的学术评价体系对机构典藏库自存储率的影响》，载《图书馆理论与实践》2011年第7期，第60–62页。

[7] 参见林美玲、柯皓仁《作者与学术期刊对机构典藏态度之研究》，台湾交通大学2009年硕士学位论文。

[8] 参见李欣荣《机构典藏库自存储率分析》，载《情报科学》2011年第1期，第55–57页。

[9] Kim J. "Motivations of faculty self-archiving in institutional repositories". *The Journal of Academic Librarianship*, 2011, 37 (3): 246–254.

提供更好的选择。① 利用 Google Scholar 调查，发现 Cornell、Oregon 和 Cal Tech 机构知识库的引用率高于 80%，而 Texas A&M Faculty、UW Aquatic Tech Reports、Columbia 和 Rochester 机构知识库的引用率低于 50%。② 不过，有学者提出，无论是从 Google 还是 Google Scholar 得到的数据都不能完全代表知识库实际发展规模③；一些因素，如预印本和出版版本标题的变动、元数据标准的不同、检索结果的相关性算法、链接的更新，都会影响搜索引擎的文献检索效率。④ 在内部检索方面，支持多途径以及多语言检索、检索的响应速度是机构知识库检索性能评价指标⑤，高级搜索如可以按照人名、地名等不同类型进行检索，是建设成功的机构知识库需要具备的。⑥

3. 机构成员态度评价

机构知识库的发展需要机构成员的支持。一般来说，那些支持开放获取的科研工作者更愿意支持机构知识库的发展。⑦ 但不同学科的职员对机构知识库的认识有显著的差异，人文（如历史和宗教）与科学（如物理学和计算机科学）领域的职员对机构知识库有消极的看法。⑧ 不同职称的职员对机构知识库的认识没有明显差异，即使教授职称的科研人员也存在对机构知识库的消极看法。⑨ 另外，在自存储认知方面不存在显著的性别及年龄差异，但在参与度和资源缴存方面分别存在性别及年龄差异。⑩

---

① Markland M. "Institutional repositories in the UK: What can the Google user find there?". *Journal of Librarianship and Information Science*, 2006, 38 (4): 221 – 228.

② Arlitsch K, O'Brien P S. "Invisible institutional repositories: Addressing the low indexing ratios of IRs in Google Scholar". *Library Hi Tech*, 2012, 30 (1): 60 – 81.

③ ORDUñA-MALEA E, LóPEZ-CóZAR E D. "The dark side of open access in Google and Google Scholar: the case of Latin-American repositories". *Scientometrics*, 2015, 102 (1): 829 – 846.

④ Lee J, Burnett G, Baeg J H, et al. Availability and accessibility in an open access institutional repository: a case study[J/OL]. [2016 – 05 – 01]. http://www.informationr.net/ir/20 – 1/paper661.html#.Vzp_1byG6Io.

⑤ 参见孙坦、陶俊《2002—2009 年国外机构仓储评价研究述评》，载《图书馆建设》2010 年第 4 期，第 6 – 9 页。

⑥ Chavez R, Crane G, Sauer A, et al. Services make the repository[J/OL]. [2016 – 05 – 01]. https://journals.tdl.org/jodi/index.php/jodi/article/view/195/179.

⑦ Kim J H. Motivating and impeding factors affecting faculty contribution to institutional repositories[J/OL]. [2016 – 05 – 01]. https://journals.tdl.org/jodi/index.php/jodi/article/view/193/177.

⑧ Oguz F, Assefa S. "Faculty members' perceptions towards institutional repository at a medium-sized university application of a binary logistic regression model". *Library Review*, 2014, 63 (3): 198 – 199.

⑨ Alemayehu M W. "Researchers' attitude to using institutional repositories: a case study of the Oslo University Institutional Repository (DUO)". Oslo: University of Oslo, 2010.

⑩ 参见袁顺波《我国科研人员对自存储的认知和参与现状分析》，载《图书情报工作》2013 年第 13 期，第 49 – 53 页、60 页。

吸引教职工使用知识库的原因是对开放获取理念的支持、使作品免费被获取及利用、扩大研究成果的传播范围、提升论文的被引频次、提高作品的显示度、显示机构的科研成就、提高机构及教职工的知名度、与科研合作伙伴共享资源、促进学术交流、衡量教职工学术能力、支持课堂教学、资源长期保存、学术传播的及时性、出版商授权政策，而阻碍教职工使用知识库的因素是版权政策、文献抄袭问题、对预印本认识不足、出版机构政策、资源长期保存问题、个人网站的使用习惯、认为知识库中资源质量低下、存缴论文通常未经同行评议难以体现学术价值、资源用途的不确定性、繁琐的提交程序①②③④等。

4. 实践建设评价

机构知识库是当今数字环境下支持科研信息传播和流通必不可少的学术平台，2005年及2006年的调查发现，研究型大学主导美国机构知识库建设，并且研究型图书馆在机构知识库政策制定和操作部署上充当了领导者角色⑤；机构知识库正成为美国、英国、澳大利亚等13个国家高校基础设施的组成部分，越来越受到重视和处于大力建设之中。

2006年在欧盟27个成员国的机构知识库中，90%的缴存资源为文本资源，包括期刊论文、书籍章节、学位论文、会议记录和工作文件；前三位使用最多的知识库软件是 EPrints、DSpace 和 OPUS；大多数知识库表示拥有持久标识符能使其资源具备长期可用性。⑥

2009年对西班牙机构知识库的调查，发现其特征是⑦：缴存资源主要为

---

① 参见宋海艳、邵承瑾、顾立平等《我国科研人员对机构知识库认知与使用的现状调查与分析》，载《现代图书情报技术》2014年第2期，第8-16页。

② Abrizah A. "The cautious faculty: their awareness and attitudes towards institutional repositories". *Malaysian Journal of Library & Information Science*, 2009, 14 (2): 17-37.

③ Cullen F, Chawner B. "Institutional repositories: assessing their value to the academic community". *Performance Measurement and Metrics*, 2010, 11 (2): 141-142.

④ Van Westrienen G, Lynch C A. Academic institutional repositories deployment status in 13 nations as of Mid 2005[J/OL]. [2016-05-01]. http://www.dlib.org/dlib/september05/westrienen/09westrienen.html.

⑤ Lynch C A, Lippincott J K. Institutional repository deployment in the United States as of early 2005 [J/OL]. [2016-05-01]. http://www.dlib.org/dlib/september05/lynch/09lynch.html.

⑥ Van Eijndhoven K, Van Der Graaf M. Inventory study into the present type and level of OAI compliant digital repository activities in the EU[R/OL]. [2016-05-01]. http://www.pleiade.nl/rapport/DRIVERInventoryStudy.pdf.

⑦ Melero R, Falgueras E A, García M F A, et al. The situation of open access institutional repositories in Spain: 2009 report[R/OL]. [2016-05-01]. http://www.informationr.net/ir/14-4/paper415.html.

期刊和学位论文，软件使用次数前两位是 DSpace 和 EPrints，大多数知识库遵从都柏林元数据标准以及多数资源由非作者的专业人员进行缴存，提供较多的使用数据但拥有较少的以用户为导向的服务。

在尼日利亚机构知识库中，本地资源的主题标引及其数字化处理是管理资源的有效方法，增加作者的可见度、提高大学排名以及促进研究科研成果传播是机构知识库的优势。[1]

2011 年，我国机构知识库处于建设初期阶段，高校机构知识库建设目标大体相同，且更倾向于以低成本建立集成化的机构知识库系统。[2] 而 2013 年我国已建机构知识库存储量有较大规模，存缴内容以期刊论文、会议论文、学位论文为主，近一半的机构知识库有明确的存储与传播政策，多数机构知识库实施内容集中管理，并以学科馆员走访为主要宣传推广方式，机构知识库存储进入快速增长期。[3]

5. 影响因素评价

机构知识库建设的影响因素包括：对机构知识库的认识和信任，个人存储经历，机构知识库技术、容量、政策，先导性项目的支持作用[4]，等等。在众多影响因素中，机构知识库的关键成功因素主要有[5][6][7]：

（1）内容。包括缴存内容的质量和数量、不同学科领域存缴情况、资源类型、全文数量。

（2）资源管理，如科研人员的主动存缴和定期参与。

（3）管理和政策，包括管理、服务、人员支持、经费支持、机构支持、知识产权问题、宣传与推广、存储政策、版权政策、质量控制政策、保存策略。

---

[1] Ezema I J. "Local contents and the development of open access institutional repositories in Nigeria University libraries: Challenges, strategies and scholarly implications". *Library Hi Tech*, 2013, 31 (2): 323 – 340.

[2] Zhao Y, Yao X, Wei C. "Academic institutional repositories in China: A survey of CALIS member libraries". *Chinese Journal of Library and Information Science*, 2012, 5 (2): 18 – 32.

[3] 参见姚晓霞、聂华、顾立平等《我国教育科研机构知识库建设现状调查与分析》，载《现代图书情报技术》2014 年第 5 期，第 1 – 9 页。

[4] 参见金瑛《机构仓储存储行为影响因素研究述评》，载《图书馆建设》2010 年第 4 期，第 14 – 17 页。

[5] Shearer M K. "Institutional repositories: Towards the identification of critical success factors". *Canadian journal of Information and Library Science*, 2002 (3): 89 – 108.

[6] Lagzian F, Abrizah A, Wee M C. "Critical success factors for institutional repositories implementation". *The Electronic Library*, 2015, 33 (2): 169 – 209.

[7] 参见韩珂、祝忠明《机构仓储可持续发展关键问题研究》，载《图书情报工作》2008 年第 5 期，第 99 – 101 页。

（4）技术，即系统和软件配置。

（5）其他，如促进学术交流、易于使用等。

影响机构知识库评价的因素主要是[1]：

（1）系统软件，包括系统软件的功能、技术和服务等（如技术文档）。

（2）机构成员，包括职员对机构知识库的了解度、接受度、支持度、满意度以及利用情况。

（3）资源，包括资源的数量、类型、新颖性、全文可获取性和提交人员信息。

（4）管理与政策，包括资源质量控制能力、管理人员配置和安排、机构知识库相关政策（如强制存储政策、激励政策的制定和执行情况）、宣传活动和版权管理。

（5）建设经费，包括经费预算、设备费用、系统软件费用和管理费用。

6. 绩效评价

格温达·托马斯（G. Thomas）认为，可以从个体、社区参与、图书馆服务系统、机构、国家研究与发展的层次来评估机构知识库的作用与绩效。[2] 机构知识库内容、用户意识和参与程度、工作流、财务情况[3]、缴存率、全文率、参与率[4]都是机构知识库绩效评价指标。对新西兰20所大学教职工的调查发现，机构知识库的益处是：①使机构研究成果更公开透明；②帮助机构组织和保存研究成果；③使单个研究者更公开透明；④开创新型学术交流模式；⑤降低对第三方高成本学术出版方式的依赖。机构知识库的弊病是：①把成果存储在机构知识库为职员增加了另外的工作量；②机构知识库不像期刊索引和数据库一样容易使用；③使某些研究数据泄露；等等。[5]

其他方面的评价包括：①机构知识库网站可用性评价，指标包括网站可

---

[1] 参见马学良《机构库评价的关键问题研究》，载《图书情报工作》2011年第11期，第9–12页。

[2] Thomas G. "Evaluating the impact of the institutional repository, or positioning innovation between a rock and a hard place". *New Review of Information Networking*, 2007, 13 (2): 133–146.

[3] Weenink K, Waaijers L, Van Godtsenhoven K. A Driver's guide to European repositories. Amsterdam: Amsterdam University Press, 2008: 33–34.

[4] Vernet A. "Copyright management, education and support in institutional repositories". Aberystwyth: Aberystwyth University, 2012.

[5] Cullen R, Chawner B. "Institutional repositories: assessing their value to the academic community". *Performance Measurement and Metrics*, 2010, 11 (2): 141–142.

达性、链接时间、链接效果、压力测试①;②机构知识库网络影响力评价,指标包括网站规模(即网站包含的网页数量)、网站流量、网站被链接数量、网络显示度(即在搜索引擎上搜索网站名称所能显示出的搜索结果数量)、网站丰富度(即网站中各类型文件数量的总量)、网站 PR 值②;③机构知识库元数据评价,指标包括完整性、精确性、时效性、可达性、期望一致性和逻辑一致性等③;④机构知识库服务质量评价,指标包括绩效期望(如数字资源长期保存、知识传播、知识能力管理等)、努力期望(如系统界面设计美观、外观有形性、操作友好等)、促成因素(如网站访问速度、遇到问题时的解决能力等)、社会影响(如提供个性化服务、服务培训与宣传等)。④

(二) 机构知识库评价指标体系研究

依据现有研究成果所涉及的机构知识库评价一级指标维度的多少,可以将其归纳为一维、二维、三维、四维、五维、七维、八维、九维八种类型。其中,一维评价指标是"机构知识库每年存缴活动天数"⑤。二维评价指标体系可分为内部评价指标和外部评价指标,前者包括机构知识库中研究人员的存储比率、每位研究人员存储文献的平均数、机构知识库中科研群体数量、每年/月/日下载的文献数量、每年存储的文献总数、每日存储的文献总数、文献全文可用性、论文全文可用性、机构知识库有效文献数量、增值服务数量、均篇存储成本、均篇下载成本、从事机构知识库工作的全职员工数量、职员教育与培训活动费用;后者包括互操作性、为机构知识库项目提供的外部资金总量、国家和跨国项目参加程度。⑥ 下面简述其他六类评价指标体系。

---

① 参见杨美洁、翁淳光《国内机构知识库网站的可用性评价》,载《中华医学图书情报杂志》2014 年第 12 期,第 6—9 页。

② 参见丁敬达、朱梦月《高校机构知识库网络影响力评价研究——基于我国重点大学的实证分析》,载《图书馆杂志》2014 年第 7 期,第 13—23 页。

③ 参见林爱群《机构知识库元数据的自动生成与评估研究》,载《图书馆学研究》2009 年第 7 期,第 21—23 页。

④ 参见于丹阳《基于 SERVQUAL 的机构知识库服务质量评价模型构建》,载《浙江高校图书情报工作》2012 年第 6 期,第 6—8 页。

⑤ Carr L, Brody T. Size isn't everything: Sustainable repositories as evidenced by sustainable deposit profiles[J/OL]. [2016 – 05 – 01]. http://dialnet.unirioja.es/servlet/articulo?codigo = 2412800&orden = 139539&info = link.

⑥ Cassella M. "Institutional repositories: an internal and external perspective on the value of IRs for researchers' communities". *Liber Quarterly*, 2010, 20 (2): 210 – 225.

1. 三维评价指标体系

现有两种三维机构知识库评价指标体系。第一种由开放获取知识库形式评价指标、开放获取知识库内容评价指标、开放获取知识库效用评价指标组成。其中，形式评价包括 3 个二级指标 15 个三级指标，即开放获取知识库资源（如资源的数量、资源的全文率、资源的组织分类、资源的更新速度、资源的回溯时间）、系统软件与网络平台服务（如协议标准、元数据质量、个性化服务项目数、检索入口数、访问速度）和网络传播力（如网页数量、外部链接数、被开放获取知识库名录的收录数、访问量、下载量）；内容评价包括 3 个二级指标，即学术创新性、学术影响力和学术可靠性；效用评价包括 3 个二级指标，即学习或工作产生的效用、知识或技能产生的效用和信息获取产生的效用。①

第二种由机构知识库技术、管理与政策、用户 3 个维度组成。其中，技术维度包含 4 个二级指标，即协议标准、元数据（如元数据的准确性、完备性、有效性、独有性和同等性）、用户界面和检索功能（如多语种页面、检索速度等）以及系统与网络平台（如开放知识库系统与网络平台的开放程度、访问的方便程度、与图书馆现有资源的整合程度、主页访问链接的友好度、全文获取与检索的方便程度等）；管理与政策维度包含 4 个二级指标，即存缴资源的质量控制（如资格审核制度、同行或专家评审制度）、版权处理、宣传推广以及激励政策；用户维度包含 3 个二级指标，即认知度（如用户开放存取的意识、对机构知识库的认识程度）、满意度（如用户对相关培训、系统、缴存资源的满意度）以及使用率（如点击量、下载量、文献被引用率）。②

2. 四维评价指标体系

现有如下五种机构知识库四维评价指标体系。第一种由内容、管理与政策、系统与网络、用户与存缴者 4 个维度 18 个指标组成。其中，内容维度包含 5 个二级指标，即资源多样性、资源新颖性（即过去 3 年发表文献数量）、存缴率、元数据、全文完整性和准确性；管理与政策维度包含 7 个二级指标，即预算、全职馆员数量、机构知识库及开放获取意识、推广策略、正式协议、存档方法、机构知识库政策与程序；系统与网络维度包含 4 个二级指标，即整合 OPAC 集成化、互操作性、平台主页、技术性能（即检索

---

① 参见陈铭、叶继元《基于"全评价"分析框架的开放存取仓储评价体系研究》，载《图书馆论坛》2014 年第 8 期，第 40 - 47 页。

② 参见张毅君《机构知识库质量评价指标研究》，载《现代情报》2011 年第 10 期，第 50 - 52 页。

速度);用户与存缴者维度包含2个二级指标,即资源利用率(即文档下载率)、用户和存缴者的培训及服务。① 刘海霞等人也从上述4个维度指出的评价体系由2个管理与政策评价指标(即机构知识库政策和机构知识库管理)、3个内容评价指标(即资源多样性、资源存缴率和元数据标准)、2个系统和网络评价指标(即平台主页和检索功能)、2个用户评价指标(即用户服务和资源利用率)组成。②

第二种由管理政策、系统平台、内容提交者、用户4个维度组成。其中,管理政策维度包含6个二级指标,即推广政策、预算、馆员、存储政策(如审核制度、版权问题等)、激励政策以及系统管理政策;系统平台维度包含2个二级指标,即系统和网络、内容(如文献数量、质量、类型、全文率、提交文献的学科等);内容提交者维度包含5个二级指标,即自存储、对知识库的认识、对系统的满意度、激励措施和意义;用户维度包含3个二级指标,即使用率(如点击率、下载率、全文获取率)、满意度和培训。③

第三种由资源缴存、资源使用、终端用户影响、机构影响4项组成。其中,每一项指标下各包含个体、群体、体制3个方面。在资源缴存评价中,个体指标包括教育事务、研究产出、参与度(自存储比例);群体指标包括教育事务、研究产出、参与度、知识库大小(缴存总量、每日缴存比例)、知识库发展比率等;体制指标包括参与度、持续性缴存等。在资源使用评价中,个体指标包括搜索引擎、传输便捷性等;群体指标包括内容的成本效益、互操作性等;体制指标包括机构知识库功能的持续性(网页服务、功能性、易获得性、有效性)、政策等。在终端用户影响评价中,个体指标包括行为期望(满意度)、可用性、收录文献的引用率(影响因子、传统引用率、预印本引用率)等;群体指标包括易获得性、相关性等;体制指标包括机构知识库使用程度、有用性等。在机构影响评价中,个体指标包括职业发展(个体参与程度、下载)、引用率;群体指标包括学术交流、协同合

---

① Kim Y H, Kim H H. "Development and validation of evaluation indicators for a consortium of institutional repositories: A case study of collection". *Journal of the American Society for Information Science and Technology*, 2008, 59 (8): 1282 – 1294.
② 参见刘海霞、陈文洁、胡德华等《机构仓储可持续发展综合评价指标体系研究》,载《中国图书馆学报》2014年第2期,第67 – 77页。
③ 参见刘玉红、史艳芬《机构知识库成功创建和可持续发展的要素研究》,载《图书馆杂志》2010年第2期,第27 – 30页。

作；体制指标包括机构的科研进度、科研声望、科研管理系统等。①

第四种由机构知识库内部评价、外部评价、经济评价与技术评价组成。其中，内部评价指标包括3个二级指标，即存储资源数量、全文可获得性和存储者信息；外部评价指标包括2个二级指标，即科研人员态度和可用性；经济评价指标即机构知识库发展费用；技术评价指标即系统软件，可细分为互操作性和界面友好性2个指标。②

第五种是西班牙科学研究理事会赛博实验室运用的以网站规模、能见度、文件丰富度、学术论文数4个指标组成的世界机构知识库排名评比框架。其中，网站规模是指从 Google 搜索引擎中提取到的网页数量，能见度是指从 MajesticSEO 和 ahrefs 数据库得到的外部链接总数，文档丰富度是指从 Google 搜索引擎中提取到的 Adobe Acrobat（.pdf）、MS Word（.doc，.docx）、MS Powerpoint（.ppt，.pptx）以及 PostScript（.ps，.eps）格式的文档数量，学术论文数是指 Google Scholar 中能查找到的最近5年的学术论文数量。③

3. 五维评价指标体系

现有两种机构知识库五维评价指标体系。第一种由缴存资源、软件系统与网络、成员利用率与满意度、管理与政策、建设运行费用5个维度评价指标组成。其中，缴存资源维度包含7个二级指标，即资源总量、结构化组织、类型多样性、内容新颖性、全文可获取性、元数据、帮助与支持信息；软件系统与网络维度包含8个二级指标，即系统的集成性、扩展性能、互操作性、主页设计、网站速度、搜索功能、多媒体文件处理性能和用户认证与管理；成员利用率与满意度维度包含5个二级指标，即利用率、用户满意度、提交者满意度、对用户的支持度、对提交者的支持度；管理与政策维度包含7个二级指标，即资源质量控制、管理人员配备、关注度、强制存储政策、激励政策、宣传与推广、版权管理；建设运行费用维度包含4个二级指标，即经费预算、系统软件费用、设备费用、管理费用。④

第二种由服务、方向、覆盖范围、协作、发展状态5个维度评价指标组

---

① Thomas G. "Evaluating the impact of the institutional repository, or positioning innovation between a rock and a hard place". *New Review of Information Networking*, 2007, 13 (2): 133–146.

② 参见郭清蓉《机构知识库自存储评价体系的构建》，载《情报杂志》2009年第7期，第75–76页。

③ Ranking Web of Repositories. Methodology[EB/OL]. [2016–05–01]. http://repositories.webometrics.info/en/Methodology.

④ 参见闫燕、侯振兴、袁勤俭《开放存取机构库综合评价模型研究》，载《现代情报》2013年第11期，第20–24页。

成。其中，服务维度指标包括是否提供与该组织服务相关的服务措施，服务的有效性、可靠性、易用性、透明性、丰富性以及质量，服务的效果，实现不同服务群体利益和需求的平衡，建立问题反馈机制；方向维度指标包括回顾性和前瞻性两个方面，前者是指知识库是否提供便于用户理解的历史性背景信息以及其保存真实信息资产的能力水平，后者是指知识库是否采用适宜用户需求的高效技术和方法以及其满足用户信息需求的能力水平；覆盖范围维度指标包括资源的深度、广度和代表性，知识库实际获取资源数量与其目标获取资源数量的比例，知识库资源是否吸引更多的老用户，等等；协作维度指标包括知识库独立运作和与其他机构合作；发展状态维度指标是知识库发展的成熟度。①

4. 七维评价指标体系

机构知识库七维评价指标体系由科研人员、存储量、全文可获取性、访问量、开放程度、建设成本和系统软件组成。其中，科研人员包括2个二级指标，即科研人员态度、自存储率；存储量包括2个二级指标，即预印本存储量和后印本存储量；全文可获取性包括3个二级指标，即文摘存储率、全文存储率和远程链接率；访问量包括2个二级指标，即登录次数和下载量；开放程度包括2个二级指标，即传播范围、能见度；建设成本包括2个二级指标，即人员费用和设备费用；系统软件包括2个二级指标，即互操作性和界面友好性。②

5. 八维评价指标体系

该评价指标体系由项目规划、与机构学术目标相一致、资助模式、与数字化项目的关系、互操作性、文档使用情况测量、宣传、保存策略组成。③

6. 九维评价指标体系

机构效率、自身价值、教育功能、获取信息、资源、虚拟空间、管理、人员、内外部关系构成了机构知识库的九维评价指标体系。其中，机构效率维度指标包括机构成果的收集管理和利用、与其机构事务的成果和评价指南保持一致等，自身价值维度指标包括保护用户的隐私权与机密、尊重知识产权等，教育功能维度指标包括传播信息素养教育观念、为教师的学术与职业发展提供机会等，获取信息维度指标包括组织信息、编制资源指南等，资源

---

① Thibodeau K. If you build it, will it fly? Criteria for success in a digital repository[J/OL]. [2016–05–01]. http://dialnet.unirioja.es/servlet/articulo?codigo=2359165&orden=132208&info=link.

② 参见郭清蓉、郭玉强《基于层次分析法的机构知识库评价模型》，载《高校图书情报论坛》2013年第1期，第11–13页。

③ Westell M. "Institutional repositories: proposed indicators of success". Library Hi Tech, 2006, 24(2): 211–226.

维度指标包括资源的收集和保存、资源的长期访问等，虚拟空间维度指标包括创建导航、提供安全可靠的虚拟空间等，管理维度指标包括配置人力与财政资源、与其他机构知识库合作等，人员维度指标包括保证人员数量、提高人员素养等，内外部关系维度指标包括教育宣传活动的举办等。①

（三）机构知识库评价方法研究

目前，机构知识库评价方法主要有平衡记分卡法、引文分析法、网络计量学、补充计量学等。平衡计分卡法从用户维度、内部维度、成本维度、学习和增长维度评估机构知识库的内部价值，利用互操作性、为机构知识库项目提供的外部资金总量、国家和跨国项目参加程度评估机构知识库的外部价值。② 从引文分析法角度，可以运用机构知识库中缴存文献的引用率评价机构知识库。③

基于网络计量学的机构知识库评价包括：①链接分析法，即运用网络链接分析软件（如 LexiURL）分析知识库链接网页的 URLs、链接网页的域名和站点、链接网页的二级和顶级域名、与该知识库共链的前 49 个网站等内容来评估机构知识库。④ 不过，单独使用链接分析法并不能全面评价知识库，需要配合内容分析法或其他方法进行研究。⑤ 在评价机构知识库网络影响力时，可使用网页数、PR 值、外链接数、外部入链数等指标⑥，但网络影响因子并不能代表机构的科研影响力。⑦ ②域名分析法，即运用机构知识库网站访问量、机构知识库缴存资源的下载量等网络流量分析指标评价机构

---

① 参见郭翔、吉萍《机构知识库评价体系的构建》，载《图书馆学刊》2014 年第 2 期，第 10-12 页。

② Cassella M. "Institutional repositories: an internal and external perspective on the value of IRs for researchers' communities". *Liber Quarterly*, 2010, 20 (2): 210-225.

③ 参见张懿君《机构知识库质量评价指标研究》，载《现代情报》2011 年第 10 期，第 50-52 页。

④ Zuccala A, Thelwall M, Oppenheim C, et al. *Digital repository management practices: user needs and potential users: an integrated analysis: report of joint information systems committee project*. Wolverhampton: University of Wolverhampton, 2006.

⑤ Wells P. *Institutional repositories: investigating user groups and comparative evaluation using link analysis*. Bristol: University of the West of England, 2009.

⑥ 参见丁敬达、朱梦月《高校机构知识库网络影响力评价研究——基于我国重点大学的实证分析》，载《图书馆杂志》2014 年第 7 期，第 13-23 页。

⑦ Smith A G. Web based impact measures for institutional repositories[C/OL]. [2016-05-01]. http://researcharchive.vuw.ac.nz/xmlui/bitstream/handle/10063/2881/paper.pdf?sequence=2.

知识库。①

运用补充计量学指标中的资源种类数和学科数、累计上传数评价机构知识库平台，转载量、推荐量、评论数评价机构知识库资源，以粉丝数、标签数、资源数评价机构知识库资源发布者。②

综上所述，目前，国内外机构知识库评价研究已经取得了丰硕的研究成果，但尚未产生具有可以广泛应用的机构知识库评价指标体系，运用社会网络理论、文献计量学和网络计量学及其评价方法构建机构知识库评价体系，可充实开放存取评价机制。

二、社会网络分析法、文献计量学、网络计量学在机构知识库评价中的应用

（一）社会网络分析法在机构知识库评价中的应用

社会网络是对社会行动者及其关系的研究，机构知识库作为学术资源的开放聚集地，位于当前学术交流进程的各个阶段中，如同其所收录的期刊论文、学位论文等资源相互之间存在引证等关系，机构知识库由于知识、信息交流的需要，会与其他机构知识库发生联系，每一个机构知识库都不是孤立存在的，而是深深嵌入在其所处的社会关系网络之中。由于机构知识库具备社会网络特性，因而可以使用社会网络分析法对机构知识库进行评价研究。

运用社会网络分析法来评价机构知识库，即通过分析某一机构知识库在知识库群链接网络中的所处地位，来衡量该机构知识库的影响力程度及其相对建库质量。通过某一机构知识库网站中的任何网页与其他机构知识库网站中的任何网页之间的"链接"，便可将多个机构知识库连接起来。即如果机构知识库 A 链接机构知识库 B，那么对于机构知识库 A 为出链，机构知识库 B 为入链，两者之间形成互链关系；如果机构知识库 A 或 B 再链接机构知识库 C，就可以形成链接网络，因此，只要超过两个机构知识库就可形成机构知识库间的网状结构。在这种机构知识库网络中，各术语解释见表 8.1。

---

① 参见陈铭、叶继元《基于"全评价"分析框架的开放存取仓储评价体系研究》，载《图书馆论坛》2014 年第 8 期，第 40－47 页。

② 参见邱均平、张心源、董克《Altmetrics 指标在机构知识库中的应用研究》，载《图书情报工作》2015 年第 2 期，第 100－105 页。

表 8.1 机构知识库链接网络对应术语

网络指标	定义	机构知识库网络定义
点（Node）	各类型社会行动者	各个机构知识库网站
线（Walk）	社会行动者之间的关系	机构知识库网站之间的链接关系
度数（Degree）	与某个点直接相关的点的个数	与某一机构知识库网站存在链接的其他机构知识库网站的数量
入度（In-degree）	指向该点的点的总数	某一机构知识库网站指向其他机构知识库网站的链接数目
出度（Out-degree）	该点所直接指向的其他点的总数	其他机构知识库网站指向某一机构知识库网站的链接数目

基于这种网络结构，可以对某一机构知识库进行社会网络分析。其中，"中心性"反映某一社会行动者在其社会网络中具有的权力或所处的地位，即该行动者对其他行动者控制和影响的程度，而从"关系"的角度定义权力，就可形成各种中心度和中心势。①中心性分析应用于机构知识库评价，可以刻画某一知识库在其社会网络中的重要性，通过结合机构知识库的发展特征。点度中心度和中间中心度可用于机构知识库评价。

机构知识库网络的点度中心度即为分析某一机构知识库是否在该网络中处于核心地位，测量方法是与该机构知识库网站有直接链接关系的其他机构知识库的数目。在机构知识库有向网络中，某一机构知识库 R_x 的相对点度中心度 $C'_P(R_x)$ 的计算公式为：

$$C'_P(R_x) = \frac{d_i(R_x) + d_o(R_x)}{2n - 2} \qquad (8-1)$$

式中，$d_i(R_x)$ 代表某一机构知识库 R_x 指向其他机构知识库网站的链接数目；$d_o(R_x)$ 代表其他机构知识库网站指向某一机构知识库的链接数目；n 为机构知识库网络规模，即该网络中机构知识库数目。

在机构知识库网络中，中间中心度是分析某一机构知识库网站对其他知识库网站的控制能力，测量方法是经过该机构知识库网站并且链接其他两个机构知识库网站的最短路径占这两个机构知识库网站的最短路径总数目之比。某一机构知识库 R_x 的中间中心度 $C'_B(R_x)$ 的计算公式为：

---

① 参见刘军《社会网络分析导论》，社会科学文献出版社 2004 年版，第 114 页。

$$C_B(R_x) = \frac{\sum_{j<k} g_{jk}(R_x)}{g_{jk}} \qquad (8-2)$$

式中，g_{jk}表示机构知识库 j 和机构知识库 k 之间的最短路径数目；$g_{jk}(R_x)$表示包含机构知识库 R_x 的两个机构知识库 j 和机构知识库 k 之间的最短路径数目。对机构知识库 R_x 而言，如果 j 和 k 的每一条路径都选择通过 R_x，则 R_x 便具有最大的中间中心度。

(二) 文献计量学在机构知识库评价中的应用

机构知识库作为现代学术交流的重要平台，聚集了全世界为数众多的科研成果和学术资料，库中缴存资源的数量和质量一直是机构知识库评价和研究的重要方面，通过文献计量可以了解机构知识库资源整体及各部分情况，作为缴存资源评价依据。文献计量学应用于机构知识库评价，其主要研究方法为文献数量统计和引文分析。

1. 文献数量统计

文献数量统计（simple document counting）用于统计某一专家学者、机构、地区、国家发表的文献数量或某一学科、主题领域拥有的文献数量[①]，通过定量数据来描述或揭示文献的数量特征和变化规律，并可以基于文献的时间或空间分布分析其发展现状及预测其未来趋势。

文献数量统计应用于机构知识库评价，即以某一机构知识库为分析对象，按缴存资源属性和特征统计资源容量，以此监测该机构知识库资源建设规模和资源影响程度。研究内容包括：①缴存资源数量，包括整体资源数量和依据资源属性划分的各部分资源数量，后者包括不同类型的资源数量，如资源存储量、论文存储量、预印本存储量等，以及通过不同途径上传的资源数量，如自存储量等。②缴存资源收录的量，即机构知识库中缴存资源被期刊收录数量。机构知识库中上传的学术资源按其在学术交流和出版流程中的进度，可以划分为预印本（preprint）和后印本（postprint）。前者指尚未经过同行评议和出版发表，为便于学术交流而自愿通过网络或学术会议发布的论文、报告等文献；后者指经过同行评议和出版发表，或经同行评议但未经出版发表的学术论文等文献。两者的主要区别在于是否经过同行评议。本文认为，后印本即为已经正式发表的文献，因此，可以认为机构知识库中的学术资源分为未被期刊收录和已被期刊收录两类。③缴存资源特征计量，指根据机构知识库中缴存资源特征，如语种、类型等的统计分析。

---

① 参见孙建军、李江《网络信息计量理论、工具与应用》，科学出版社 2009 年版，第 3 页。

2. 引文分析

引文分析（citation analysis）由美国科学家普赖斯（D. Price）于 1965 年提出[①]，主要分析论文、期刊、著作等学术文献的引用或被引用现象，其研究内容包括引文量、引文类型、引文语种、引文年代、引文国别、引文集中与离散规律等，用于调查文献资源分布、揭示信息传递规律和学术演化过程等，是文献计量学的重要研究方法之一。

机构知识库中缴存的学术资源以期刊论文和学位论文为主，在进行学术交流过程中不可避免地会发生引用现象。通过对其进行引文分析，可以了解该机构文献对外交流情况和学科发展进程，用以评价文献的学术影响力及社会影响力。因此，引文分析应用于机构知识库评价，其主要分析内容为该机构知识库论文的被引情况。

（三）网络计量学在机构知识库评价中的应用

机构知识库依托网络建立，以网络站点为平台对外发布资源和服务，具有数字化和网络化特征，可以使用网络计量学进行分析研究。使用网络计量学评价机构知识库建设成效，涉及网页链接量、网页链接结构、网站流量等指标，主要研究方法有链接分析法和域名分析法。

1. 链接分析法

链接分析法（link analysis）指以网络链接为研究对象，对网络链接属性、数量、分布、结构及其网页关系等进行研究的方法，是网络计量学的核心研究内容之一。链接分析法在产生及发展过程中在很大程度上借鉴了引文分析的理论和方法，被看作引文分析在网络环境下的拓展。

链接分析法应用于机构知识库评价，即通过分析某一机构知识库内部网页之间、外部网页之间以及与内外部网页之间的链接情况，反映该机构知识库网页结构和其他网站的相互关系，以此测量该机构知识库在网络中的重要程度及其对社会公众的影响程度，用于评价机构知识库网络影响力和知名度。在评价过程中，"链接"是基本分析要素。"链接"通常指网页间的超链接，类同于引文分析中的"引文"，"链接"关系即网页之间的"引用"关系；但相较"引文"，"链接"还具有动态结构、双向链接、自链现象等不同特征。[②] 在进行机构知识库网站评价时，涉及的网络链接种类分析如下：

[①] Price D J. "Networks of scientific papers". *Science*, 1965, 149 (3683): 510–515.
[②] 参见邱均平等《网络计量学》，科学出版社 2010 年版，第 161 页。

（1）依据网络链接方向，将链接划分为入链（inlink）、出链（outlink）。① 入链，类同引文分析法的"参考文献"，是指向某个网页的链接，即如果有一个链接指向某个机构知识库网页，则该网页及其机构知识库获得一个"入链"；出链，类同引文分析法的"引用文献"，是与入链相反的现象，是指从某个网页发出的链接，即如果有一个链接是从某个机构知识库网页发出的，则该网页及其机构知识库获得一个"出链"。

（2）依据网络链接范围，将链接划分为内链（internal link）、外链（external link）和自链（selflink）。② 内链，指来自内部的链接，即如果有两个网页之间存在链接关系，同时这两个网页归属于同一个机构知识库网站，则该机构知识库获得一个"内链"；外链，指来自外部的链接，即如果有一个链接指向某个机构知识库网站中的某个网页，且该链接的来源网页不属于该机构知识库，则该机构知识库获得一个"外链"。自链是网络链接的一种特殊现象，类同引文分析法的"自引"，指某个网页指向自身的链接，即如果有一个链接从某个机构知识库网页出发，并指向该网页，则该网页及其机构知识库获得一个"自链"。

基于上述网络链接的特性和机构知识库网站的特征，可以得知，机构知识库网页链接分析覆盖总链接数、外部链接数、内部链接数、网络影响因子、外部网络影响因子等方面。

2. 域名分析法

域名分析法，用于分析和统计某域名及其子域名下的资源数量、用户范围、访问情况和该域名的网络影响力等，其研究内容包括网络日志、网络流量、网络引文分析等。③ 域名是网上某机构的名称，即机构在网络中的数字化地址。为区别网络上各个用户及其使用的计算机和服务器，网络管理者给每一个与网络相连的登网设备分配了一个独有的地址，域名即为其中一套以字符为标识的地址系统。域名的唯一性和通用性特点使上网机构具备与现实相呼应的网上标识，从而能够便于被他人识别、查找、定位、应用及合作。

域名分析法应用于机构知识库评价，即以某一机构知识库域名为对象和范围的网页数量和网络流量研究，以此了解机构知识库网站容量及其资源应用情况、用户使用情况，作为评价机构知识库建设规模和用户认可程度的标准之一。评价内容主要包括机构知识库网页数量、总访问量、Web 下载量等。

---

① 参见张洋《网络信息计量学理论与实证研究》，科学出版社 2009 年版，第 93 页。
② 参见张洋《网络信息计量学理论与实证研究》，科学出版社 2009 年版，第 95 页。
③ 参见邱均平等《网络计量学》，科学出版社 2010 年版，第 213 页。

三、机构知识库评价指标体系构建

在专家调查基础上形成机构知识库评价指标体系，并运用层次分析法确定各项指标权重。

（一）机构知识库评价潜在指标收集

依据现有研究成果所涉及的机构知识库评价对象的不同，将机构知识库评价的潜在指标分为资源、元数据、系统软件与平台主页、网站及网络影响力、用户及存缴者、管理及政策六类。

（1）资源指标，是指与缴存资源数量、质量等相关的指标，包括总量、学术论文数量、预印本存储量、后印本存储量、自存储率、科研人员参与量、存储者信息、学科存储量、资源新颖性、资源更新速度、资源类型、全文存储率（或全文可用性、全文可获得性）、有效文献量、期刊收录数、全文准确性、学术创新性、学术影响力、回溯时间、学术可靠性、下载量、文献被引用率、转载量、推荐量、评论数等。

（2）元数据指标，即元数据质量评价指标，包括元数据完整性、唯一性、有效性、准确性、期望一致性、逻辑一致性等。

（3）系统软件与平台主页指标，是指与机构知识库系统与网站平台建设及性能等相关的指标，包括互操作性、集成性、支持搜索引擎、检索入口数、检索速度、系统访问速度、主页功能、多语言界面、界面友好型、界面外观、主页友好度、用户的认证与管理、处理多媒体文件的能力、本站指南、配备 FAQ 服务、Q&A 服务的响应速度、支持和帮助、导航功能、平台主页与主要机构知识库链接、增值服务数量、个性化服务项目数、服务易用性、服务有效性、服务可靠性等。

（4）网站及网络影响力指标，是指基于机构知识库网站衡量其影响力程度的有关指标，包括网页数量、访问量、开放获取知识库名录的收录数、机构知识库网站名称在搜索引擎中的收录数、网站可达性、链接时间、网络影响因子、外部链接数、链接效果、链接效率、网站 PR 值、SEO 分析等。

（5）用户及存缴者指标，是指与机构知识库用户与存缴者的资源缴存、使用态度等相关的指标，包括用户开放存取意识、科研人员对机构知识库的认识程度、科研人员对机构知识库的态度、用户对相关培训的满意度、用户对知识库系统的满意度、用户对知识库内容的满意度、存缴者对系统的满意度、机构知识库对用户的作用、粉丝数、标签数等。

（6）管理及政策指标，是指与机构知识库管理、使用等操作行为进行规范的有关指标，包括质量控制政策、推广宣传策略、系统管理政策、版权政策、激励政策、存储政策、知识产权政策、内容保护政策、保存策略、设备费用、系统软件费用、管理费用、职员教育与培训活动费用、经费预算、资助量、全职馆员数量、培训、与机构学术目标相一致、国家和跨国项目参加程度等。因此，共得到机构知识库评价潜在指标95个，见表8.2。

表8.2 机构知识库评价潜在指标

评价对象	评价指标	频度	评价对象	评价指标	频度
资源	总量	10	系统软件与平台主页	互操作性	8
	学术论文数量	1		集成性	2
	预印本存储量	1		检索入口数	1
	后印本存储量	1		检索速度	1
	学科存储量	2		支持搜索引擎	1
	科研人员参与量	1		系统访问速度	2
	自存储率	2		主页功能	1
	存储者信息	2		界面友好型	2
	资源新颖性	2		主页友好度	1
	资源更新速度	1		用户的认证与管理	1
	回溯时间	1		处理多媒体文件的能力	1
	资源类型	4		多语言界面	1
	全文存储率（全文可用性、全文可获得性）	9		本站指南	1
	有效文献量	1		配备FAQ服务	2
	期刊收录数	1		Q&A服务的响应速度	1
	全文准确性	1		支持和帮助	2
	学术创新性	1		导航功能	2
	学术影响力	1		平台主页与主要机构知识库链接	1
	学术可靠性	1		界面外观	3
	下载量	5		增值服务数量	1
	文献被引用率	2		个性化服务项目数	3
	转载量	1		服务有效性	1
	推荐量	1		服务可靠性	1
	评论数	1		服务易用性	1

续表 8.2

评价对象	评价指标	频度	评价对象	评价指标	频度
元数据	完整性	4	网站及网络影响力	网页数量	4
	准确性	3		访问量	3
	唯一性	1		外部链接数	4
	有效性	1		开放存取知识库名录的收录数	1
	期望一致性	1		机构知识库网站在搜索引擎中的收录数	2
	逻辑一致性	1		网站可达性	1
管理及政策	质量控制政策	2		链接时间	1
	推广宣传政策	5		链接效果	1
	版权政策	2		网站 PR 值	1
	激励政策	3		链接效率	1
	知识产权政策	1		网络影响因子	1
	内容保护政策	1		SEO 分析	1
	存储政策	2	用户及存缴者	用户开放存取意识	2
	系统管理政策	1		科研人员对机构知识库的认识程度	2
	保存策略	1		科研人员对机构知识库的态度	2
	设备费用	3		用户对相关培训的满意度	1
	系统软件费用	1		用户对机构知识库系统的满意度	1
	管理费用	1		用户对机构知识库内容的满意度	1
	职员教育与培训活动费用	1		存缴者对系统的满意度	2
	经费预算	3		机构知识库对用户的作用	1
	资助量	1		粉丝数	1
	全职馆员数量	2		标签数	1
	培训	2			
	与机构学术目标相一致	1			
	国家和跨国项目参加程度	1			

从表 8.2 中可以看出，机构知识库评价指标种类繁多，涉及多项定性及定量指标，其中，使用频度较高的指标包括资源数量及质量、元数据质量、系统互操作性、网页数量及网站链接数等，主要集中于机构知识库缴存资源和机构知识库网站两方面。根据系统性、代表性、科学性等体系构建原则，同时综合指标频度，选择资源数量、学科存储量、科研人员参与量、自存储率、资源新颖性、全文存储率、下载量、互操作性、界面友好型、网页数量、外部链接数、开放获取知识库名录的收录数等指标作为待选指标。

（二）机构知识库评价初始指标构建

通过分析社会网络分析法、文献计量学和网络计量学在机构知识库评价中的应用，可以构建包含信息容量、资源及作者属性、学术影响力、网络影响力、系统与平台性能、管理政策六个维度的机构知识库评价初始指标体系。该初始指标体系包括 6 个一级指标、31 个二级指标，见表 8.3，分述如下。

表 8.3　机构知识库评价初始指标体系

	一级指标	二级指标
机构知识库评价	信息容量	资源存储量/年
		论文存储量/年
		网页数量
	资源及作者属性	自存储率/年
		预印本存储量/年
		学科存储率
		资源语种广度
		资源类型广度
		全文存储率
		资源更新频率
		国家项目申请量
		跨机构科研人员参与率
	学术影响力	期刊收录数/年
		平均被引率/年
		开放存取知识库名录收录数

续表 8.3

一级指标		二级指标
机构知识库评价	网络影响力	总访问量/年
		Web 下载量/年
		总链接数
		外部链接数
		内部链接数
		网络影响因子
		外部网络影响因子
		点度中心度
		中间中心度
	系统与平台性能	互操作性
		检索入口数
		检索结果显示
		多语言界面
	管理政策	版权声明
		存储声明
		质量控制声明

1. 信息容量指标

信息容量即机构知识库中各种资源形式所包含的学术信息量，如论文、图书、报告、工作总结、专利、软件、多媒体等。涵盖如下 3 个二级指标：

（1）资源存储量。它是指某一机构知识库存储的资源总量（"资源"指保存在机构知识库内的包括期刊论文、学位论文、会议论文、工作报告、多媒体在内的多种类型的信息形式。下同）。该指标来源于文献计量学的缴存资源数量统计，同时参考现有评价指标，可反映机构知识库的学术容量及潜在学术交流能力。尽管缴存资源质量是评判机构知识库存缴工作的重要指标，但资源数量对机构知识库进一步扩大开放存取规模依然重要。①

（2）论文存储量。该指标来源于文献计量学的缴存资源数量统计，同时参考现有评价指标，指某一机构知识库存储的论文总量（论文指保存在

---

① McDowell C. Evaluating institutional repository deployment in American academe since early 2005: Repositories by the numbers, part 2[J/OL]. [2016-05-01]. http://www.dlib.org/dlib/september05/westrienen/09westrienen.html?

机构知识库内的包括期刊论文、学位论文、会议论文在内的以论文格式表现的资源形式）。不同于机构知识库中其他形式的资源，论文具有学术研究严谨、学术写作规范和创新性等特点，作为机构知识库中重要的一项资源，论文一定程度上代表了该机构知识库的高质量学术成果。

（3）网页数量。该指标来源于网络计量学的域名分析法，同时参考现有评价指标，指某一机构知识库所拥有的网页总量，测量方式为从 Google、Yahoo、Live Search（BING）、Exalead、百度搜索引擎中检索到的用于评价的机构知识库的网页数量，并取其最大值。该指标可反映机构知识库的网站规模，同时，机构知识库网页被搜索引擎收录的数量越多，用户在网络中检出并访问该机构知识库的可能性就会越大。[①]

2. 资源及作者属性指标

资源及作者属性即机构知识库中资源及其著者性质，如资源存储方式、论文版本、资源所属学科、资源语言种类、资源类型等。涵盖如下 9 个二级指标：

（1）自存储率。该指标来源于文献计量学的缴存资源数量统计，同时参考现有评价指标，指作者通过"自存档"形式，即自主自行将其研究成果存入某一机构知识库的次数与经由各种形式存缴学术成果的次数之比。自存储是机构知识库积聚学术成果的重要途径，其建设效果是机构知识库资源容量的核心评价指标。[②] 自存储率越高，表示科研人员对机构知识库的支持度和参与度越高，机构知识库越具有可持续发展的科研学者基础和资源支撑。

（2）预印本存储量/年。该指标来源于文献计量学的缴存资源数量统计，同时参考现有评价指标，指某一机构知识库在当年存储的预印本总量。预印本指的是科研工作者的研究成果在正式出版物上发表之前发布的科研论文、科技报告等学术文献。预印本虽是学术研究的早期形态，但却处于个人学术交流的开端阶段，可以加快同他人学术交流进程，因此可用来评估机构知识库的资源新颖性。

（3）学科存储率。该指标来源于文献计量学的缴存资源特征统计，同时改良于现有评价指标，指某一机构知识库内缴存资源所类属的学科量与该机构所拥有的学科量之比。该项指标衡量的是机构知识库内缴存资源的学术覆盖范围，学科存储率越高，表明该机构有更多的学科将其学术成果存储至

---

① 参见陈铭、叶继元《基于"全评价"分析框架的开放存取仓储评价体系研究》，载《图书馆论坛》2014 年第 8 期，第 40 - 47 页。

② 参见李欣荣《机构典藏库自存储率分析》，载《情报科学》2011 年第 1 期，第 55 - 57 页。

机构知识库中,当学科存储率趋近于1,表示机构知识库建设已逐渐涵盖整个机构的学科建设,体现出机构整体学术发展规模。

(4) 资源语种广度。该指标来源于文献计量学的缴存资源特征统计,为机构知识库评价新型指标,指某一机构知识库内缴存资源所含语种量。该项指标表示机构知识库跨地域的学术研究能力及国际化发展水平。

(5) 资源类型广度。该指标来源于文献计量学的缴存资源特征统计,同时参考现有评价指标,指某一机构知识库缴存资源类型数量,如期刊论文、学位论文、会议和工作文件、未出版的报告和工作文件、图书及章节、多媒体和试听资料、学习项目、书目参考、数据集、专利、软件等。资源类型可用来反映机构知识库的资源多样性,资源类型越丰富,越能满足用户的各项研究需求。

(6) 全文存储率。该指标来源于文献计量学的缴存资源数量统计,同时参考现有评价指标,指某一机构知识库中提供原文查看或下载的资源量与总资源量之比。全文存储率是机构知识库体现开放获取理念的重要形式,是衡量机构知识库是否作为成功学术交流工具的重要指标。[①]

(7) 资源更新频率。该指标来源于文献计量学的缴存资源特征统计,同时改良于现有评价指标,指某一机构知识库在当月的缴存资源总量。机构知识库资源更新的及时性可以决定机构知识库资源积累的持续性[②],反映其缴存资源的能力,同时也可根据更新频率高低判断该机构知识库的活跃程度。

(8) 国家项目申请量。该指标改良于现有评价指标,指某一机构知识库缴存资源参与国家级项目的数量,包括自然科学和人文社科的国家级重大项目、国家级重点项目、国家级一般项目。国家级别项目申请可反映缴存资源质量及学术影响力,该项指标代表机构知识库发展程度及其在学术交流领域的重要程度。

(9) 跨机构科研人员参与率。该指标为创新自设指标,为机构知识库评价新型指标,指某一机构知识库内缴存资源的非该机构作者人数与缴存资源的作者人数之比。该项指标体现的是机构知识库对外学术合作及交流情况,同时反映该机构知识库的科研建设程度。

3. 学术影响力指标

学术影响力即机构知识库及其资源在其研究领域的学术影响范围和程

[①] Cassella M. "Institutional repositories: an internal and external perspective on the value of IRs for researchers' communities". *Liber Quarterly*, 2010, 20 (2): 210-225.

[②] 参见万文娟、吴高《我国机构知识库内容建设问题与策略分析》,载《图书馆》2013年第1期,第110-113页。

度,如收录数、被引量等。涵盖如下3个二级指标:

(1) 期刊收录数/年。该指标来源于文献计量学的缴存资源收录量,同时改良于现有评价指标,指当年存储在某一机构知识库中已被期刊收录的论文量。该项指标表示该机构知识库中缴存论文的权威度及机构知识库的学术发展成熟度。

(2) 平均被引率/年。该指标来源于文献计量学的引文分析,同时改良于现有评价指标,指当年内存储在某一机构知识库中论文的平均被引率。该项指标体现机构知识库的资源影响力,被引率越高,表示机构知识库拥有越高的资源影响力。

(3) 开放存取知识库名录收录数。该指标来源于现有评价指标,指某一机构知识库被"开放获取知识库名录"(OpenDOAR)、"开放获取知识库登记"(ROAR)等主要知识库名录的收录量。被知识库名录收录可以提高该机构知识库的"能见度",在世界范围内扩大其影响力。

4. 网络影响力指标

网络影响力即机构知识库网站在网络环境下的影响程度及所处位置,如访问量、下载量、链接数、网络影响因子、中心度等。涵盖如下9个二级指标:

(1) 总访问量/年。该指标来源于网络计量学的链接分析法,同时改良于现有评价指标,指某一机构知识库网站在当年的页面浏览量。访问量有独立 IP 访问量和总访问量两种计量方式,相较前者,后者更能准确统计出网站被访问的次数,因此采用总访问量为评价标准。测量方式为直接计量指定一年内机构知识库网站资源被访问的次数。该指标通过网络流量的方式描述用户对机构知识库的使用情况,反映机构知识库对用户的吸引力及被关注程度。

(2) Web 下载量/年。该指标来源于网络计量学的链接分析法,同时改良于现有评价指标,指某一机构知识库网站在当年资源被下载的次数,下载数量越多说明该机构知识库资源越受到用户的认可。该指标可以用来衡量缴存资源在用户群体中的扩散速度及用户使用程度。

(3) 总链接数。该指标来源于网络计量学的链接分析法,同时改良于现有评价指标,指与某一机构知识库网站存在链接的网页总数。总链接数包括来自网站外部的链接和来自网站内部指向自身的链接。网站中的链接数量越多,说明信息揭示程度就越高,组织体系越完备。[①] 该项指标体现了某一

[①] 参见邱均平、陈敬全《网络信息计量学及其应用研究》,载《情报理论与实践》2001年第3期,第161-163页。

机构知识库网站在网络中的影响力和网络辐射力。①

（4）外部链接数。该指标来源于网络计量学的链接分析法，同时参考现有评价指标，本文主要指链接到某一机构知识库网站的该网站范围之外的网页数，即外部链接数＝总入链数－内部链接数。网站的外部链接类同引文分析中文献之间的引证关系，可作为网页之间的一种推荐形式，代表链接网页对被链接网站的肯定，网站被链接的次数越多，代表被认可的程度越高②③，用于衡量机构知识库网站的开放度和影响力。由于外部链接数剔除了指向自身网站的结构性链接即内部链接，因此可以更加客观地评价某一机构知识库网站的利用情况。

（5）内部链接数。该指标来源于网络计量学的链接分析法，为机构知识库评价新型指标，指与某一机构知识库网站存在链接的该网站范围之内的网页数。内部链接即从某网站内部指向该网站的链接，即这些链接的来源为该网站范围内的网页，属于"自链接"。内部链接数是网站自身内部链接情况的指标，可反映机构知识库网站中各网页之间结构的完备性。④

（6）网络影响因子。该指标来源于网络计量学的链接分析法，同时参考现有评价指标，指某一机构知识库网站被该网站范围内外链接的网页数与该网站的所有网页数之比，即某一机构知识库网站的总入链数/该机构知识库网站的总网页数。假设某一时刻链接到某一网站的网页数为 n，而这一网站范围内的网页数为 m，那么其网络影响因子可以表示为 $WIF = n/m$。⑤ 网络影响因子衡量的是平均每个网页被利用的次数，它尽可能消除因网站规模不同而造成的影响力评估误差。⑥ 因此，网络影响因子是评价网站影响力大小的重要指标。

（7）外部网络影响因子。该指标来源于网络计量学的链接分析法，为机构知识库评价新型指标，是指向某一机构知识库网站的该网站范围之外的网页数与该网站的所有网页数之比，即某一机构知识库网站的外链数/该机

---

① 参见刘文云、翟羽佳、王文颖《基于链接分析法的高校图书馆网站影响力评价研究》，载《情报科学》2013 年第 6 期，第 99－106 页。

② 参见程慧平《链接分析指标在大学网站排名评价中的有效性分析》，载《信息资源管理学报》2012 年第 3 期，第 46－51 页。

③ 参见邱均平等《网络计量学》，科学出版社 2010 年版，第 184 页。

④ 参见徐芳《基于链接分析法的我国省级教育信息网站影响力评价研究》，载《现代情报》2012 年第 9 期，第 168－171 页。

⑤ Ingwersen P. "The calculation of web impact factors". *Journal of Documentation*, 1998, 54 (2): 236－243.

⑥ 参见段宇锋《网站特征的定量研究（Ⅱ）——大学网站影响力探讨》，载《情报理论与实践》2005 年第 2 期，第 191－194 页。

构知识库网站的总网页数，反映该机构知识库网站内网页被外部链接的总平均水平。外部网络影响因子是在网络影响因子基础上发展而来，其与内部网络影响因子共同构成网络影响因子，但相较后者，前者去除了对于网站逻辑结构的分析而更倾向于对目标网页内容认可的分析，因此更适用于网站评价。该项指标可用于反映机构知识库网站的质量和建设水平。

（8）点度中心度。该指标来源于社会网络分析，为机构知识库评价新型指标，指在机构知识库网站互链网络中，与该某一机构知识库网站有链接关系的其他机构知识库网站的数目，表示该机构知识库在该网络中的重要程度。如果该机构知识库网站与较多的其他网站存在链接关系，则代表该机构知识库与网络中的其他机构知识库的关系较为密切，其具有较高的点度中心度，处于这个网络的中心位置，拥有较大的权力。

（9）中间中心度。该指标来源于社会网络分析，为机构知识库评价新型指标，指在机构知识库网站互链网络中，该机构知识库网站处于网络中其他网站之间链接的最短途径上的概率，表示该机构知识库对该网络中资源控制的程度。如果某一机构知识库的中间中心度较高，说明该机构知识库对信息流的控制力较强，能够通过控制信息的传递而影响学术研究的发展，同时也说明其他机构知识库之间发生关联往往需要该机构知识库作为桥梁。

5. 系统与平台性能指标

系统与平台性能即机构知识库网站实现其功能和便于用户使用的程度，如系统结构、检索功能、界面设置等。涵盖如下 4 个二级指标：

（1）互操作性。该指标参考于现有评价指标，指的是某一机构知识库是否应用 OAI，支持第三方共享信息和互通性检索，即允许对该机构知识库进行学术资源诠释和检索。互操作性指标表示机构知识库建设单位（如学校、科研机构等）学术信息的开放程度、共享范围以及对学术发展的促进能力。

（2）检索入口数。该指标改良于现有评价指标，指某一机构知识库是否提供依据时间、著者、学科领域、主题、全文、摘要、关键词、篇名等检索的多种途径以及截词检索、布尔逻辑检索、字段检索、位置检索等检索方式。多途径检索入口可以有效帮助用户找到所需资源，提高查找效率，增强该机构知识库的可用性。

（3）检索结果显示。该指标改良于现有评价指标，指某一机构知识库站内检索结果是否提供按相关性、时间、标题、著者、使用情况排序等多种显示方式，便于用户索取具有不同倾向性的目标文献。该项是用于评估机构知识库检索效率的指标之一。

（4）多语言界面。该指标参考于现有评价指标，指的是某一机构知识库网站是否提供多种语言转换。多语种选择可以提高机构知识库在特定国家或地区的知名度,吸引更多的用户,保证该库资源利用的最大化。①

6. 管理政策指标

管理政策即机构知识库为保护缴存资源的知识产权和规范知识库内各项活动而采取的具体措施,如版权声明、资源保存政策、资源使用政策等。涵盖如下 3 个二级指标:

(1)版权声明。该指标参考于现有评价指标,指某一机构知识库是否拥有版权相关政策,如缴存作品的版权归属、用户使用权限和义务等规定,可以使用户明确在使用机构知识库资源时享有的权利范围与需要履行的具体义务。②

(2)存储声明。该指标参考于现有评价指标,指某一机构知识库是否拥有资源保存相关规定,如缴存作品保存期限、功能性保存、删除、版本控制等规定。③ 存储声明规范机构知识库内缴存资源的储存管理,为资源利用提供保证。

(3)质量控制声明。该指标参考于现有评价指标,指某一机构知识库拥有资源质量控制相关规定,如学术内容、元数据质量要求。对机构知识库缴存资源进行质量控制,可以提高资源质量,促进机构知识库可持续发展。

(三)基于德尔菲法的机构知识库评价指标体系的确立

这里运用德尔菲法来衡量机构知识库评价指标的重要性程度并据此筛选各项指标,剔除相对不重要的指标,最终形成机构知识库评价指标体系。两轮专家咨询均采用电子邮件方式进行。第一轮调查就机构知识库评价初始指标体系对专家进行调查,根据各项指标的专家评分统计结果以及专家的反馈意见,对初始指标体系进行修正;第二轮调查就修正后的指标体系再次对专家进行调查,根据各项指标的专家评分统计结果进行指标筛选,得到较为完善的机构知识库评价指标体系。在对两轮专家意见整理过程中,采用重要性均值、满分频率、变异系数对各项指标评分进行统计,具体计算方法及说明如下:

(1)重要性均值。重要性均值指专家对某一指标的重要性认定程度,

---

① Ahmed A, Alreyaee S, Rahman A. "Theses and dissertations in institutional repositories: an Asian perspective". *New Library World*, 2014 (9/10): 438-451.

② 参见苑世芬《我国 IR 存取模式及其版权政策体系之完善》,载《图书情报工作》2013 年第 8 期,第 27-34 页。

③ OpenDOAR. Directory of Open Access Repositories. Policies Covered[EB/OL]. [2016-05-01]. http://www.opendoar.org/tools/en/policies.php.

为反映指标重要性程度的分析方法之一。重要性均值越大，表示该指标的相对重要性越高；反之，则重要性越小。计算公式为：

$$C_i = \frac{1}{m_i}\sum_{j=1}^{m_i} b_{ij} \qquad (8-3)$$

式中，C_i 为第 i 个指标的重要性均值；m_i 为第 i 个指标的专家评分人数；b_{ij} 为第 j 个专家对第 i 个指标的评分值。

（2）满分频率。满分频率指对某一指标打满分的专家人数占比，为反映该指标重要性程度的分析方法之一。满分频率越大，表示该指标的相对重要性越大；反之，则重要性越小。计算公式为：

$$k_i = \frac{m'_i}{m_i} \qquad (8-4)$$

式中，k_i 为第 i 个指标的满分频率；m_i 为第 i 个指标的专家评分人数；m'_i 为对第 i 个指标给出满分的专家人数。

（3）变异系数。变异系数指专家对某一指标重要性的评估分歧度，为反映专家意见离散程度的分析方法之一。变异系数越小，代表专家对某一指标协调程度越高；反之，则协调程度就越低。计算公式为：

$$V_i = \frac{D_i}{C_i} \qquad (8-5)$$

式中，V_i 为第 i 个指标的变异系数；D_i 为第 i 个指标的标准差；C_i 为第 i 个指标的重要性均值，其中，

$$D_i = \sqrt{\frac{1}{m_i-1}\sum_{j=1}^{m_i}(b_{ij}-C_i)^2}$$

，式中，m_i、b_{ij} 所代表含义同上。

1. 第一轮专家咨询

第一轮机构知识库评价指标专家咨询以机构知识库评价初始指标体系为基础，问卷（见附录 G）主体部分采用李克特五分量表模式，专家对每一项指标的相对重要性进行评分，分别按照"非常重要、比较重要、一般重要、不重要、完全不必要"五个等级，赋值 5、4、3、2、1 分。该轮调查得到来自中国科学院、北京大学、南京大学、武汉大学、上海交通大学、河北大学、郑州大学、华南师范大学、重庆医科大学、北京大学图书馆、同济大学图书馆、上海大学图书馆、北京师范大学图书馆、浙江大学宁波理工学院图书馆的 18 位教师和图书馆员的支持，共历时 1 个月，回收 18 份问卷，有效问卷 13 份。对有效问卷中各项指标分别进行重要性均值、满分频率、变异系数统计分析，分析结果见表 8.4。

表8.4　二级指标专家评分统计（第一轮）

一级指标	二级指标	第一轮指标数据统计		
		重要性均值	满分频率	变异系数
信息容量	资源存储量/年	4.769	0.77	0.0920
	论文存储量/年	4.538	0.62	0.1455
	网页数量	3.538	0.00	0.1467
资源及作者属性	自存储率/年	4.308	0.54	0.2199
	预印本存储量/年	4.231	0.31	0.1416
	学科存储率	4.462	0.46	0.1163
	资源语种广度	3.462	0.00	0.1499
	资源类型广度	3.923	0.15	0.1633
	全文存储率	4.923	0.92	0.0563
	资源更新频率	4.615	0.62	0.1097
	国家项目申请量	3.615	0.15	0.2888
	跨机构科研人员参与率	3.154	0.08	0.3387
学术影响力	期刊收录数/年	4.154	0.31	0.1658
	平均被引率/年	4.231	0.46	0.1967
	开放存取知识库名录收录数	3.923	0.08	0.1258
网络影响力	总访问量/年	4.538	0.54	0.1143
	Web下载量/年	4.385	0.38	0.1155
	总链接数	3.923	0.08	0.1258
	外部链接数	4.077	0.23	0.1571
	内部链接数	3.846	0.08	0.1791
	网络影响因子	3.923	0.23	0.1936
	外部网络影响因子	3.769	0.15	0.1924
	点度中心度	3.769	0.08	0.1924
	中间中心度	3.692	0.08	0.2034
系统与平台性能	互操作性	4.769	0.77	0.0920
	检索入口数	4.308	0.54	0.1984
	检索结果显示	4.462	0.62	0.1740
	多语言界面	3.692	0.00	0.1301
管理政策	版权声明	4.538	0.62	0.1455
	存储声明	4.385	0.54	0.1751
	质量控制声明	4.462	0.54	0.1480

指标重要性均值大于3，表示该项指标重要性程度较高，可以予以保留；指标变异系数大于0.25，则说明专家对于该项指标的认同度存在较大差异，需要重新咨询，使专家意见趋于统一。根据对第一轮专家评分的统计分析，二级指标重要性均值均符合要求，因此保留全部二级指标，但二级指标"国家项目申请量""跨机构科研人员参与率"的变异系数大于0.25，因此需要专家再次进行指标重要性评分。

根据该轮得到的专家意见对机构知识库评价初始指标体系进行了修正，具体改动如下：

（1）新增二级指标"资源存储产出率/年""元数据质量""使用政策"。其中，"资源存储产出率/年"是指机构知识库中资源的年度存储量与机构资源的产出量的比率，"元数据质量"是指元数据的完整性、准确性、一致性，"使用政策"是指某一机构知识库是否拥有元数据、全文文档及其数据的使用规定。

（2）重新释义二级指标"资源存储量""自存储率""资源更新频率""存储声明"。对于"资源存储量"，把"资源"定义为保存在机构知识库内的包括期刊论文、学位论文、图书、未出版报告、工作总结、会议及研讨会论文、多媒体和视听资料、专利、软件以及其他有学术价值的各种类型的资源形式。把"自存储率"定义为通过作者自主存储或由图书馆员及其他工作人员在获得作者许可后代为将学术成果存入某一机构知识库的资源数量与经由各种形式存缴学术成果的资源数量之比。把"资源更新频率"定义为某一机构知识库资源的年均增长率。如果某一机构知识库在第 i 年的资源总量为 S_i，经过 n 年后在第 j 年资源总量增长为 S_j，则该机构知识库每年的资源平均增长率即资源更新频率为 $m = \sqrt[n]{S_j/S_i} - 1$。把"存储声明"修订为"保存政策"和"使用政策"。

2. 第二轮专家咨询

根据第一轮专家咨询意见统计，第二轮专家咨询保留全部初始指标，新增"资源存储产出率/年""元数据质量""使用政策"3个二级指标，修改"资源存储量""自存储率""资源更新频率""保存政策"4个二级指标含义，由此形成6个一级指标和34个二级指标，问卷（见附录H）主体部分采用0～9重要性标度，标度大小与指标重要性程度成正比，专家分别对各项指标进行重要性评分。该轮专家咨询历时1个月，共回收12份问卷，问卷统计分析结果见表8.5和表8.6。

表 8.5　一级指标专家评分统计（第二轮）

一级指标	第二轮数据统计				
	最小分值	最大分值	重要性均值	满分频率	变异系数
信息容量	5	9	7.92	0.333	0.1470
资源及作者属性	4	9	6.50	0.083	0.2410
学术影响力	5	9	7.00	0.166	0.1827
网络影响力	5	9	6.58	0.083	0.1993
系统与平台性能	6	9	7.75	0.250	0.1246
管理政策	5	9	7.17	0.250	0.1865

表 8.6　二级指标专家评分统计（第二轮）

一级指标	二级指标	第二轮数据统计				
		最小分值	最大分值	重要性均值	满分频率	变异系数
信息容量	资源存储量/年	5	9	7.58	0.250	0.1635
	论文存储量/年	4	9	6.83	0.166	0.2403
	网页数量	2	8	4.83	0.000	0.4027
	资源存储产出率/年	4	8	6.42	0.000	0.2249
资源及作者属性	自存储率/年	4	9	7.00	0.166	0.2359
	预印本存储量/年	3	8	6.25	0.000	0.2471
	学科存储率	5	8	6.92	0.000	0.1683
	资源语种广度	3	8	5.58	0.000	0.2695
	资源类型广度	3	8	6.00	0.000	0.2842
	全文存储率	5	9	8.00	0.416	0.1507
	资源更新频率	5	9	7.75	0.250	0.1568
	国家项目申请量	3	7	5.17	0.000	0.3284
	元数据质量	5	9	7.42	0.333	0.2029
	跨机构科研人员参与率	2	7	4.833	0.000	0.3726
学术影响力	期刊收录数/年	4	9	6.58	0.083	0.2463
	平均被引率/年	4	9	6.17	0.083	0.2477
	开放存取知识库名录收录数	3	8	5.50	0.000	0.3243

续表 8.6

一级指标	二级指标	第二轮数据统计				
		最小分值	最大分值	重要性均值	满分频率	变异系数
网络影响力	总访问量/年	3	9	6.75	0.083	0.2614
	Web 下载量/年	3	9	6.50	0.083	0.2410
	总链接数	3	8	5.50	0.000	0.2512
	外部链接数	3	8	5.58	0.000	0.2585
	内部链接数	3	9	5.42	0.083	0.3382
	网络影响因子	4	9	6.08	0.083	0.2373
	外部网络影响因子	4	8	5.83	0.000	0.2514
	点度中心度	3	9	5.17	0.083	0.3179
	中间中心度	3	9	5.00	0.083	0.3516
系统与平台性能	互操作性	6	9	7.75	0.333	0.1468
	检索入口数	3	9	7.00	0.166	0.2279
	检索结果显示	4	9	7.08	0.166	0.2038
	多语言界面	4	8	5.75	0.000	0.2473
管理政策	版权声明	3	9	7.00	0.416	0.3106
	质量控制声明	3	9	6.58	0.250	0.3203
	保存政策	5	9	7.33	0.250	0.1957
	使用政策	6	9	7.75	0.250	0.1361

指标重要性均值大于 5，表示该项指标具有较高的重要性，可以应用于机构知识库评价；满分频率大于 0，表示该项指标被专家高度认同，认为是该机构知识库评价指标体系中不可或缺的部分；变异系数小于 0.25，表示专家对该项指标意见变动不大，专家协调程度较高。因此，保留"重要性均值大于 5"且"满分频率大于 0"且"变异系数小于 0.25"的指标，共剔除"网页数量""国家项目申请量""跨机构科研人员参与率""开放存取知识库名录收录数"和"总链接数"5 个二级指标，最终形成的机构知识库评价指标体系包括 6 个一级指标和 29 个二级指标。

3. 评价指标体系的确定

经过两轮专家咨询，对机构知识库评价初始指标体系进行修正、修改、删除以及补充了部分指标，在对各项指标进行排序后，可建立机构知识库评价指标体系，如图 8.1 所示。

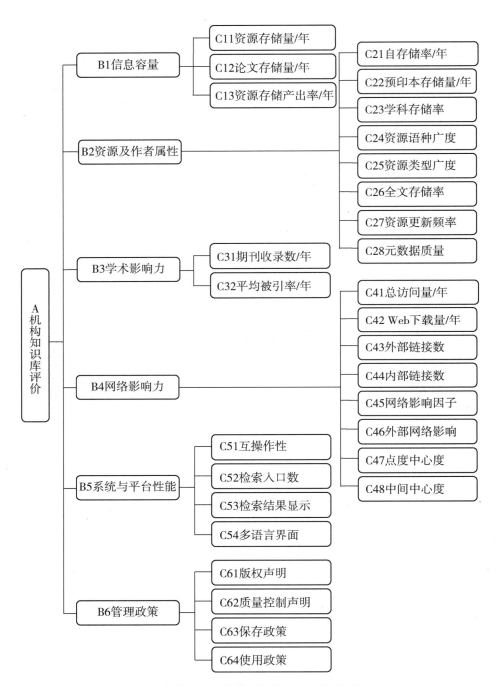

图 8.1 机构知识库评价指标体系（无权重系数）

4. 基于层次分析法的指标权重确立

依据层次分析法阶层模型构建机构知识库评价指标体系，利用第二轮专家咨询得到的指标重要性分值确定该体系中各指标的权重。计算过程如下：

（1）确定递阶层次模型。机构知识库评价指标体系为两级递阶层次结构，即目标层为机构知识库评价，准则层为6个一级指标，方案层为由各一级指标进一步划分而成的29个二级指标，并且方案层共分为6个指标集合。为了求出最低层次指标相对于最高层，即机构知识库评价的相对重要性权值，采用逐层计算的方法，由最高层开始，依次沿递阶层次结构从上至下逐层计算。

（2）构建判断矩阵。层次分析法确定指标权重的思想，实际上是以各指标间的"相对重要性"为依据。基于指标数量和专家咨询可行性分析，运用改良的层次分析法确定各项指标权重，使用0~9比例标度法对各项指标独立评分。由于邀请多位专家参与指标体系的群组决策，因此需通过一定方法将各位专家的判断信息合成，才能得到指标最终的排序权重。本文认为各位专家拥有相同的重要性，其指标评分具有相同的可信度和真实性，即每位专家具有相等的权重。由于重要性均值即为各专家判断信息的平均值，因此指标的重要性均值代表该指标已集成的重要性分值。假设指标重要性基础分为1，若两两指标评分相差1，则该两两指标相对重要性相差0.3。构建指标间相对重要性计算公式为：

$$C_{ij} = (C_i - C_j) \times 10 \times 0.3 + 1, C_{ij} \geqslant 1 \text{ 且 } C_{ji} = 1/C_{ij}, \quad (8-6)$$

式中，C_i 和 C_j 分别代表指标 i 和指标 j 的重要性分值，C_{ij} 代表指标 i 和指标 j 之间的相对重要值。依据该公式可以逐层逐项进行指标之间相较上一层次指标的相对重要性的比较，即建立指标两两判断矩阵。

（3）层次单排序。在两两判断矩阵条件下，确定对于上一层次某指标而言，本层次与其有联系的指标重要性次序的权重值，即单排序权值。本文利用方根法计算判断矩阵的特征向量。具体计算步骤如下：

1）计算判断矩阵每一行指标的乘积 M_i，即

$$M_i = \prod_{j=1}^{n} C_{ij} \quad i = 1, 2, \cdots, n \quad (8-7)$$

式中，C_{ij} 代表指标 i 和指标 j 之间的相对重要值。

2）计算 M_i 的 n 次方根 $\overline{W_i}$，即

$$\overline{W_i} = \sqrt[n]{M_i} \quad (8-8)$$

式中，n 为判断矩阵的阶数。

3）对向量 $\overline{W}=[\overline{W_1}, \overline{W_2}, \cdots, \overline{W_n}]^T$ 归一化处理，即

$$W_i = \frac{\overline{W_i}}{\sum_{j=1}^{n} \overline{W_j}} \quad (8-9)$$

则 $W=[W_1, W_2, \cdots, W_n]^T$ 即为所求的特征向量，即各判断矩阵中指标相对权重。

（4）一致性检验。由各层次指标的特征向量检验判断矩阵的一致性，用于评定各位专家对同一层次指标相对重要程度意见的准确性，即该判断矩阵构建是否合理，具体计算步骤如下：

1）计算判断矩阵的最大特征根 λ_{max}，即

$$\lambda_{max} = \sum_{i=1}^{n} \frac{(AW)_i}{nW_i} \quad (8-10)$$

式中，$(AW)_i$ 代表向量 AW 的第 i 个指标。

2）计算判断矩阵偏离一致性 CI，即

$$CI = \frac{\lambda_{max} - n}{n-1} \quad (8-11)$$

3）计算判断矩阵的随机一致性比率 CR，即

$$CR = \frac{CI}{RI} \quad (8-12)$$

式中，RI 为同阶平均随机一致性指标（见表8.7），当随机一致性比率 $CR = 0.00$，认为该判断矩阵具有完全一致性。$CR < 0.10$，则该判断矩阵具有满意的一致性；反之，则该判断矩阵不具有一致性，需要调整判断矩阵，使之达到一致性的要求。

表8.7 1-9阶平均随机一致性指标

1	2	3	4	5	6	7	8	9
0.00	0.00	0.58	0.90	1.12	1.24	1.32	1.41	1.45

（5）层次总排序。依据各判断矩阵指标权重值，从系统最上层起，将某一层指标的特征向量和与其对应的下一层指标的特征向量进行结合，自上而下逐层求解各层指标关于系统总体的组合权重 W'，进行总排序，即：

$$W' = \sum_{j=1}^{m} W_{bj} \cdot W_{ci}^{j} \quad (8-13)$$

式中，W_{bj} 代表由上一层次指标 B_1，B_2，B_3，$\cdots$，B_n 分别得到的权重值 W_{b1}，W_{b2}，W_{b3}，$\cdots$，W_{bn}，W_{ci}^j 代表与 B_j 对应的本层次指标 C_1，C_2，C_3，$\cdots$，C_m 分别得到的特征向量 W_{c1}^j，W_{c2}^j，W_{c3}^j，$\cdots$，W_{cm}^j。

（6）建立判断矩阵与权重确定。根据前文所述的指标相对重要性的计算公式，构建机构知识库评价的各判断矩阵，分别计算各指标对应的特征向量和各判断矩阵的最大特征根，同时对各矩阵进行一致性检验，结果见表 8.8、表 8.9、表 8.10、表 8.11、表 8.12、表 8.13、表 8.14。

表 8.8 判断矩阵（A–B1）

A 总体评价	B1	B2	B3	B4	B5	B6	权重 W
\multicolumn{8}{	c	}{机构知识库评价一级指标判断矩阵（A 总体评价）}
B1	1	5.26	3.76	5.02	1.51	3.25	0.3605
B2	0.1901	1	0.4	0.8065	0.2105	0.3322	0.0518
B3	0.266	2.5	1	2.26	0.3077	0.6623	0.1055
B4	0.1992	1.24	0.4425	1	0.2217	0.361	0.0583
B5	0.6623	4.75	3.25	4.51	1	2.74	0.2878
B6	0.3077	3.01	1.51	2.77	0.365	1	0.1361

$\lambda_{\max} = 6.0855 \quad CI = 0.0171 \quad CR = 0.0138$

表 8.9 判断矩阵（B1–C11）

B1 信息容量	C11	C12	C13	权重 W
\multicolumn{5}{	c	}{机构知识库评价二级指标判断矩阵（B1 信息容量）}
C11	1	3.25	4.48	0.6446
C12	0.3077	1	2.23	0.2328
C13	0.2232	0.4484	1	0.1226

$\lambda_{\max} = 3.0257 \quad CI = 0.0129 \quad CR = 0.0222$

表8.10 判断矩阵（B2-C21）

机构知识库评价二级指标判断矩阵（B2 资源及作者属性）									
B2 资源及作者属性	C21	C22	C23	C24	C25	C26	C27	C28	权重W
C21	1	3.25	1.24	5.26	4	0.25	0.3077	0.4425	0.0989
C22	0.3077	1	0.3322	3.01	1.75	0.16	0.1808	0.2217	0.0427
C23	0.8065	3.01	1	5.02	3.76	0.2358	0.2865	0.4	0.0890
C24	0.1901	0.3322	0.1992	1	0.4425	0.1211	0.1332	0.1534	0.0214
C25	0.25	0.5714	0.266	2.26	1	0.1429	0.16	0.1901	0.0323
C26	4	6.25	4.24	8.26	7	1	1.75	2.74	0.3135
C27	3.25	5.5	3.49	7.51	6.25	0.5714	1	1.99	0.2388
C28	2.26	4.51	2.5	6.52	5.26	0.365	0.5025	1	0.1634
$\lambda_{max} = 8.2886 \quad CI = 0.0412 \quad CR = 0.0292$									

表8.11 判断矩阵（B3-C31）

机构知识库评价二级指标判断矩阵（B3 学术影响力）			
B3 学术影响力	C31	C32	权重W
C31	1	2.23	0.6904
C32	0.4484	1	0.3096
2 阶矩阵具有完全一致性①			

表8.12 判断矩阵（B4-C41）

机构知识库评价二级指标判断矩阵（B4 网络影响力）									
B4 网络影响力	C41	C42	C43	C44	C45	C46	C47	C48	权重W
C41	1	1.75	4.51	4.99	3.01	3.76	5.74	6.25	0.3143
C42	0.5714	1	3.76	4.24	2.26	3.01	4.99	5.5	0.2375
C43	0.2217	0.266	1	1.48	0.4	0.5714	2.23	2.74	0.0720

---

① 参见杜栋、庞庆华、吴炎《现代综合评价方法及案例精选》，清华大学出版社2008年版，第17页。

续表 8.12

机构知识库评价二级指标判断矩阵（B4 网络影响力）									
C44	0.2004	0.2358	0.6757	1	0.3356	0.4484	1.75	2.26	0.0571
C45	0.3322	0.4425	2.5	2.98	1	1.75	3.73	4.24	0.1436
C46	0.266	0.3322	1.75	2.23	0.5714	1	2.98	3.49	0.1025
C47	0.1742	0.2004	0.4484	0.5714	0.2681	0.3356	1	1.51	0.0405
C48	0.16	0.1818	0.365	0.4425	0.2358	0.2865	0.6623	1	0.0325
$\lambda_{max} = 8.1795 \quad CI = 0.0256 \quad CR = 0.0182$									

表 8.13 判断矩阵（B5–C51）

机构知识库评价二级指标判断矩阵（B4 网络影响力）					
B5 系统与平台性能	C51	C52	C53	C54	权重 W
C51	1	3.25	3.01	7	0.5332
C52	0.3077	1	0.8065	4.75	0.1932
C53	0.3322	1.24	1	4.99	0.2220
C54	0.1429	0.2105	0.2004	1	0.0516
$\lambda_{max} = 4.0792 \quad CI = 0.0264 \quad CR = 0.0293$					

表 8.14 判断矩阵（B6–C61）

机构知识库评价二级指标判断矩阵（B6 管理政策）					
B6 管理政策	C61	C62	C63	C64	权重 W
C61	1	2.26	0.5025	0.3077	0.1574
C62	0.4425	1	0.3077	0.2217	0.0853
C63	1.99	3.25	1	0.4425	0.2662
C64	3.25	4.51	2.26	1	0.4911
$\lambda_{max} = 4.0430 \quad CI = 0.0143 \quad CR = 0.0159$					

经计算，上述所有判断矩阵的一致性比率 $CI<0.10$，符合一致性检验标准，说明各判断矩阵均具有满意的一致性，由这些判断矩阵得出的排序向量即各指标的相对权重是可信合理的。

根据已得到的各层次指标的特征向量，应用权重合成计算公式得出各项指标相对总体体系的合成权重，结果见表 8.15。

表 8.15　机构知识库评价指标合成权重

目标层	准则层（一级指标）		方案层（二级指标）		合成权重 W′	总排序
	指标	权重 W	指标	权重 W		
A 机构知识库评价	B1 信息容量	0.3605	C11 资源存储量/年	0.6446	0.2324	1
			C12 论文存储量/年	0.2328	0.0839	3
			C13 资源存储产出率/年	0.1226	0.0442	8
	B2 资源及作者属性	0.0518	C21 自存储率/年	0.0989	0.0051	21
			C22 预印本存储量/年	0.0427	0.0022	26
			C23 学科存储率	0.0890	0.0046	22
			C24 资源语种广度	0.0214	0.0011	29
			C25 资源类型广度	0.0323	0.0017	28
			C26 全文存储率	0.3135	0.0162	13
			C27 资源更新频率	0.2388	0.0124	16
			C28 元数据质量	0.1634	0.0085	18
	B3 学术影响力	0.1055	C31 期刊收录数/年	0.6904	0.0728	4
			C32 平均被引率/年	0.3096	0.0327	10
	B4 网络影响力	0.0583	C41 总访问量/年	0.3143	0.0183	12
			C42 Web 下载量/年	0.2375	0.0138	15
			C43 外部链接数	0.0720	0.0042	23
			C44 内部链接数	0.0571	0.0033	24
			C45 网络影响因子	0.1436	0.0084	19
			C46 外部网络影响因子	0.1025	0.0060	20
			C47 点度中心度	0.0405	0.0024	25
			C48 中间中心度	0.0325	0.0019	27
	B5 系统与平台性能	0.2878	C51 互操作性	0.5332	0.1535	2
			C52 检索入口数	0.1932	0.0556	7
			C53 检索结果显示	0.2220	0.0639	6
			C54 多语言界面	0.0516	0.0149	14
	B6 管理政策	0.1361	C61 版权声明	0.1574	0.0214	11
			C62 质量控制声明	0.0853	0.0116	17
			C63 保存政策	0.2662	0.0362	9
			C64 使用政策	0.4911	0.0668	5

由表 8.15 可知，机构知识库评价指标体系重要性排名前 10 位的指标分别为资源存储量/年、互操作性、论文存储量/年、期刊收录数/年、使用政策、检索结果显示、检索入口数、资源存储产出率/年、保存政策、平均被引率/年，其合成权重均大于 0.0300，并且这 10 项指标综合权重为 0.8420，共占全部评价指标的 84.20%。说明这些指标被专家认为是评价机构知识库建设成效的重要指标，同时也是机构知识库在建立和发展过程中需要尤为重视的方面。

同时，类属社会网络分析法的指标即点度中心度和中间中心度，其权重分别为 0.0024 和 0.0019，位列第 25 位和第 27 位，占全部评价指标权重值的 0.4300%，而两项指标权重平均值为 0.0022，说明社会网络分析指标与机构知识库评价效用尚待进一步发展。

类属文献计量学的指标，即资源存储量/年、论文存储量/年、自存储率/年、预印本存储量/年、学科存储率、资源语种广度、资源类型广度、全文存储率、期刊收录数/年、平均被引率/年，其权重分别为 0.2324、0.0839、0.0051、0.0022、0.0046、0.0011、0.0017、0.0162、0.0728、0.0327，位列第 1 位、第 3 位、第 21 位、第 26 位、第 22 位、第 29 位、第 28 位、第 13 位、第 4 位和第 10 位，占全部评价指标的 45.27%，而两项指标权重平均值为 0.0503，说明文献计量学普遍得到专家认可，其中部分指标是机构知识库评价不可或缺的标准，已是评价机构知识库的重要分析方法之一。

类属网络计量学的指标即总访问量/年、Web 下载量/年、外部链接数、内部链接数、网络影响因子和外部网络影响因子，其权重分别为 0.0183、0.0138、0.0042、0.0033、0.0084 和 0.0060，位列第 12 位、第 15 位、第 23 位、第 24 位、第 19 位和第 20 位，占全部评价指标权重值的 5.400%，而 6 项指标权重平均值为 0.009，说明网络计量学在机构知识库评价活动中普遍得到专家认可，但各类型指标在评价的重要性方面仍有所差异。

把各评价指标及其权重关联起来，可形成最终的机构知识库评价指标体系，如图 8.2 所示。

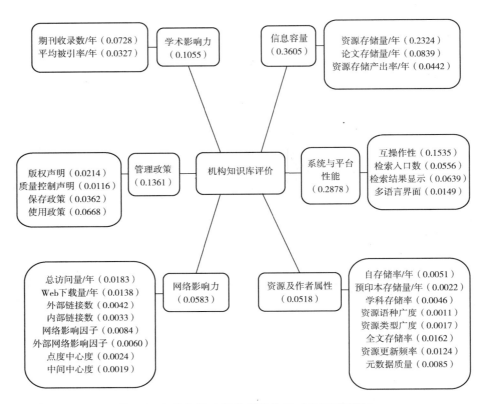

图 8.2 机构知识库评价指标体系（含权重系数）

附　　录

附录A　基于社会资本理论开放获取动力机制的调查问卷

尊敬的专家与同行：
您好！

　　我们是××学院××专业的硕士研究生，为了进一步推动开放获取（OA）运动在我国的发展，我们正在进行一项"OA社会资本是如何为OA提供动力"的调查。本次调查主要是为学术研究提供支撑，仅仅只需5～8分钟，希望得到您的鼎力支持。您的支持对我们的研究工作极为重要。我们承诺对所收集的信息严格保密，且只用于学术研究。请您在百忙中拨冗填写本调查问卷，不胜感谢之至！如果您对本次调查结果感兴趣，请留下您的电子邮件。

　　您的电子邮件：　　　　　　　　　　　（需要调查结果者请填写）
　　联系人：（略）
　　联系地址：（略）

1. 术语解释

　　（1）开放获取（OA）。是指某文献在互联网上可以被任何用户免费阅读、下载、复制、传递、打印及其他用于合法目的的行为。

　　（2）OA社会资本。是指存在于OA社会网络中的社会资本，主要包括OA资源、OA关系资本、OA制度资本三类。

　　（3）OA资源。是指所有公开、免费可获取的数字信息资源，主要包括OA文献、OA期刊、OA知识库。

　　（4）OA关系资本。是指影响OA行为的理念、价值观、准则以及各种关系等。

　　（5）OA制度资本。是指为OA发展提供制度支持的各种OA组织、OA

政策、OA 规则等。

（6）OA 组织。是指支持和推动 OA 运动的各种机构、协会或学会、研究会、基金会、论坛等。

（7）期刊危机。是指随着学术期刊价格的大幅度上升而出现的期刊订户及其订阅种类与数量越来越少，以及人们越来越难以获取学术期刊的一种现象。

（8）图书馆危机。是指图书馆没有足够的经费来应付不断上涨的采购成本而出现的馆藏资源不能满足用户需求的一种现象。

2. 调查问题（请您在空格上打"√"，每项均为单选）

（1）OA 资源（OA 文献、OA 期刊、OA 知识库）对 OA 的推动作用。

调查问题及子问题	非常同意	基本同意	不能确定	不同意	完全不同意
1 OA 资源（免费获取与利用）是 OA 的直接动力					
1.1 OA 文献有助于作者及时高效发表科研成果					
1.2 OA 文献有助于扩大信息共享范围					
1.3 OA 文献有助于提高文献引用率					
1.4 OA 文献有助于用户共享最新科研成果					
1.5 OA 期刊可以丰富图书馆的电子资源					
1.6 OA 期刊可以缓解"期刊危机"					
1.7 OA 期刊可以提高期刊的声誉与影响力					
1.8 OA 期刊能够帮助图书馆优化馆藏结构					
1.9 OA 知识库能整合学术资源，便于信息检索与利用					
1.10 OA 知识库可以存储个人与机构研究成果					
1.11 OA 知识库可以扩大研究成果的传播和利用					
1.12 OA 知识库可以提高机构的声誉与影响力					
1.13 OA 知识库可以促进跨学科研究					
1.14 OA 知识库可以促进知识创造					
1.15 OA 知识库可以促进知识转移					
1.16 OA 知识库可以促进知识应用					

（2）OA 关系资本（OA 理念、OA 准则、OA 价值观、各种 OA 关系）对 OA 的推动作用。

调查问题及子问题	非常同意	基本同意	不能确定	不同意	完全不同意
2 OA 关系资本可以为 OA 提供动力					
2.1 OA 理念可以提升 OA 行动者参与 OA 的意识					
2.2 OA 理念可以提升 OA 行动者参与 OA 的热情					
2.3 OA 理念可以提升 OA 行动者对 OA 的支持					
2.4 OA 可以利用版权协调准则（即签订著作权许可使用协议）更好地规范作者与出版商之间的权利					
2.5 OA 可以利用"合理使用"准则来更好地规范用户免费使用 OA 资源的行为					
2.6 OA 可以增强 OA 行动者之间的信任					
2.7 OA 可以增强 OA 行动者之间的合作					
2.8 OA 可以实现 OA 行动者之间的互惠互利					
2.9 OA 出版可以打破传统商业出版商的垄断地位					
2.10 OA 出版可以缩短成果出版周期					
2.11 OA 出版可以缓解"期刊危机"					
2.12 OA 出版可以缓解"图书馆危机"					
2.13 OA 可以提供多种多样的文献引用关系					
2.14 OA 可以提高文献资源利用效率					
2.15 OA 可以防止学术腐败					
2.16 OA 可以缩小发展中国家与发达国家之间的知识差距					
2.17 OA 可以缩小经济发达地区与经济落后地区之间的知识差距					
2.18 OA 可以缩小知识富裕者与知识贫乏者之间的知识差距					

（3）OA 制度资本（OA 组织、政策和规则）对 OA 的推动作用。

调查问题及子问题	非常同意	基本同意	不能确定	不同意	完全不同意
3 OA 制度资本可以为 OA 提供动力					
3.1 OA 组织是 OA 活动的倡导者					
3.2 OA 组织是 OA 活动的组织者					
3.3 OA 组织是 OA 活动的实施者					
3.4 OA 组织可为 OA 活动提供政策支持					
3.5 OA 组织可为 OA 活动提供资金支持					
3.6 OA 组织可为 OA 活动提供理论研究支持					
3.7 OA 组织可为 OA 活动提供平台支持					
3.8 OA 政策可为 OA 提供目标					
3.9 OA 政策可为 OA 提供方针与原则					
3.10 OA 政策可为 OA 提供行动纲领					
3.11 OA 政策可为 OA 提供具体建议					
3.12 OA 规则可为 OA 提供方法					
3.13 OA 规则可为 OA 提供技术					
3.14 OA 规则可为 OA 提供途径					
3.15 OA 规则可为 OA 提供措施					

问卷到此结束，非常感谢您的支持！

附录 B 基于网络交换理论的开放获取的连接机制调查问卷

尊敬的专家、学者、同行：
您好！

开放获取（Open Access，OA）是在网络环境下发展起来的学术信息交流的新模式，倡导在尊重作者权益的前提下，信息的平等、免费、自由获取与共享，与传统出版模式相比具有费用低廉、出版便捷、传播迅速等优势。目前，OA 的实践探索和理论研究都在蓬勃发展。OA 行为本身在 OA 行动者和 OA 资源之间构建了一种社会网络，因此，可从社会网络角度，运用社会网络的相关理论来研究数字信息资源的 OA 与共享。本研究结合网络交换理论，分析数字信息资源 OA 的连接机制，明确影响数字信息资源 OA 连接机制的因素，以丰富 OA 理论，扩展 OA 的研究领域与研究内容，为进一步推广和运用 OA 提供理论参考，特设计了此问卷。回答此问卷仅需您 5～10 分钟的时间，而您的参与是决定此次调查是否成功的关键，我们急需您的支持和帮助。我们保证对您的身份及个人信息保密，并希望您尽快把问卷用电子邮件或其他方式反馈给我们。若您需要调查的结果，请留下您的电子邮箱，我们将在调查结束后及时把调查结果反馈给您。对您的支持表示衷心的感谢！

您的电子邮件：　　　　　　　　　　　　（需要调查结果者请填写）
联系人：（略）
联系地址：（略）

1. 术语解释

（1）开放获取（OA），又名开放存取。对某文献的"开放获取"即意味着它在互联网公共领域里可以被免费获取，并允许任何用户阅读、下载、复制、传递、打印、搜索、超链接该文献，也允许用户为之建立索引，用作软件的输入数据或其他任何合法用途。

（2）OA 行动者，即 OA 的参与者，包括作者、用户、图书馆、出版商、大学、学会/协会、科研机构、政府等。

（3）网络交换理论。是社会网络理论的一种形式，主要研究社会网络中行动者或节点之间的交换行为、相互关系及其规律。

（4）OA 连接机制。是指 OA 交换网络中相互作用的各要素以提高 OA 资源存取与利用能力、效率与效益为目的而相互连接起来的一种机制。

2. 调查问题（请您在空格上打"√"，每项均为单选）

1. OA 出版问题调查	完全同意	基本同意	不能确定	基本不同意	完全不同意
OA 出版网络中的资源交换关系、权力交换关系、成本/收益交换关系、情感交换关系可促进 OA 出版要素的连接					
OA 行动者对 OA 资源的依赖程度与 OA 出版呈正向关联关系					
OA 行动者出版权力的交换和平衡与 OA 出版呈正向关联关系					
OA 出版的利益优势促成了 OA 出版各方的连接					
OA 作者与 OA 出版商的情感交换（如承诺、信用、共识）促成了双方的连接					

2. OA 引用问题调查	完全同意	基本同意	不能确定	基本不同意	完全不同意
OA 文献引用网络包含的资源交换关系、权力交换关系可促进 OA 文献的引用与被引用					
OA 文献单元内容的资源交换促成 OA 文献引用的发生					
OA 文献所处网络位置的重要性（即中心性）与 OA 文献引用有正向关联关系					
OA 文献所处节点的权力与 OA 文献引用有正向关联关系					

3. OA 资源整合问题调查	完全同意	基本同意	不能确定	基本不同意	完全不同意
利用 OA 资源的位置交换关系、权力交换关系、身份交换关系，可促进 OA 资源连接与整合					
利用 OA 社会网络节点位置的变化，如从平行关系变为上下位关系，可促成 OA 资源的整合					
利用 OA 社会网络节点关联对象数量（即节点权力）的变化，可以促成 OA 资源的整合					
利用 OA 社会网络节点身份的变化，如由 OA 用户向 OA 资源组织者转变，可以促成 OA 资源的整合					

4. OA 资源共享问题调查	完全同意	基本同意	不能确定	基本不同意	完全不同意
OA 行动者可利用资源交换关系、权力交换关系、情感交换关系实现 OA 资源共享					
OA 资源的差异可促进 OA 资源共享					
OA 社会网络中节点之间的互连可促进 OA 资源共享					
OA 社会网络中节点之间的权力差异可促进 OA 资源共享					
OA 社会网络中节点之间的权力交换可促进 OA 资源共享					
OA 行动者之间的情感交换可促进 OA 资源共享					

5. OA 资源保存问题调查	完全同意	基本同意	不能确定	基本不同意	完全不同意
OA 行动者可利用位置交换关系、权力交换关系实现 OA 资源保存					
通过定位 OA 行动者在 OA 资源保存网络中的具体位置及其与其他 OA 行动者的合作关系，可以识别 OA 资源保存关系					
通过调整 OA 行动者在 OA 资源保存网络中的具体位置及其与其他 OA 行动者的合作关系，可以优化 OA 资源保存					
通过 OA 行动者的权力交换（如转让传播权来换取 OA 资源保存义务的豁免），可促进 OA 资源保存					
通过 OA 行动者权力的分工合作，可以促进 OA 资源保存					

附录 C　基于社会网络关系的开放获取资源共享与合作行为的调查问卷

尊敬的专家、学者、同行：
您好！

开放获取（Open Access，OA）是在网络环境下发展起来的学术信息交流的新模式，倡导在尊重作者权益的前提下，信息的平等、免费、自由获取与共享，与传统出版模式相比具有费用低廉、出版便捷、传播迅速等优势。目前，OA 的实践探索和理论研究都在蓬勃发展。OA 行为本身在 OA 行动者和 OA 资源之间构建了一种社会网络，因此可从社会网络角度，运用社会网络的相关理论来研究数字信息资源的 OA 与共享。本研究主要从弱关系和强关系角度来分别探讨 OA 资源共享与合作行为。回答此问卷仅需您 10 分钟左右的时间，而您的参与是决定此次调查是否成功的关键，我们急需您的支持和帮助。我们保证对您的身份及个人信息保密，并希望您尽快把问卷用电子邮件或其他方式反馈给我们。若您需要调查的结果，请留下您的电子邮箱，我们将在调查结束后及时把调查结果反馈给您。对您的支持表示衷心的感谢！

您的电子邮件：　　　　　　　　　　　　（需要调查结果者请填写）
联系人：（略）
联系地址：（略）

1. 术语解释

（1）开放获取（OA），又名开放存取。对某文献的"开放获取"即意味着它在互联网公共领域里可以被免费获取，并允许任何用户阅读、下载、复制、传递、打印、搜索、超链该文献，也允许用户为之建立索引，用作软件的输入数据或其他任何合法用途。

（2）OA 行动者，即 OA 的参与者，包括作者、用户、图书馆、出版商、大学、学会/协会、科研机构、政府等。

（3）弱关系。是两个行动者之间短暂的社会接触，比如，其他公司的业务伙伴、熟人或者那些不太熟知的人

（4）强关系。是两个行动者通过长期合作建立起来的社会关系，比如

亲密的同事关系、朋友关系和家庭关系。

2. **调查问题**（请您在空格上打"√"，每项均为单选）

1. 基于弱关系的开放获取资源共享与合作行为调查	完全同意	基本同意	不能确定	基本不同意	完全不同意
1.1 OA 文献下载包含 OA 行动者对 OA 文献的认可、需求或偏好，由此可促进 OA 资源共享					
1.2 OA 文献之间的引用关系可以促进 OA 资源共享					
1.3 OA 媒介（如 OA 期刊、知识库、网站等）之间的引用关系可以促进 OA 资源共享					
1.4 OA 作者之间的引用关系可以促进 OA 资源共享					
1.5 OA 文献超链接可以在相同学科之间促进 OA 资源共享					
1.6 OA 文献超链接可以在相近学科之间促进 OA 资源共享					
1.7 OA 文献超链接可以在不同（或跨）学科之间促进 OA 资源共享					
1.8 OA 媒介（如 OA 期刊、知识库、网站等）与 OA 文献的弱连接可以促进 OA 资源共享					
1.9 OA 媒介与 OA 作者的弱连接可以促进 OA 资源共享					
1.10 OA 媒介之间的弱连接可以促进 OA 资源共享					
1.11 OA 出版利用著作权许可使用协议可以促进 OA 资源共享					
1.12 OA 出版利用同行评议可以促进 OA 资源共享					
1.13 OA 平台可作为 OA 社会网络中的一个中心节点来促进 OA 资源共享					
1.14 OA 平台通过组织与提供有价值的 OA 学术资源可以促进 OA 资源共享					
1.15 OA 平台通过提供统一集成的检索界面可以促进 OA 资源共享					

2. 基于强关系的开放获取资源共享与合作行为调查	完全同意	基本同意	不能确定	基本不同意	完全不同意
2.1 OA 行动者可以利用 OA 作者与 OA 出版者之间的著作权许可使用协议关系促进 OA 合作出版					
2.2 OA 行动者可以利用第三方机构提供的 OA 出版资助关系促进 OA 合作出版					
2.3 OA 行动者可以利用交互式网上同行评议关系促进 OA 合作出版					
2.4 OA 作者与 OA 出版者之间的著作权许可使用协议能够促进 OA 资源的合作组织					
2.5 OA 行动者利用元数据采集开放存储倡议协议（OAI–PMH）能够促进 OA 资源的合作组织					
2.6 不同 OA 资源保存主体（如政府机构、各类文献机构、出版商、商业性组织、非营利性机构、个人等）的权利关系能够促进 OA 资源的合作保存；					
2.7 不同 OA 资源保存主体的义务关系能够促进 OA 资源的合作保存					
2.8 利用 OA 平台中的资源来源与提供关系可以增强 OA 平台共用行为					
2.9 利用 OA 平台中的资源集成检索关系可以增强 OA 平台共用行为					
2.10 利用 OA 平台中的资源分类统计与排序关系可以增强 OA 平台共用行为					

再次感谢您的帮助！

附录 D　基于结构洞理论的开放获取行为的调查问卷

尊敬的专家与同行：
　　您好！

　　我们是××学院的调查研究者，正在开展一项国家社科基金项目子课题——基于结构洞的开放获取控制行为分析。特邀请您参与此次调查，衷心希望得到您的大力支持。本次调查数据仅用于学术研究，我们将对您的信息严格保密。问卷调查约需 15 分钟。如果需要调查结果，请填写您的电子邮箱：
　　联系人：（略）
　　联系地址：（略）

1. 术语解释

　　（1）结构洞。是指社会网络中的某个（或某些）个体与有些个体发生直接联系，但同时又与其他个体不发生直接联系或出现关系间断的现象，从网络整体看，好像是网络结构中出现了洞穴。如下图所示的 B、C、D 节点之间没有联系，但都与 A 有联系，B、C、D 节点之间若想发生联系必须经过 A 节点。因此，对 A 节点来说，它占据了 3 个结构洞，即 BC、BD、CD。

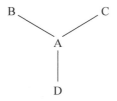

图　结构洞说明

　　（2）开放获取（OA），又名开放存取。是指用户在互联网上可以免费、自由阅读、下载与共享学术信息资源的行为。

　　（3）OA 社会网络。是指 OA 行动者、OA 资源及其相互关系所组成的社会网络。OA 行动者、OA 资源都是 OA 社会网络中的某个节点（即 OA 节点）。

　　（4）OA 资源。是指所有已经实现开放获取的数字信息资源，主要是 OA 论文（或报告）、OA 期刊、OA 知识库等。

（5）OA 行动者。是指 OA 的参与者，包括作者、用户、图书馆、出版商、大学、学会/协会、科研机构、政府等。

（6）OA 学科知识库。是指面向某个或某些学科建立起来的 OA 知识库。

（7）OA 机构知识库。是指以某个或某些机构数据或信息为基础而建立起来的 OA 知识库。

（8）OA 行为。是指与开放获取相关的主要活动，如 OA 资源共享、OA 出版、OA 文献引用、OA 资源整合与利用等。

2. **调查问题**（**请您在空格上打"√"，每项均为单选**）

判断程度 OA 社会网络中结构洞与 OA 的关系	完全同意	基本同意	不能确定	基本不同意	完全不同意
OA 资源之间存在无数个结构洞					
OA 作者之间存在无数个结构洞					
OA 用户之间存在无数个结构洞					
OA 资源组织者之间存在无数个结构洞					
OA 资源评审专家之间存在无数个结构洞					
OA 资源、OA 作者、OA 用户、资源组织者、OA 资源评审专家两两之间存在无数个结构洞					
结构洞可影响 OA 行为（如 OA 资源共享、OA 文献引用、OA 出版、OA 资源整合与利用等）					

判断程度 OA 社会网络中结构洞对 OA 资源共享的影响	完全同意	基本同意	不能确定	基本不同意	完全不同意
结构洞使 OA 行动者有通过某平台分享其 OA 资源的需求					
结构洞促使 OA 行动者彼此之间形成资源共享关系					
结构洞促使单个的 OA 资源聚集起来形成综合的 OA 资源库					

续上表

OA 社会网络中结构洞对 OA 资源共享的影响 / 判断程度	完全同意	基本同意	不能确定	基本不同意	完全不同意
结构洞促使分离的 OA 资源聚集起来形成融合的 OA 知识库					
结构洞促使不同学科的 OA 资源聚集起来形成 OA 多学科知识库					
结构洞促使不同机构的 OA 资源聚集起来形成 OA 跨机构知识库					

OA 社会网络中结构洞对 OA 文献引用的影响 / 判断程度	完全同意	基本同意	不能确定	基本不同意	完全不同意
结构洞可以促使 OA 文献形成链式引用关系					
结构洞可以促使 OA 文献通过"引用"实现知识传承					
结构洞可以促使 OA 文献通过"引用"实现知识创新					
结构洞可以促使某些 OA 文献成为"OA 核心文献"					
结构洞可以促使某些 OA 作者成为"OA 核心作者"					
结构洞可以促使某些 OA 机构成为"OA 核心机构"					

OA 社会网络中结构洞对 OA 出版的影响 / 判断程度	完全同意	基本同意	不能确定	基本不同意	完全不同意
OA 出版者与 OA 作者通过签订著作权许可使用协议,可以减少他们之间的结构洞,增强彼此的合作,从而促进 OA 出版					
OA 出版者与 OA 作者所在机构通过签订机构出版协议,可以减少 OA 资源获取成本,增强所在机构的合作,从而促进 OA 出版					

续上表

判断程度 OA 社会网络中结构洞对 OA 出版的影响	完全同意	基本同意	不能确定	基本不同意	完全不同意
OA 出版者与同行评议专家通过建立同行评议关系，增强彼此的合作，从而促进 OA 出版					
OA 出版者利用匿名的同行评议，可以提高 OA 出版质量					
OA 出版者利用开放网络环境下读者对投稿论文的评估或反馈意见，可以提高 OA 出版质量					

判断程度 OA 社会网络中结构洞对 OA 资源整合和利用的影响	完全同意	基本同意	不能确定	基本不同意	完全不同意
通过 OA 学科知识库来减少相同学科 OA 资源之间的间断关系（即结构洞），可以促进相同学科 OA 资源的整合与利用					
通过 OA 学科知识库来减少不同学科 OA 资源之间的间断关系（即结构洞），可以促进不同学科 OA 资源的整合与利用					
通过 OA 机构知识库来减少同一机构 OA 资源之间的间断关系（即结构洞），可以促进该机构 OA 资源的整合与利用					
通过 OA 机构知识库来减少不同机构 OA 资源之间的间断关系（即结构洞），可以促进不同机构 OA 资源的整合与利用					
通过 OA 期刊库来减少 OA 期刊资源之间的间断关系（即结构洞），可以促进 OA 期刊资源的整合与利用					
通过 OA 资源综合平台（如 DOAJ、OpenDOAR 等）来减少 OA 资源之间的间断关系（即结构洞），可以促进 OA 资源的整合与利用					

问卷到此结束，十分感谢您的支持与帮助！

附录 E 引入社会网络分析的开放存取期刊质量评价指标咨询问卷（第一轮）

尊敬的专家：
您好！

开放存取（Open Access，OA）是目前学术界、出版界和图书情报界的研究热点，其中 OA 期刊质量及其评价方法是迫切需要解决的问题之一。社会网络分析指标和引文分析指标均可用来进行 OA 期刊评价。通过大量文献调研和内容分析，初步拟定为表 1 所示的 OA 期刊质量评价指标体系，现特请您对这些指标的适用性与重要性进行评判。

此问卷为第一轮调查，需要您 5～7 分钟的时间，请您将填写好的问卷发送至邮箱（略）。我保证对您所填写的所有信息严格保密，且仅用于学术研究。如果您对本次专家咨询存在疑问，请您通过电话或者邮件联系，非常感谢您的帮助！

联系人：（略）
联系地址：（略）

1. 术语解释

（1）平均被引率。给定时间内期刊刊载的全部论文被引频次与载文量的比值。

（2）网络影响因子。假设某一时刻链接到网络上某一特定网站或区域的网页数为 a，而这一网站或区域本身所包含的网页数为 b，那么其网络影响因子的数值可以表示为 $WIF = a/b$。

（3）网络被引频次。期刊在 Google Scholar 索引库中的被引频次。

（4）外部链接数。针对某网站范围外搜索得到的与该网站存在链接的网页数。

（5）Web 即年下载量。期刊论文在某一期刊全文数据库中当年被全文下载的次数。

（6）度。网络中与该节点直接相连的其他节点的数量。

（7）点度中心度。是指度与该节点最大可能度（网络节点总数 -1）的比值。

（8）出度中心度。在有向网络中，出度等于该节点所指向的与其直接相连的其他节点的数量。出度中心度指出度与该节点最大可能度（网络节点总数 –1）的比值。

（9）入度中心度。在有向网络中，入度等于指向该节点的与其直接相连的其他节点的数量。入度中心度指入度与该节点最大可能度（网络节点总数 –1）的比值。

（10）中间中心度。该节点处于网络中其他节点之间联系的最短途径上的概率，表明该节点影响网络内其他节点之间进行联系的程度。

（11）核心度。对期刊在其所在的期刊网络中处于什么位置（核心、半核心还是边缘）的量化认识。

（12）h 指数。是期刊的一种分值，当且仅当在它发表的 N 篇论文中有 h 篇论文每篇获得了不少于 h 次的引文数，剩下的论文中每篇论文的引文数都小于 h。

（13）hc 指数。是期刊的一种分值，当且仅当在它发表的 N 篇论文中有 hc 篇论文每篇获得了不少于 S 的引文数，剩下的论文中每篇论文的引文数都小于 S，其中 S 是根据论文年限计算出来的被引频次。

（14）g 指数。是用来测评作者以往贡献的指标。期刊论文按被引次数高低排序，并且将排序的序号平方，被引次数逐次累加，当序号平方等于累计被引次数时，这时的序号就被定义为 g 指数。

2. 调查问题（请您在空格上打"√"，每项均为单选）

表　OA 期刊评价指标重要性判断

一级指标	二级指标	重要性判断				
		非常重要	比较重要	一般重要	不重要	完全不必要
信息含量	年均载文量					
	网页数量					
	篇均参考文献数量					
	其他（请补充，后同）：					
地理范围	作者国籍广度					
	篇均作者机构数					
	其他：					

续上表

一级指标	二级指标	重要性判断				
		非常重要	比较重要	一般重要	不重要	完全不必要
信息利用	检索入口数目					
	页面访问量/年					
	Web 即年下载量					
	其他：					
学术影响力	影响因子					
	总被引频次					
	平均被引率					
	他引率					
	即年指数					
	网络影响因子					
	网络被引频次					
	网络链接数					
	外部链接数					
	点度中心度					
	出度中心度					
	入度中心度					
	中间中心度					
	核心度					
	h 指数					
	hc 指数					
	g 指数					
	其他：					

再次感谢您对此次专家咨询的支持和鼓励，谢谢！

附录 F 引入社会网络分析的开放存取期刊质量评价指标咨询问卷（第二轮）

尊敬的专家：
  您好！

  十分感谢您参与第一轮问卷调查。在汇总、分析上述 14 位国内外知名专家学者评分的基础上，剔除了"非常重要""比较重要"两项占比小于 50% 或者"不重要""完全不必要"两项占比大于 20% 的指标。其中剔除的二级指标包括年均载文量、网页数量、篇均参考文献数量、作者国籍广度和篇均作者机构数；剔除的一级指标为地理范围和信息含量。同时，根据专家的建议及综合分析，将开放存取（OA）期刊质量评价一级指标划分为"信息利用""期刊内容影响力""引文网络影响力"和"期刊网站影响力"（见表 3），并增加二级指标"m 指数"（即 h 指数与期刊出版年限的比值），由此形成 4 个一级指标和 21 个二级指标（见表 2）。

  为取得专家们对评价指标筛选的一致性，进一步确定各指标权重，特设计了第二轮专家咨询，希望继续得到您的支持。此次调查需要 5 分钟左右的时间。请您将填写好的问卷发送至邮箱（略）。若有疑问，请您与我联系，再次感谢您的帮助！

  联系人：（略）
  联系地址：（略）

1. 填表说明

0～9 分为指标重要性分值，指标的分值越大，该指标越重要。

表 1 评分标准

重要性级别	含义
0	不需要该指标
1	需要但不重要
3	一般重要
5	比较重要

续表 1

重要性级别	含义
7	非常重要
9	绝对重要
2，4，6，8	两相邻程度的中间值

2. 调查问题

请您在空格上打"√"，每项均为单选。

（1）OA 期刊质量评价二级指标筛选与权重调查（其中"一级指标"用作提示，暂时不需对其重要性进行评价）。

表 2　OA 期刊质量评价二级指标筛选与重要性判断

一级指标	二级指标	0	1	2	3	4	5	6	7	8	9
信息利用	检索入口数目										
	页面访问量/年										
	Web 即年下载量										
期刊内容影响力	影响因子										
	总被引频次										
	平均被引率										
	他引率										
	即年指数										
	网络被引频次										
	h 指数										
	hc 指数										
	g 指数										
	m 指数①										
引文网络影响力	点度中心度										
	出度中心度										
	入度中心度										
	中间中心度										
	核心度										

---

① m 指数：h 指数与期刊出版年限的比值。

续表2

一级指标	二级指标	0	1	2	3	4	5	6	7	8	9
期刊网站影响力	网络影响因子										
	网络链接数										
	外部链接数										

（2）OA 期刊质量评价一级指标权重调查。

表3　OA 期刊质量评价一级指标重要性判断量

OA 期刊质量评价一级指标	1	2	3	4	5	6	7	8	9
信息利用									
期刊内容影响力									
引文网络影响力									
期刊网站影响力									

非常感谢您的支持和帮助！

附录 G 机构知识库评价指标体系调查（第一轮）

尊敬的老师：
　　您好！

　　自进行开放存取运动以来，机构知识库成为当前进行学术信息获取和交流不可或缺的重要工具。机构知识库（Institutional Repository，IR）是由某个或某些机构建立起来的用来收集、存储、分类与组织该机构学术资源，并能为机构内外用户提供免费、公开的检索、下载和利用的知识库。

　　目前，国内外已建立了 4000 余个机构知识库。国内机构知识库虽然起步较晚，但发展迅速，为国内学者进行学术研究提供了极大的便利。然而，如今没有建立公认的机构知识库评价标准，致使机构知识库发展参差不齐，也无法保障机构知识库建设质量。因此，很有必要探索和建立科学、合理的机构知识库评价指标体系，以进一步促进机构知识库的建设，推动我国开放存取运动的发展。为此，我们诚恳邀请您参与机构知识库评价指标体系的问卷调查。

　　此问卷为第一轮调查，需要您 5～8 分钟的时间。我们保证对您填写的所有信息严格保密，并且仅用于学术研究。如果您对本次专家咨询存在疑问，请您通过电话或者邮件联系我们，非常感谢您的支持和帮助！

　　联系人：（略）
　　联系地址：（略）

一、术语解释

　　（1）自存储率。指作者通过"自存档"形式将自己的学术成果存入某一机构知识库的次数与经由各种形式存缴学术成果的次数之比。

　　（2）学科存储率。指某一机构知识库内缴存资源所类属的学科量与该机构所拥有的学科量之比。

　　（3）全文存储率。指某一机构知识库中提供原文查看或下载的资源量与总资源量之比。

　　（4）跨机构科研人员参与率。指某一机构知识库内缴存资源的非该机构作者人数与缴存资源的作者人数之比。

（5）平均被引率/年。指当年内存储在某一机构知识库中论文的平均被引率。

（6）开放存取知识库名录收录数。指某一机构知识库被主要知识库名录的收录量。

（7）外部链接数。指链接到某网站范围外其他网站的网页数。

（8）内部链接数。指从某网站内部指向该网站的链接数。

（9）网络影响因子。指在某一时间，来自内部和外部指向某网站的网页数与该网站中的网页数之比。

（10）外部网络影响因子。指链接到该网站的外部网页数与该网站或区域的总网页数之比。

（11）点度中心度。在网络中与该节点有直接关系的节点的数目，如果该节点与较多的其他节点有直接关联，则该节点处于网络的中心位置，拥有较大的权力。

（12）中间中心度。该节点处于网络中其他节点之间联系的最短途径上的概率，表示该节点对网络中资源控制的程度。

二、调查问题

填表说明：①请在表1合适的选项处打"√"；②若您觉得有其他补充内容，请在"其他"处呈上您的宝贵意见。

表　机构知识库评价指标重要性判断

一级指标	二级指标	重要性判断				
		非常重要	比较重要	一般重要	不重要	完全不必要
信息容量	资源存储量/年					
	论文存储量/年					
	网页数量					
	其他：					
资源及作者属性	自存储率/年					
	预印本存储量/年					
	学科存储率					
	资源语种广度					

续上表

一级指标	二级指标	重要性判断				
		非常重要	比较重要	一般重要	不重要	完全不必要
资源及作者属性	资源类型广度					
	全文存储率					
	资源更新频率					
	国家项目申请量					
	跨机构科研人员参与率					
	其他:					
学术影响力	期刊收录数/年					
	平均被引率/年					
	开放存取知识库名录收录数					
	其他:					
网络影响力	总访问量/年					
	Web下载量/年					
	总链接数					
	外部链接数					
	内部链接数					
	网络影响因子					
	外部网络影响因子					
	点度中心度					
	中间中心度					
	其他:					
系统与平台性能	互操作性					
	检索入口数					
	检索结果显示					
	多语言界面					
	其他:					
管理政策	版权声明					
	存储声明					
	质量控制声明					
	其他:					

再次感谢您对此次专家咨询的支持和鼓励，谢谢！

附录 H　机构知识库评价指标体系调查（第二轮）

尊敬的老师：
　　您好！

　　在您的大力支持下，"机构知识库评价指标体系"第一轮专家咨询已顺利完成，再次向您表示由衷的感谢！

　　为完善机构知识库评价指标体系，进一步确定各指标权重，我们设计了第二轮专家咨询。在综合考虑各位专家的宝贵意见及各项指标的统计学频度基础上，我们保留了第一轮调查的全部指标，并增加了"资源存储产出率/年""元数据质量""使用政策"3 个二级指标，重新解释了"资源存储量""自存储率""资源更新频率""保存政策"4 个二级指标含义，由此形成 6 个一级指标和 34 个二级指标体系，并请您为各项指标的重要性进行评分（见表 2 和表 3）。表 1 为指标的重要性分值和含义说明，可为您提供参考，但不需要填写。

　　本次调查需要您 5 分钟左右的时间。我们保证对您填写的所有信息严格保密，并且仅用于学术研究。如果您对本次专家咨询存在疑问，请您通过电话或者邮件联系我们。您的看法和意见对我们至关重要，恳请再次得到您的支持！衷心感谢您在百忙之中给予的支持和帮助！

　　联系人：（略）
　　联系地址：（略）

一、计分说明

　　（1） 0~9 分为指标重要性分值，指标的分值越大，该指标越重要。

表 1　评分标准

重要性级别	含义
0	不需要
1	需要但不重要

续表1

重要性级别	含义
3	一般重要
5	比较重要
7	非常重要
9	极端重要
2,4,6,8	相邻重要性程度的中间值

二、填表说明

请在合适的选项处打"√"。

(1) 机构知识库评价二级指标权重调查(其中"资源存储产出率/年""元数据质量""使用政策"为新增指标,故没有相关分数。"一级指标"用作提示,暂无须对其进行重要性评分。"第一轮数据统计"用作参考,但不对本次指标重要性评分产生影响)。

表2 机构知识库评价指标重要性判断量(二级指标)

一级指标	二级指标	重要性判断										第一轮数据统计		
		0	1	2	3	4	5	6	7	8	9	重要性均值	满分频率	变异系数
信息容量	资源存储量/年											4.769	0.77	0.0920
	论文存储量/年											4.538	0.62	0.1455
	网页数量											3.538	0.00	0.1467
	资源存储产出率/年											新增指标		
资源及作者属性	自存储率/年											4.308	0.54	0.2199
	预印本存储量/年											4.231	0.31	0.1416
	学科存储率											4.462	0.46	0.1163
	资源语种广度											3.462	0.00	0.1499
	资源类型广度											3.923	0.15	0.1633
	全文存储率											4.923	0.92	0.0563
	资源更新频率											4.615	0.62	0.1097
	国家项目申请量											3.615	0.15	0.2888
	元数据质量											新增指标		
	跨机构科研人员参与率											3.154	0.08	0.3387

续表2

一级指标	二级指标	重要性判断 0 1 2 3 4 5 6 7 8 9	第一轮数据统计 重要性均值	满分频率	变异系数
学术影响力	期刊收录数/年		4.154	0.31	0.1658
	平均被引率/年		4.231	0.46	0.1967
	开放存取知识库名录收录数		3.923	0.08	0.1258
网络影响力	总访问量/年		4.538	0.54	0.1143
	Web下载量/年		4.385	0.38	0.1155
	总链接数		3.923	0.08	0.1258
	外部链接数		4.077	0.23	0.1571
	内部链接数		3.846	0.08	0.1791
	网络影响因子		3.923	0.23	0.1936
	外部网络影响因子		3.769	0.15	0.1924
	点度中心度		3.769	0.08	0.1924
	中间中心度		3.692	0.08	0.2034
系统与平台性能	互操作性		4.769	0.77	0.0920
	检索入口数		4.308	0.54	0.1984
	检索结果显示		4.462	0.62	0.1740
	多语言界面		3.692	0.00	0.1301
管理政策	版权声明		4.538	0.62	0.1455
	质量控制声明		4.462	0.54	0.1480
	保存政策		4.385	0.54	0.1751
	使用政策		新增指标		

（2）机构知识库评价一级指标权重调查。

表3 机构知识库评价指标重要性判断表（一级指标）

一级指标	重要性判断									
	0	1	2	3	4	5	6	7	8	9
信息容量										

续表3

一级指标	重要性判断									
	0	1	2	3	4	5	6	7	8	9
资源及作者属性										
学术影响力										
网络影响力										
系统与平台性能										
管理政策										

再次感谢您对此次专家咨询的支持和鼓励，谢谢！

致　　谢

　　本书是在我主持的国家社会科学基金项目结项报告基础上加以修改和完善而成的。在此书出版之际，十分感谢全国哲学社会科学规划办对"基于社会网络的数字信息资源开放获取与共享机制研究"（项目编号：12BTQ014）的立项资助；十分感谢广东省哲学社会科学规划办把本书列入"广东哲学社会科学成果文库"，并加以资助出版；十分感谢课题组成员（王智博、张雅琪、魏春梅、完颜邓邓、李聪敏、陈晨、潘以锋、尤霞光）的支持；十分感谢中山大学出版社徐劲社长、金继伟编辑和杨文泉编辑的大力帮助；忠诚地感谢本书所用参考文献的作者对我的启发。

盛小平
2017 年 1 月 11 日
于华南师范大学